COLLECTION COMPLÈTE

DES LOIS PROMULGUÉES

SUR LES DÉCRETS

DE L'ASSEMBLÉE NATIONALE,

IMPRIMÉE

PAR ORDRE DE L'ASSEMBLÉE NATIONALE,

SOUS LA SURVEILLANCE DU MINISTRE DE LA JUSTICE.

TOME ONZIÈME.

A PARIS,

DE L'IMPRIMERIE NATIONALE.

1791.

LOI

CONCERNANT une Édition complète de tous les Décrets acceptés ou sanctionnés par le Roi.

Donnée à Paris le 19 Janvier 1791.

LOUIS, par la grace de Dieu & par la Loi constitutionnelle de l'État, ROI DES FRANÇOIS; à tous présens & à venir; SALUT. L'ASSEMBLÉE NATIONALE a décrété, & Nous voulons & ordonnons ce qui suit:

Quatrième disposition du décret de l'Assemblée Nationale.

Du 9 janvier 1791.

L'ASSEMBLÉE NATIONALE ordonne qu'il sera procédé, aux frais de la Nation, & sous la surveillance du Garde-des-Sceaux, à une édition complète, & au nombre de deux mille exemplaires, de tous les décrets rendus jusqu'à ce jour, acceptés ou sanctionnés par le Roi, dont un desdits exemplaires sera envoyé à tous les tribunaux de justice, commissaires du Roi, districts, départemens & bureaux de conciliation, de telle sorte qu'aucun de ces corps ne puisse à l'avenir prétexter l'ignorance des décrets.

Mandons & ordonnons à tous les tribunaux, corps administratifs & municipalités, que les présentes ils fassent transcrire sur leurs registres, lire, publier & afficher dans leurs ressorts & départemens respectifs, &

A 2

exécuter comme Loi du royaume. En foi de quoi Nous avons signé & fait contre-signer lesdites présentes, auxquelles Nous avons fait apposer le Sceau de l'Etat. A Paris, le dix-neuvième jour du mois de janvier, l'an de grace mil sept cent quatre-vingt-onze, & de notre règne le dix-septième. _Signé_ LOUIS. _Et plus bas_, M. L. F. DUPORT. Et scellées du Sceau de l'Etat.

Certifié conforme à l'original.

COLLECTION COMPLÈTE

DES LOIS PROMULGUÉES

Sur les Décrets de l'Assemblée Nationale,

Depuis le 3 Novembre 1789.

———————

N°. 1709.

L O I

Relative aux armemens des vaisseaux destinés pour le commerce des Isles & Colonies françaises.

Donnée à Paris le 10 juillet 1791.

Louis, par la grace de Dieu, &c.

Décret du 22 juin 1791.

L'ASSEMBLÉE NATIONALE, sur le rapport de son comité d'agriculture & de commerce, décrète ce qui suit:

ARTICLE PREMIER.

Les armemens des vaisseaux destinés pour les îles &

A 3

colonies françaises, font permis dans tous les ports du royaume, à la charge par les négocians des ports par lesquels on voudra, pour la première fois, faire le commerce desdites colonies, de le déclarer par écrit, trois mois au moins à l'avance, aux préposés des bureaux établis dans ces ports.

I I.

Les négocians qui armeront des navires pour les colonies françaises, feront, avant de les mettre en charge, au greffe du tribunal qui remplacera celui d'amirauté, & dont ils releveront, leurs soumissions cautionnées, par lesquelles ils s'obligeront, sous peine de quarante livres d'amende par tonneau de contenance, de faire directement le retour desdits bâtimens dans un port du royaume, & sans toucher à l'étranger, hors le cas de relâche forcée, de naufrage ou autres accidens; ils fourniront au bureau des douanes nationales du lieu du départ, une expédition de ladite soumission.

I I I.

Les marchandises & denrées prises dans le royaume, à la destination des colonies, ou pour l'armement & l'avitaillement des navires, feront exemptes de tout droit.

I V.

Les marchandises & denrées venant de l'étranger à la même destination, même les jambons, acquitteront les droits d'entrée du tarif général, & feront ensuite traitées comme celles du royaume.

V.

Seront seulement affranchis de tous droits, les bœufs,

lards, beurres & faumons falés, ainfi que les chandelles venant de l'étranger, deftinées pour lefdites colonies, à la charge, s'ils font importés par terre, d'être expédiés de fuite au premier bureau d'entrée, par acquit-à-caution pour un des ports d'armement, & s'ils arrivent par mer, d'entrer par l'un defdits ports.

V I.

Si le navire fur lequel lefdits bœufs, lards, beurres, faumons & chandelles devront être embarqués pour les colonies, eft en chargement, les négocians pourront les faire tranfporter directement dans le navire, après déclaration & vifite en préfence des commis de la régie. Dans le cas où l'expédition ne s'en feroit pas immédiatement après l'arrivée, ils feront laiffés au négociant, à la charge de donner fa foumiffion cautionnée, de faire fuivre auxdits comeftibles leur deftination pour les colonies dans les dix-huit mois du jour de l'arrivée, ou d'en payer les droits d'entrée.

V I I.

Lefdits comeftibles pourront paffer par fuite d'entrepôt d'un port dans l'autre, tant que le terme n'en fera point expiré; mais cet entrepôt ne continuera à avoir lieu que pour le délai qui reftera à courir. Lefdits comeftibles feront expédiés par acquit-à-caution, qui en défignera les quantités & qualités, indiquera la date de la première mife en entrepôt.

V I I I.

Le négociant du lieu du nouvel entrepôt auquel lefdits comeftibles feront adreffés, en fera la déclaration au bureau de la régie, avec foumiffion dans la forme prefcrite par l'article VI du préfent décret; après quoi l'acquit-à-caution sera déchargé. La soumission d'entrepôt précédente ne pourra être annullée, que sur le vu du certificat de décharge.

I X.

En cas de refus par le négociant du port du nouvel entrepôt, de donner sa soumission d'acquitter les droits à défaut d'exportation dans les dix-huit mois du premier entrepôt, l'acquit-à-caution ne sera point déchargé, & le soumissionnaire de l'entrepôt précédent sera tenu de payer lesdits droits.

X.

Si les bœufs, beurres, lards, saumons & chandelles, venus de l'étranger, ne suivent pas leur destination pour les colonies dans les dix-huit mois de l'arrivée, ou s'ils sont retirés de l'entrepôt pour la consommation du royaume, ils paieront les droits d'entrée du tarif général, conformément au poids reconnu, lors de leur arrivée en France; ils pourront cependant être réexportés à l'étranger pendant l'entrepôt même, dans la quinzaine après son expiration, en payant seulement la moitié des droits d'entrée.

X I.

Les bœufs, beurres, lards, saumons & chandelles, qui seront embarqués pour les colonies dans les délais de l'entrepôt, seront accompagnés d'un permis sur lequel l'armateur ou le chargeur sera tenu de faire certifier par les préposés de la régie, & par le capitaine ou autre officier principal du navire en armement, la remise desdites salaisons à bord.

X I I.

Les permis d'embarquement, revêtus des certificats

preferits, étant rapportés au bureau par les expéditionnaires, le regiftre d'entrepôt fera déchargé pour les quantités embarquées.

X I I I.

Les négocians qui auront entrepofé des bœufs, beurres,
lards, faumons & chandelles, venus à la deftination des
colonies, feront tenus de déclarer au bureau de la régie,
dans les dix derniers jours des mois de mars & feptembre
de chaque année, par quantités & qualités, ceux dont
ils auront difpofé pour la confommation du royaume
pendant les fix mois précédens, & d'en payer les droits;
ils déclareront en même temps, par quantités & efpèces,
ceux de ces comeftibles qui leur refteront, & les magafins
où ils feront dépofés.

X I V.

Les prépofés de la régie pourront faire, dans les quatre
jours de la déclaration, la vérification des objets déclarés
refter en entrepôt; & s'il fe trouve du déficit, le foumiffionnaire fera condamné au paiement du double des droits
des quantités manquantes.

X V.

Le chargement des navires deftinés pour les îles étant
fini, il fera délivré au capitaine un acquit-à-caution,
lequel comprendra par efpèces & quantités, tous les
objets embarqués: le capitaine & l'armateur fe foumet-
tront à rapporter au retour du navire, ou dans les dix-
huit mois du départ, ledit acquit-à-caution, revêtu du
certificat d'arrivée & de déchargement defdits objets aux
colonies, délivré par les prépofés à la perception des droits
de fortie dans les îles, & vifé par les perfonnes qui

feront défignées à cet effet, lors de l'organifation du régime intérieur des colonies, & provifoirement par celles qui les vifent actuellement.

X V I.

Il eft défendu aux capitaines des bâtimens deftinés pour les colonies, de charger ou laiffer charger fur leur navire aucune denrée ou marchandife, même de laiffer débarquer ni mettre à terre, celles qui y auroient été chargées, fi non lorfqu'il y aura un permis du bureau, à peine, dans l'un & l'autre cas, de confifcation defdites denrées ou marchandifes, même de cent livres d'amende, fi la marchandife embarquée ou débarquée étoit fujette à quelque droit.

X V I I.

Pour conftater les contraventions à l'article ci-deffus, les prépofés de la régie font autorifés à fe tranfporter à bord des bâtimens, foit pendant, foit après le chargement, & à y faire les vifites néceffaires; lefdits prépofés ne pourront néanmoins, fous prétexte defdites vifites, retarder le départ des navires, à peine des dommages & intérêts, s'il n'y étoit découvert aucune fraude.

X V I I I.

Les foumiffions fournies en exécution de l'article II, pour affurer le retour dans le royaume, des navires expédiés pour les colonies, feront annullées fur le certificat des commis du port où le retour aura été effectué, ou fur la repréfentation d'un procès-verbal juftificatif de l'impoffibilité du retour, & encore dans le cas où ils feroit légalement juftifié que le bâtiment auroit été vendu dans les colonies. A défaut de rapport de l'une defdites pièces, ou , s'il y avoit preuvé que le navire eût touché à l'étranger fans y être forcé , le régiffeur pourfuivra contre le foumiffionnaire la condamnation en l'amende de quarante livrés par tonneau , portée par ledit article II , laquelle fera prononcée par le tribunal du diftrict du lieu où la foumiffion aura été faite.

X I X.

Les procès-verbaux exigés par l'article ci-deffus pour juftifier l'impoffibilité du retour, foit par la vente du bâtiment dans les colonies , ou par toute autre chofe , feront fignés par les officiers & principaux des équipages , & certifiés véritables par les juges des lieux où les bâtimens auront relâché, échoué ou été vendus. Si les bâtimens ont péri corps & biens , les armateurs en feront la déclaration devant l'un des juges du tribunal qui remplacera celui d'amirauté de l'arrondiffement , & ils l'affirmeront véritable.

X X.

A défaut par l'armateur de rapporter les acquits-à-cautions délivrés pour les objers envoyés aux colonies , revêtus des certificats de décharge prefcrits par l'article XV du préfent décret , il fera condamné au paiement du double d'entrée du tarif général pour les bœufs, beurres, lards, faumons & chandelles, venus de l'étranger ; au double droit de fortie , pour les marchandifes fujettes auxdits droits , & à l'amende de cinq cents livres , ainfi qu'à la confifcation de la valeur, s'il eft queftion d'objets dont la fortie pour l'étranger eft défendue.

X X I.

Les capitaines des bâtimens de retour des colonies , feront tenus de faire au bureau de la régie , dans les

vingt-quatre heures de leur arrivée & dans la forme prefcrite par la loi générale, la déclaration de leur chargement, & de rapporter avec l'état dudit chargement, l'acquit des droits qui feront perçus à la fortie defdites
colonies, tant que lefdits droits feront dûs. Lefdits capitaines déclareront féparément les objets qu'ils auront
chargés fous voile, afin que les droits qu'ils auroient dû
payer aux îles, foient acquittés en fus de ceux auxquels ils
feront affujettis en France.

X X I I.

En cas de déficit fur les quantités de café & de cacao
portées aux états & acquits des îles, & s'il n'eft pas
juftifié de leur dépériffement, les capitaines feront foumis
pour les quantités de café & cacao manquans, au paiement des droits fixés par les articles I & III du décret du
dix - huit mars dernier. Les fucres manquans ne feront
affujettis à ces droits, qu'autant que les futailles qui les
contiendront, ne feront pas repréfentées en même nombre
que celui porté auxdits états & acquits.

X X I I I.

La tare à déduire pour opérer la perception au poids
net des droits réglés par les articles I & III du décret
du 18 mars, fera de dix-fept pour cent, pour les fucres
bruts, le café & le cacao en futailles; de vingt - un
pour cent pour l'indigo, & de trois pour cent fur le
café & cacao en facs; fauf aux propriétaires ou confignataires, s'ils eftiment que cette tare eft trop foible, à
déclarer celle effective & la faire marquer fur les facs &
futailles: dans ce cas, les prépofés de la régie pourront
vérifier lefdites déclarations & faifir les parties de marchandifes dont on aura voulu frauder les droits, en

déclarant des facs ou futailles pour être d'un poids fupérieur à celui effectif.

La difpofition ci-deffus ne fera point applicable aux tares
relatives au fret, lefquelles continueront d'être réglées
fuivant l'ufage de chaque place.

X X I V.

Les droits fixés par les articles I, III & VII du décret
du 18 mars dernier, fur les objets qui y font défignés,
feront acquittés au déchargement; & néanmoins les propriétaires ou confignataires ne feront tenus de payer lefdits
droits qu'à l'expiration du délai de trois mois depuis
l'arrivée, à la charge par eux d'en fournir leur foumiffion
cautionnée.

X X V.

L'entrepôt accordé par le décret du 18 mars aux tafias,
aux fucres têtes & terrés, en attendant leur deftination,
fera de dix-huit mois. Les négocians qui voudront jouir
dudit entrepôt, donneront leurs foumiffions de faire paffer
lefdits fucres & tafias à l'étranger dans ce délai, ou de payer
pour le fucre fix livres par quintal brut, & pour les tafias,
douze livres par muid.

X X V I.

Les fucres têtes & terrés pourront paffer par continuation d'entrepôt, mais par mer feulement, du port
d'arrivée dans tout autre port du royaume, en rempliffant les formalités qui font prefcrites par les articles
VII, VIII & IX du préfent décret, à l'égard des bœufs,
beurres, lards, faumons & chandelles venant de l'étranger,
deftination des colonies.

XXVII.

Les tafias ne pourront aller à l'étranger, en exemption des droits, que par mer, & après déclaration & visite.

XXVIII.

Les sucres têtes & terrés pourront passer à l'étranger par terre comme par mer, en exemption des droits de six livres par quintal, fixés par l'article IV du décret du 18 mars dernier, à la charge pour ceux exportés directement par mer, de remplir les formalités prescrites par les articles XI & XII du présent décret, & des vérifications permises par l'article XVII ; & pour ceux qui seront exportés par terre, d'être expédiés sous plomb, & par acquit-à-caution sur la soumission de rapporter le certificat de décharge des préposés des bureaux ci après désignés, ou de payer le double droit de consommation.

Les bureaux de sortie seront ceux d'Agde, Cette, Port-vendre, Bayonne, Pas-de-Béhobie, Ascanig, Ainhoa, Pont-de-Beauvoisin, Chaparillan, Seissel, Collonges, Herciouft, Jougues, Strasbourg, Saint-Louis, Maubeuge, Valenciennes & Lille.

XXIX.

Les négocians qui auront entreposé des sucres & tafias, seront tenus de donner au bureau du lieu, dans lesdits derniers jours des mois de février, juin & octobre de chaque année, une déclaration des quantités dont ils auront disposé pour la consommation du royaume, depuis leur mise en entrepôt, ou le dernier recensement, & d'en payer les droits ; ils déclareront en même-temps par qualité & quantité, ceux desdits sucres & tafias qui leur resteront, & les magasins où ils seront déposés.

X X X.

Les préposés de la régie pourront faire , dans les quatre jours qui suivront la déclaration prescrite par l'article ci-deffus , la vérification des quantités de sucres , de tafias déclarés rester en entrepôt ; & si le résultat de cette vérification préfente un déficit , déduction faite de ce qui , depuis la déclaration , aura pu entrer dans la confommation du royaume ou être employé à l'étranger , & du coulage pour les tafias , le foumiffionnaire fera condamné au paiement du double droit de fix livres par quintal , ou de douze livres par muid , des quantités de fucres & de tafias manquans. Le coulage defdits tafias eft évalué à démi pour cent par mois.

X X X I.

Pour faciliter le recenfement defdits fucres & tafias , & en affurer les effets , le foumiffionnaire qui , dans les quatre jours de la déclaration prefcrite par l'article XXIX , en voudra retirer de l'entrepôt , pour la confommation du royaume , fera tenu de le déclarer préalablement , d'en acquitter de fuite les droits & d'en prendre quittance ; qu'il devra repréfenter aux prépofés qui feront chargés du recenfement , au moment où ils fe préfenteront pour faire ladite opération ; de forte que ces prépofés puiffent connoître les quantités de fucres & tafias qui doivent fe trouver dans les entrepôts qu'ils auront à vérifier.

X X X I I.

Pour jouir de l'exemption des droits accordés par l'article VIII du décret du 18 mars fur les marchandifes natio- nales de retour des colonies , l'armateur ou le capitaine fera tenu de juftifier de leur chargement auxdites îles ; à défaut de cette preuve , ou s'il s'agit de marchandifes dont le commerce étranger a la faculté d'approvifionner lefdites colonies, les marchandifes importées feront traitées comme étrangères. —

X X X I I I.

Seront également confidéîées comme étrangères, quant aux droits à l'importation defdites colonies, les denrées & marchandifes non comprifes dans le décret du 18 mars, à l'exception des firops de fucre, qui, quoique dénommés dans l'article VIII du décret, feront admifes en exemption des droits.

X X X I V.

Les marchandifes & denrées expédiées des colonies fur des vaiffeaux defdites colonies pour un des ports du royaume, feront traitées comme celles apportées par des bâtimens armés en France.

X X X V.

Les formalités qui feront prefcrites par la loi générale fur les douanes pour les déclarations, chargemens, déchargemens & acquits, feront exécutées relativement au commerce des colonies, dans tous les cas auxquels il n'y auroit pas été pourvu par le préfent décret.

Mandons & ordonnons à tous les tribunaux, corps adminiftratifs & municipalités, &c.

1710.

L O I

Relative à la liquidation de différentes sommes faisant partie de l'arriéré.

Donnée à Paris le 12 juillet 1791.

Louis, par la grace de Dieu, &c.

Décret du 2 juillet 1791.

L'Assemblée nationale, ouï le rapport de son comité central de liquidation, qui lui a rendu compte des vérifications & rapports faits par le commissaire du roi, directeur-général de la liquidation, décrète, en conformité de ses précédens décrets sur la liquidation de la dette de l'État, qu'il sera payé sur les fonds destinés à l'acquit de ladite dette, aux personnes ci-après nommées, & pour les causes qui vont être pareillement exprimées, les sommes suivantes ; savoir :

Résultat des différentes parties de cette liquidation.

P r e m i e r   E t a t.

	l.	f.	d.
1°. Arriéré du département de la maison du roi.			
Trois parties prenantes	20,400		
Bâtimens du roi.			
Vingt-six parties prenantes. . . .	249,319	15	2
2°. Arriéré du département de la guerre.			

Collec. des Lois. Tome XI.   B

Cinq parties prenantes . , . . . 316,792 l. 10 s. 11 d.

3°. Arriéré du département de la marine.

Deux parties prenantes . . . . 50,914 " "

4°. Arriéré du département des finances.

Huit parties prenantes , ... 482,500 " "

5°. Jurandes & maîtrises.

Quatre-vingt-dix-neuf parties prenantes 25,973 12 4

DEUXIÈME ÉTAT.

1°. Arriéré du département de la maison de roi.

Écuries du roi.

Quarante-neuf parties prenantes.. 185,552 2 8

Bâtimens du roi.

Cinq parties prenantes 31,906 3 9

Service des enfans de France.

Trente parties prenantes. 149,801 9 2

Maison de la reine.

Trente parties prenantes. 228,096 9 6

2°. Arriéré du département de la marine.

Fourniture de poudres, & fonderies de Mont-Cenis & Indret.

Deux parties prenantes 325,563 18 3

3°. Arriéré du département de la guerre.

Indemnités accordées à quarante-huit habitans de la ville de Fougères, pour les pertes qu'ils ont éprouvées au mois d'octobre 1781, dans un incendie causé par la négligence d'un déta-

chement du régiment d'Orléans,
dragons.

Quarante-huit parties prenantes...　65,588 l. 1 f. » d.

4°. Arriéré du département des
finances.

Trois parties prenantes . . . .　195,000 　 » »

Total général.　2,317,408 l. 1 f. 9 d.

Mandons & ordonnons à tous les tribunaux, corps
administratifs & municipalités, &c.

1711.

L O I

Relative à la manufacture de Charleville, aux forges de
Marienbourg, & autres objets.

Donnée à Paris le 12 juillet 1791.

Louis, par la grace de Dieu, &c.

Décret des 4 & 5 juillet 1791.

L'Assemblée Nationale décrète ce qui suit:

A R T I C L E　P R E M I E R.

Les entrepreneurs de la manufacture de Charleville
pourront extraire dans la présente année, en exemption
de tous droits, de la mine de Saint-Tancré & de Sa-
pogne, pour les forges de Berechiwé, la quantité de
dix - huit cents voitures de mine lavée, & de quatre

B 2

cents bannes de charbon de bois, à la charge de rapporter defdites forges à Charleville fix cents milliers
pefant de fer, & d'acquitter fur lefdits fers les droits
d'entrée du nouveau tarif.

I I.

Les entrepreneurs des forges de Marienbourg & Haut-
Marteau, fituées dans le canton du même nom, continueront d'avoir la faculté de tirer du royaume, en
exemption de droits, les bois & charbons dont ils auront
befoin pour l'aliment defdites forges. Les quantités de
ces bois & charbons feront fixées par le directoire du
département.

Les marbres bruts & travaillés du canton de Barbançon continueront d'être importés pour l'intérieur du
royaume en exemption des droits, à la charge, pour les
marbres bruts, d'être accompagnés d'un certificat d'origine
de la municipalité de Barbançon, & pour les marbres
travaillés, d'un certificat de ladite municipalité, qui
conftate qu'ils ont été travaillés dans ledit canton.

I I I.

La permiffion d'exporter du royaume toute efpèce de
bois par la rivière de Sarre, continuera à avoir lieu
pendant deux années, en payant fur lefdirs bois, au
bureau de Sarguemines, ou à tout autre premier bureau
de la route, un droit de cinq pour cent de la valeur.

Mandons & ordonnons à tous les tribunaux, corps
adminiftratifs & municipalités, &c.

1712.

L O I

Portant circonscription des paroisses dépendantes des départemens du Nord, de la Dordogne, du Calvados, de l'Orne, de Maine & Loire, de Seine & Marne, de l'Yonne, du Cher & de l'Allier.

Donnée à Paris le 12 juillet 1791.

Louis, par la grace de Dieu, &c.

Décret du 5 juillet 1791.

L'Assemblée Nationale, ouï le rapport qui lui a été fait par son comité ecclésiastique,

1°. De l'arrêté du directoire du département du Nord, du 10 du mois dernier, sur les délibérations du directoire du district de Valenciennes, des 8 & 25 mai précédent, & sur le mémoire de la municipalité de Valenciennes, concernant la circonscription des paroisses de cette ville, & de l'avis de l'évêque de ce département, du 17 dudit mois de mai.

2°. De l'arrêté du directoire du département du Nord, du 13 juin dernier, sur la délibération du directoire du district d'Hazebrouck, du 9 précédent, concernant la réunion des paroisses de la ville de Cassel, & de l'avis de l'évêque du département, du 16 du même mois.

3°. De l'arrêté du directoire du département de la Dordogne, du 11 juin dernier, sur la délibération du directoire du district de Périgueux, du 9 précédent, concernant la circonscription des paroisses de la ville de Périgueux ; & de l'avis de l'évêque du département, du 11 du même mois.

4°. De l'arrêté du directoire du département du Calvados, du 25 mai dernier, sur les délibérations du directoire du district & de la municipalité de Caen, dès 5 & 3 avril précédent, concernant la circonscription des paroisses de la ville de Caen ; & de l'avis de Claude Fauchet, évêque de ce département, du 2 juin dernier.

5°. De l'arrêté du directoire du département du Calvados, du 3 juin dernier, sur les délibérations du directoire du district & de la municipalité de Falaise, dès 23 & 12 mars précédent, concernant la circonscription des paroisses de la ville de Falaise ; & de l'avis de Claude Fauchet, évêque de ce département, du 5 juin dernier.

6°. De l'arrêté pris par le directoire du département de l'Orne, de concert avec l'évêque de ce département, les 21 mai & premier juin derniers, sur l'avis du directoire du district d'Alençon, concernant la réunion des paroisses de la ville de Séez.

7°. De l'arrêté du directoire du département de l'Orne, pris de concert avec l'évêque de ce département, le 27 juin dernier, concernant la réunion des paroisses de la ville de Tinchebray.

8°. De l'arrêté du directoire du département de Maine & Loire, du 15 juin dernier, sur la délibération du directoire du district de Châteauneuf, du 10 mai précédent, concernant la circonscription des paroisses de ce district, & de l'avis donné par Hugues Pelletier, évêque du département, le même jour que l'arrêté susdaté.

9°. De l'arrêté du directoire du département de Maine & Loire, du 11 juin dernier, sur la délibération du directoire du district de Cholet, du 29 mars précédent, concernant la circonscription des paroisses de ce district,

& de l'avis de Hugues Pelletier, évêque du département, du 25 juin dernier.

10°. De l'arrêté du directoire du département de Maine & Loire du 11 juin dernier, sur la délibération du directoire du district de Saumur, du 2 précédent, concernant la circonscription des paroisses de ce district, & de l'avis de Hugues Pelletier, évêque de ce département, du 15 juin dernier.

11°. De l'arrêté du directoire du département de Seine & Marne, du 29 juin dernier, concerté avec l'évêque de ce département, sur les délibérations du directoire du district & de la municipalité de Melun, des 23 février, 24 mars, 15 avril & 16 février, concernant la réduction des paroisses de cette ville.

12°. De l'arrêté du directoire du département de Seine & Marne, du 11 juin dernier, sur la délibération du directoire du district de Provins, du 18 mai, prise de concert avec l'évêque du département, qui l'a signée, & sur la pétition de la commune de Provins, du 15 du même mois, concernant la circonscription des paroisses de cette ville.

13°. De l'arrêté du directoire du département de l'Yonne du 30 juin dernier, sur la délibération du directoire du district d'Avalon du 2 du même mois, & sur la pétition du conseil-général de la commune de Vezelay du 16 mars précédent, concernant la réunion de paroisses de la ville de Vezelay, & de l'avis d'Etienne-Charles Loménie-Brienne, évêque du département de l'Yonne, du 30 juin dernier.

14°. De l'arrêté du directoire du département du Cher du 31 janvier 1791, sur les délibérations du directoire du district & de la municipalité de Vierzon, des 15 & 29 du même mois, concernant la circonscription des paroisses de cette ville, & de l'avis de Pierre-Anastase Torné, évêque de ce département, du 10 juin dernier.

15°. De l'arrêté du directoire du département de l'Allier

du 18 juin dernier, fur la délibération du directoire du diftrict du Donjon, du 4 mai précédent, concernant la circonfcription des paroiffes de ce diftrict, & de l'avis de François-Xavier Laurent, évêque de ce département, du 6 dudit mois de mai.

16°. De l'arrêté pris le 25 mai dernier par le directoire du département de l'Allier, de concert avec le curé de Cuffet, fondé du pouvoir fpécial de l'évêque de ce département, fur les délibérations du directoire du diftrict de Cuffet & de la municipalité de la ville de Varennes-fur-Allier, concernant la réunion des paroiffes de cette ville, décrète :

ARTICLE PREMIER.

DÉPARTEMENT DU NORD.

Ville de Valenciennes.

Il y aura pour la ville de Valenciennes quatre paroiffes qui feront débornées ainfi qu'il eft expliqué au mémoire de la municipalité en tête de l'arrêté fufdaté ; elles feront defervies dans les églifes de Notre-Dame-la-Grande, de Saint-Jacques, de Saint-Nicolas & de Notre-Dame de la Chauffée. L'églife de Saint-Vaaft-la-Haut fera confervée comme fuccurfale de la paroiffe de Notre-Dame de la Chauffée. Les fauxbourgs de Cambray & de la Briquette font réunis à la paroiffe d'Aulnoy : celui du Cardon à celle de Marly ; celui de Mons & de Saint-Roch à celle de Saint-Saulve ; le Mouton noir & l'Ecorchoir à celle d'Auzin.

II.

DÉPARTEMENT DU NORD.

Ville de Caffel.

Les deux paroiffes de la ville de Caffel font réunies en

une feule paroiffe, qui fera deffervie fous le nom & dans l'églife de Notre-Dame.

I I I.

DÉPARTEMENT DE LA DORDOGNE.

Ville de Périgueux.

Il n'y aura pour la ville de Périgueux & pour fes fauxbourgs que la paroiffe cathédrale, qui fera deffervie dans l'églife ci-devant épifcopale. Les paroiffes de Saint-Silain, de Saint-Martin, de Saint-Hilaire, de Saint-Georges & de la Cité, font fupprimées : l'églife de la Cité fera confervée comme oratoire de ladite paroiffe.

I V.

DÉPARTEMENT DU CALVADOS,

Ville de Caen.

Il y aura pour la ville de Caen fept paroiffes ; favoir, celles de Saint-Pierre, de Saint-Jean, de Saint-Michel, de Vaucelles, de Saint-Gilles-Notre-Dame, qui fera deffervie dans l'églife des ci-devant Jéfuites ; Saint-Etienne, qui le fera dans l'églife de la ci-devant abbaye de Saint-Étienne ; & Saint-Sauveur dans celle des ci-devant Cordeliers : elles feront circonfcrites ainfi qu'il eft expliqué dans la délibération fufdatée de la municipalité. L'églife de Saint-Ouen & de Saint-Germain-la-Blanche-Herbe fera confervée comme fuccurfale de la paroiffe de Saint-Etienne ; & l'églife de Saint-Paix comme oratoire de la paroiffe de Vaucelles.

V.

DÉPARTEMENT DU CALVADOS.

Ville de Falaise.

Il y aura pour la ville de Falaise & les campagnes environnantes, trois paroisses qui seront desservies sous le nom & dans les églises de la Trinité , de Saint-Gervais & de Guibray , & qui seront circonscrites ainsi qu'il est expliqué dans la délibération susdatée de la municipalité.

V I.

DÉPARTEMENT DE L'ORNE.

Ville de Séez.

Les paroisses de Saint-Pierre , de Notre-Dame-de-la-Place , de Saint-Ouen , de Saint-Germain & de Saint-Gervais , sont réunies en une seule, qui sera la paroisse cathédrale , & qui sera desservie dans l'église de Saint-Gervais.

Les églises ci-devant paroissiales de Saint-Pierre & de Notre-Dame-de-la-Place sont conservées : la première comme succursale, la seconde comme oratoire.

L'église de Saint-Laurent conservera provisoirement son ancien état de succursale, sous la dépendance de la nouvelle paroisse, jusqu'à ce qu'il ait été statué sur la circonscription des paroisses des campagnes environnantes.

VII.

DÉPARTEMENT DE L'ORNE.

Ville de Tinchebray.

Les deux paroisses de la ville de Tinchebray sont réunies en une seule, qui sera desservie sous le nom & dans l'église de Notre-Dame, & qui comprendra dans son territoire les hameaux de la Dauphinière, de la Vrainière, de la Queue-de-Fresnes & des Hauts-Champs. L'église de Saint-Remi sera conservée comme oratoire.

VIII.

DÉPARTEMENT DE MAINE ET LOIRE.

District de Château-Neuf.

Ville de Château-Neuf.

Il n'y aura pour la ville de Château-Neuf qu'une seule paroisse, qui sera desservie sous le nom & dans l'église de Notre-Dame de Seronnes.

IX.

Ville de Durtal.

Les quatre paroisses de la ville de Durtal sont réunies pour n'en former qu'une seule sous le nom & dans l'église de Notre-Dame. Les églises ci-devant paroissiales de Goins & de Saint-Léonard, seront conservées comme oratoires de la nouvelle paroisse.

X.

Les autres paroisses du district de Château-Neuf sont réduites au nombre de vingt-neuf, dont l'état suit :

ÉTAT des paroisses du district de Château - Neuf.

1	Baracé.	16	Huillé.
2	Friollay.	17	Jivardeil.
3	Brissarthe.	18	Marigné.
4	Champigné.	19	Miré.
5	Champteussé.	20	Montreuil-sur-le-Loir.
6	Chesles.	21	Morannes.
7	Chemiré.	22	Pruillé.
8	Chemillé.	23	Querré.
9	Cherré.	24	Sceaux.
10	Coutigné.	25	Scurdes.
11	Daumeray.	26	Soucelles.
12	Ecuillé.	27	Soulaires.
13	Estriché.	28	Thorigné.
14	Fenen.	29	Thiercé.
15	Grez-neuville.		

X I.

Toutes les paroisses du district de Château-Neuf seront circonscrites, ainsi qu'il est expliqué dans la délibération susdatée du directoire du district.

X I I.

DÉPARTEMENT DE MAINE ET LOIRE.

District de Cholet.

Ville de Cholet.

Il y aura pour la ville de Cholet, chef-lieu du district,

& pour les campagnes environnantes, deux paroisses qui seront desservies sous les noms & dans les églises de Notre-Dame & de Saint-Pierre.

X I I I.

Les autres paroisses du district de Cholet sont réduites au nombre de trente - trois, conformément à l'état qui suit :

1 Andrezé.
2 Chanteloup.
3 Chapelle-Rousselin(La).
4 Cerqueux (Les).
5 Hête.
6 Jallaix, qui aura un oratoire à Jubaudières.
7 Longerou (Le).
8 Maulevrier.
9 Mazières.
10 May (Le), qui aura pour succursale Bégrole.
11 Mellé.
12 Notre - Dame-des-Gardes.
13 Renaudière (La).
14 Romagne (La).
15 Roussay.
16 Séguinière (La), qui aura un oratoire à Saint-Léger.
17 Saint-André.
18 Saint-Christophe.
19 Saint-Crépin.
20 Saint-Jacques-de-Montfaucon, qui aura deux oratoires; l'un à Saint-Germain, & l'autre à Montigny.
21 Saint-Léonard-de-Chemillé.
22 Saint-Lezin-de-Chemillé.
23 Saint-Macaire.
24 Saint-Pierre-de-Chemillé.
25 Tessoualle (La).
26 Tillières.
27 Torfou.
28 Tour-Landry (La).
29 Tout-le-Monde.
30 Trémentine (La).
31 Ville-Dieu, dont l'église paroissiale sera transférée dans l'église de la commanderie de ce nom, & qui aura un oratoire à Saint-Philbert.
32 Vezins.
33 Yzernay.

X I V.

Toutes les paroisses du district de Cholet seront circonscrites ainsi qu'il est expliqué dans la délibération du directoire de ce district, sauf les changemens proposés par l'arrêté susdaté du département de Maine & Loire.

X V.

DÉPARTEMENT DE MAINE ET LOIRE.

District de Saumur.

Ville de Saumur.

Il y aura pour la ville de Saumur deux paroisses : celle de Saint Pierre, qui sera desservie dans l'église de ce nom ; & celle de Saint-Jacques, qui sera desservie dans l'église du ci-devant monastère des Capucins de cette ville. La rivière de Loire fera la ligne de séparation entre les deux paroisses. L'église ci-devant paroissiale de Saint-Nicolas, & la chapelle de Notre-Dame des Ardillières, seront conservées comme oratoires de la paroisse de Saint-Pierre.

X V I.

Ville de Doué.

Il n'y aura pour la ville & les fauxbourgs de Doué que deux paroisses qui seront desservies ; la première, sous le nom & dans l'église de Saint-Pierre ; la seconde, sous le nom & dans l'église de Saint-Denis.

X V I I.

Ville de Montreuil-Bellay.

Il n'y aura pour la ville de Montreuil-Bellay qu'une feule paroiffe, à laquelle font réunies les paroiffes de Lenay & de Saint-Hilaire-le-Doyen.

X V I I I.

Ville du Puy-Notre-Dame.

Il n'y aura pour la ville du Puy qu'une feule paroiffe, qui fera deffervie fous le nom & dans l'églife de Notre-Dame, & qui réunira à fon ancien territoire les hameaux de Meffemé, Oiré, Champagné, les Caves & le Moulin Arpenty.

X I X.

Les autres paroiffes du diftrict de Saumur font réduites au nombre de trente - huit, conformément à l'etat qui fuit.

1 Ailonne, qui aura pour fuccurfale Ruiffé.

2 Ambillonl.

3 Antoigné.

4 Brain-fur-Allonne, qui aura pour fuccurfale la Breille.

5 Brezé, qui aura un oratoire à Saint-Juft.

6 Chenehutte.

7 Cizé.

8 Coudray-Macouard (Le), qui aura un oratoire à Montfort & un à Courchamps.

9 Coutures.

10 Dénezé.

11 Diftré.

12 Epieds.

13 Fontevrault.

14 Grezillé.

15 Louère.

16 Loureffe, qui aura un oratoire à Rocheménil.
17 Méron.
18 Montforeau, qui aura une fuccurfale à Turquant.
19 Neuillé.
20 Rofiers (Les), qui aura pour fuccurfale le Menitré.
21 Rou, qui aura un oratoire à Marfon.
22 Saint-Clément-de-Trèves.
23 Saint-Cyr-en-Bourg.
24 Saint-Hilaire-l'Abbaye.
25 Saint-Juft-de-Verché.
26 Saint-Lambert-des-Levées.
27 Saint-Macaire.
28 Saint-Martin-de-la-Place.
29 Saint-Vétérin-de-Gennes, qui aura un oratoire à Milly.
30 Souzé.
31 Toureil (Le).
32 Trèves.
33 Ulmes (Les).
34 Vareins.
35 Varannes-fur-Montforreau.
36 Vaudelnay (Le).
37 Vilbernier.
38 Vivy.

X X.

Toutes les paroiffes du diftrict de Saumur feront circonfcrites ainfi qu'il eft expliqué dans la délibération du directoire de ce diftrict, fauf les changemens propofés par l'arrêté fufdaté du directoire du département de Maine & Loire.

X X I.

DÉPARTEMENT DE SEINE ET MARNE.

Ville de Melun.

Il n'y aura pour la ville de Melun que deux paroiffes; elles feront deffervies dans les églifes de Saint-Afpais & de Notre-Dame : le bras de la rivière de Seine du côté du nord, fera la féparation entr'elles.

Les

Les paroiſſes de Saint-Lieſne, de Saint-Barthelemi & de Saint-Ambroiſe ſont ſupprimées.

L'égliſe de Saint-Barthelemi eſt proviſoirement conſervée comme ſuccurſale de la paroiſſe de Saint-Aſpais, juſqu'à ce qu'il ait été ſtatué ſur la circonſcription des paroiſſes des campagnes environnantes.

X X I I.

DÉPARTEMENT DE SEINE ET MARNE.

Ville de Provins.

Il y aura pour la ville de Provins deux paroiſſes, l'une pour la vi le haute, l'autre pour la ville baſſe ; elles ſeront deſſervies ſous les noms & dans les égliſes de Saint-Quiriau & de Saint-Ayoult. L'égliſe de Sainte-Croix ſera conſervée comme oratoire de la paroiſſe de Saint-Ayoult: la rivière de Durtin fera la ligne de ſéparation entre les deux paroiſſes.

X X I I I.

DÉPARTEMENT DE L'YONNE.

Ville de Vezelay.

Les deux paroiſſes de la ville de Vezelay ſont réunies en une ſeule, qui ſera deſſervie dans l'égliſe de Sainte-Marie-Madeleine.

X X I V.

DÉPARTEMENT DU CHER.

Ville de Vierzon.

Il y aura pour la ville de Vierzon & pour les campagnes

environnantes deux paroisses qui seront desservies, l'une sous le nom & dans l'église de Notre-Dame, & l'autre sous le nom de Saint-Pierre, dans l'église de la ci-devant abbaye des Bénédictins de cette ville ; lesdites paroisses seront circonscrites ainsi qu'il est expliqué dans la deliberation susdatée du directoire du district.

X X V.

DÉPARTEMENT DE L'ALLIER.

District du Donjon.

Les paroisses du district du Donjon sont réduites au nombre de trente-cinq, conformément à l'état qui suit.

1	Avrilly.	
2	André-la-Roche.	
3	Barrois.	
4	Bert.	
5	Bouchaud (Le).	
6	Bussoile.	
7	Chassenard.	
8	Châtel-Perron.	
9	Chavroche.	
10	Coullange.	
11	Dion.	
12	Dompierre.	
13	Donjon (Le).	
14	Droiturier.	
15	Jaligny.	
16	Lenax.	
17	Liernolles.	
18	Lodde.	
19	Luneau.	
20	Molinet.	
21	Monnétay.	
22	Montaignet.	
23	Neuilly.	
24	Pierre-fite.	
25	Pin (Le).	
26	Salligny.	
27	Sorbiers.	
28	Saint-Didier.	
29	Saint-Léger-des-Bruyères.	
30	Saint-Laon.	
31	Saint-Pourçain.	
32	Thionné.	
33	Trézelle.	
34	Varennes-sur-Resche.	
35	Vosinas.	

X X V I.

Toutes les paroisses du district de Donjon seront circonscrites ainsi qu'il est expliqué dans la délibération susdatée du directoire de ce district.

X X V I I.

DÉPARTEMENT DE L'ALLIER.

Ville de Varennes-sur-Allier.

Les paroisses de Saint-Jean & de Saint-Pierre de la ville de Varennes-sur-Allier seront réunies en une seule paroisse, qui sera desservie sous le nom & dans l'église de Sainte-Croix de la même ville.

X X V I I I.

Il sera envoyé les dimanches & les fêtes dans chacun des oratoires mentionnés au présent décret, par les curés respectifs, un de leurs vicaires pour y célébrer la messe & y faire les instructions spirituelles, sans pouvoir y exercer les fonctions curiales.

Mandons & ordonnons à tous les tribunaux, corps administratifs & municipalités, &c.

Loi du 12 Juillet 1791.

1713.

LOI

Qui ordonne la visite du vaisseau l'Africain détenu à Caudebec.

Donnée à Paris le 12 juillet 1791.

Louis, par la grace de Dieu, &c.

Décret du 6 juillet 1791.

L'Assemblée Nationale, après avoir entendu la lecture des dépêches des administrateurs composant le directoire du département de la Seine-Inférieure, décrète que le vaisseau l'*Africain*, capitaine *Quibel*, parti de Rouen pour Hambourg, actuellement détenu à Caudebec, y sera visité, & qu'il en sera dressé procès-verbal. A cet effet, les administrateurs du département de la Seine-Inférieure sont autorisés d'en ordonner le déchargement, sauf les indemnités, s'il y a lieu.

Mandons & ordonnons à tous les tribunaux, corps administratifs & municipalités, &c.

1714.

L O I

Relative à la liquidation de différentes sommes faisant partie de l'arriéré, & contenant quelques dispositions particulières à la liquidation des receveurs des finances.

Donnée à Paris le 16 juillet 1791.

Louis, par la grace de Dieu, &c.

Décret du 9 juillet 1791.

L'Assemblée Nationale, ouï le rapport de son comité central de liquidation, qui lui a rendu compte des rapports & vérifications faites par le commissaire du roi, directeur général de la liquidation, décrète qu'en conformité de ses précédens décrets sur la liquidation de la dette publique & sur les fonds destinés à l'acquit de ladite dette, il sera payé aux ci-après nommés, & pour les causes qui seront pareillement exprimées, les sommes suivantes, savoir :

Résultat de différentes parties de cette liquidation.

1°. Arriéré du département de la maison du roi.

Appointemens, gages & traitemens à différens employés dans la maison du roi pour les années 1786, 1787, 1788 & 1789.
Quatre-vingt-dix-neuf parties prenantes, en total . . . . 341,666l. 2 f. 2 d.

Education & service de feu M. le Dauphin.

Dix parties prenantes en total . . . . . . 129,146 l. 17 f. 8 d.

Chambre de Madame Adélaïde.

Trente-trois parties prenantes, en total . . . . 201,571　13　"

Chambre de Madame Elifabeth.

Onze parties prenantes , en total . . . 56,277　8　"

Menus plaifirs.

Quatorze parties prenantes , en total . . . . 23,598　19　8

Chambre aux deniers.

Une partie prenante , total . . . . 20,502　"　"

Jardin du roi.

Vingt - trois parties prenantes , en total . . . . 22,718　12　4

Bâtimens du roi.

Cinquante-trois parties prenantes, en total . . . . 675,204　4　1

L'Affemblée nationale autorife au furplus le directeur général de la liquidation , & fon comité central de liquidation , à procéder à la liquidation des états des bâtimens du roi , non vifés par le fieur Dangivilliers , fur la feule vérification des infpecteurs établis par édit de 1776, lefquels feront garans de la réalité de la valeur des ouvrages , fans que cela puiffe préjudicier à la refponfabilité dudit Dangivilliers , abfent.

2°. Arriéré du département de la marine.

Trois parties prenantes . . . . . . 950,112 l. 3 f. 8 d.

3°. Arriéré du département des finances.

Quarante - cinq parties prenantes , total du département des fi-

nances . . . .   179,086 l. 15 f. 6 d.
4°. Créances fur le ci - devant
   clergé.
Vingt-trois parties prenantes, en
   total exigible   15,817   ,,   ,,
5°. Domaines & féodalité.
Neuf parties prenantes, en total...   220,464   14   ,,
6°. Jurandes & maîtrifes.
Soixante-feize parties prenantes ..   28,517   19   6
7°. Rembourfemens de brevets de
   retenue,   charges & offices.
Vingt-trois parties prenantes, en
   total   1,468,000   ,,   ,,

Total général, quatre cents vingt-
   trois parties prenantes   4,332,754   ,,   ,,

Et à la charge par les unes & par les autres des parties
ci-deffus nommées, de fe conformer aux lois de l'Etat
pour obtenir leur reconnoiffance définitive de liquidation,
& leur paiement à la caiffe de l'extraordinaire;

L'Affemblée nationale, s'étant réfervé par fon décret du
7 juin dernier, de ftatuer, d'après le rapport des comités
militaire & des penfions réunis, fur la réclamation faite
par les héritiers *Colmont* de la fomme de foixante-dix
mille livres, dépofée par le fieur *Saint-Cyr* à la caiffe du
fieur *Serilly*, tréforier de la guerre; ouï le rapport de
fon comité central de liquidation, à qui il a été rendu
compte de l'avis defdits comités, décrète que les héritiers
Colmont fe pourvoiront devant les tribunaux contre qui
il appartiendra, l'agent du tréfor public appelé.

L'Affemblée nationale, confidérant que les receveurs
particuliers des finances qui ont fait l'exercice de 1789,
ont été chargés, aux termes des proclamations du roi des
8 août 1790 & 11 avril 1791, des recouvremens de rôles
fupplétifs fur les ci-devant privilégiés pour les fix derniers

mois 1789.; que, fuivant ces proclamations, le produit net defdits rôles, deftiné à être réparti en moins impofé fur les anciens contribuables en 1790, a dû être verfé, foit dans la caiffe du receveur du diftrict renfermant le chef-lieu de chaque département d'où dépendent aujourd'hui les différentes communautés qui formoient le reffort des ci-devant élections ou bureaux, foit dans la caiffe de l'extraordinaire pour celles qui ont offert le montant defdits rôles fupplétifs en don patriotique; qu'ainfi lefdits receveurs ne peuvent être admis à la liquidation définitive de leurs finances, ordonnée par le décret du 4 mai 1791, fanctionné le 15 du même mois, fans au préalable avoir juftifié defdits verfemens, ou fans laiffer au tréfor public une fomme égale à celle qui leur refte encore à recouvrer fur lefdits rôles, décrète :

ARTICLE PREMIER.

Les receveurs particuliers des finances qui, ayant fait l'exercice de 1789, ont été chargés, aux termes des proclamations du roi des 8 août 1790 & 10 avril 1791, du recouvrement des rôles fupplétifs fur les ci-devant privilégiés pour les fix derniers mois 1789, ne feront admis à la liquidation définitive de leurs finances, ordonnée par le décret du 4 mai dernier, fanctionné le 15, qu'au préalable, ils n'aient juftifié du verfement du produit net defdits rôles dans les différentes caiffes publiques où ledit verfement devoit être fait.

I I.

Pour parvenir à cette juftification, lefdits receveurs drefferont un compte final établiffant, d'une part, le montant brut des rôles fupplétifs pour toute l'étendue de leurs ci-devant élections ou bureaux, & d'autre part, 1°. les fommes par eux verfées à compte du montant defdits rôles entre les mains des receveurs généraux de l'exercice 1790, jufqu'à la proclamation du 10 avril 1791; 2°. les fommes payées par lefdits receveurs, à compter de la même époque, aux tréforiers des diftriéts renfermant le chef-lieu de chaque département d'où dépendent actuellement les communautés qui compofoient auparavant le reffort defdites éléctions & bureaux ; 3°. les déductions à faire fur le montant defdits rôles pour les taxations des colleéteurs & celles des receveurs particuliers des finances; 4°. les déductions à faire également pour les non-valeurs, décharges, modérations ou compenfations de décimes ou capitation privilégiée, qui auront été régulièrement accordées fur lefdits rôles des fix derniers mois 1789 ; enfin, les fommes verfées dans la caiffe de l'extraordinaire pour le produit net des rôles fupplétifs des communautés qui en ont offert le montant en don patriotique.

III.

Lefdits comptes ainfi dreffés & appuyés des pièces juftificatives & de quittances, feront préfentés au directoire de chaque département d'où dépendent actuellement les communautés qui compofoient auparavant le reffort defdites éléctions ou bureaux : chaque directoire arrêtera quitte. Lefdits comptes ainfi arrêtés & balancés avec les objets à recevoir, & ceux réellement reçus ou légalement déduits, feront réunis aux autres pièces à fournir par les receveurs particuliers & remis au bureau général de liquidation, qui procédera alors à la liquidation définitive defdits receveurs particuliers, aux termes du décret du 4 mai 1791.

IV.

Pour affurer l'exécution des articles ci-deffus, & faire connoître le montant exact defdits rôles fupplétifs pour chaque élection ou bureau, le miniſtre des contributions fera paſſer au bureau de la liquidation un bordereau de chacun deſdits rôles arrêtés par les directoires des départemens.

V.

Et néanmoins leſdits receveurs à qui il reſtera encore des recouvremens à faire ſur leſdits rôles ſupplétifs, d'après les comptes dreſſés & arrêtés de la manière ci - deſſus indiquée, pourront conſentir qu'il ſoit retenu ſur leur finance une ſomme égale à celle qui reſtera encore à recouvrer ſur leſdits rôles ; & le ſurplus de leur finance ſera rembourſé au terme du décret du 4 mai.

V I.

A l'égard de l'époque à laquelle la portion de finance retenue aux termes de l'article précédent, ſera remiſe auxdits receveurs, & des prétentions qu'ils pourroient former pour les intérêts d'icelle, l'Aſſemblée a renvoyé au comité central de liquidation pour en conférer avec le miniſtre des contributions publiques, & lui préſenter un projet de décret.

V I I.

Les juſtifications preſcrites par les articles précédens, ſeront exigées de la part des receveurs particuliers qui ont déja été liquidés en exécution du décret du 4 mai, ſanctionné le 15 ; en conféquence, leurs reconnoiſſances définitives qui n'auront pas été délivrées juſqu'à ce jour, ne pourront l'être que ſur la repréſentation des comptes dreſſés & arrêtés aux termes des articles précédens.

V I I I.

Toutes les difpofitions ci-deffus auront lieu à l'égard des receveurs des tailles, receveurs des fouages, & tous autres percepteurs des deniers publics qui ont été chargés du recouvrement defdits rôles fupplétifs dans les ci-devant pays conquis, pays d'Etats & pays abonnés ; en conféquence, ils ne pourront être admis à la liquidation & au rembourfement de leurs offices, qu'en joignant par eux, à la décharge légale de leur dernier exercice, les comptes dreffés & préfentés comme ci-deffus.

Et fera le préfent décret, en ce qui concerne le règlement relatif aux receveurs des finances, imprimé & envoyé à tous les départemens.

Mandons & ordonnons à tous les tribunaux, corps adminiftratifs & municipalités, &c.

1715.

L O I

Qui détermine les cas où le roi fera cenfé avoir abdiqué la couronne, & pourra être pourfuivi comme fimple citoyen ; & qui ordonne que le fieur Bouillé & fes complices feront pourfuivis comme criminels de lèfe-nation au tribunal d'Orléans.

Donnée à Paris le 16 juillet 1791.

Louis, par la grace de Dieu, &c.

Décret des 15 & 16 *juillet* 1791.

L'Affemblée Nationale, après avoir entendu fes comités militaire & diplomatique, de conftitution, de révifion, de jurifprudence criminelle, des recherches & des rapports, décrète ce qui fuit :

A R T I C L E　P R E M I E R.

Si le roi, après avoir prêté fon ferment à la conftitution, le rétracte, il fera cenfé avoir abdiqué.

I I.

Si le roi fe met à la tête d'une armée pour en diriger les forces contre la nation, ou s'il ordonne à fes généraux d'exécuter un tel projet, ou enfin s'il ne s'op-pofe pas par un acte formel à toute action de cette efpèce, qui s'exécuteroit en fon nom, il fera cenfé avoir abdiqué.

I I I.

Un roi qui aura abdiqué, ou qui fera cenfé l'avoir fait, redeviendra fimple citoyen, & il fera accufable, fuivant les formes ordinaires, pour tous les délits poftérieurs à fon abdication.

I V.

L'effet du décret du 25 du mois dernier, qui fufpend l'exercice des fonctions royales & des fonctions du pouvoir exécutif entre les mains du roi, fubfiftera jufqu'au moment où la conftitution étant achevée, l'acte conftitutionnel entier aura été préfenté au roi.

V.

Attendu qu'il réfulte des pièces dont le rapport lui a été fait, que le fieur de Bouillé, général de l'armée françaife fur la Meufe, la Sarre & la Mofelle, a conçu

le projet de renverser la conftitution ; qu'à cet effet, il a
cherché à fe faire un parti dans le royaume, follicité
& exécuté des ordres non contre-fignés, attiré le roi &
fa famille dans une ville de fon commandement, difpofé
des détachemens fur fon paffage, fait marcher des troupes
vers Montmédi, préparé un camp près cette ville, tenté
de corrompre les foldats, les a engagés à la défertion pour
fe réunir à lui, follicité les puiffances voifines à une invafion
fur le territoire françois :

Il y a lieu à accufation contre ledit fieur de Bouillé,
fes complices & adhérens, & que fon procès lui fera fait
& parfait devant la haute-cour nationale féante à Orléans ;
qu'à cet effet, les pièces qui ont été adreffées à l'Affemblée feront envoyées à l'officier faifant auprès de ce
tribunal les fonctions d'accufateur public.

V I.

Attendu qu'il réfulte également des pièces dont le
rapport a été fait, que les fieurs d'Heymann, Klinglin &
d'Ophife, maréchaux-de-camp, employés dans la même
armée ; Déjoteux, adjudant-général ; Goglas, aide-de-
camp ; de Bouillé fils, major d'huffards ; de Choifeul-
Stainville, colonel du premier régiment de dragons ; le
fieur de Mandel, lieutenant-colonel du régiment ci-devant
Royal-Allemand ; le comte de Ferfen, ci-devant colonel
propriétaire du régiment Royal - Suédois ; les fieurs de
Valory, de Malledent & Dumouftier, ci-devant gardes-
du- corps, font prévenus d'avoir eu connoiffance des
complots dudit Bouillé, & d'avoir agi dans la vue de
le favorifer, il y a lieu à accufation contr'eux, & que
leur procès leur fera fait & parfait devant ladite cour
d'Orléans, devant laquelle feront renvoyées toutes les informations ordonnées & commencées pour ledit complot,
foit devant le tribunal du premier arrondiffement, foit
pardevant tous autres tribunaux, pour être fuivies par ladite
cour provifoire.

V I I.

Les particuliers désignés dans les articles V & VI du présent décret, contre lesquels il y a lieu à accusation, qui sont ou seront arrêtés par la suite, seront conduits, sous bonne & sûre garde, dans les prisons d'Orléans.

V I I I.

Les sieurs de Damas, colonel du 13.ᵉ régiment de dragons; Remy & Floirac, officiers au même corps; les sieurs Daudouin & Lacour, l'un capitaine & l'autre lieutenant au 1.ᵉʳ régiment de Dragons; Morassin & Tallot, l'un capitaine & l'autre lieutenant au régiment ci-devant Royal-Allemand; Devillecourt, commissaire-ordonnateur des guerres; & Péhondi, sous-lieutenant au régiment de Castellas suisse, & la dame Tourzelle, gouvernante des enfans de France, demeureront dans le même état d'arrestation où ils se trouvent, jusqu'à ce qu'il en soit ultérieurement statué par l'Assemblée.

I X.

Le sieur Debriges, écuyer du roi, & les dames Brunières & Neuville, femmes-de-chambre de M. le Dauphin & de Madame Royale, seront mis en liberté.

Mandons & ordonnons à tous les tribunaux, corps administratifs & municipalités, &c.

1716.

L O I

Relative aux moyens de maintenir la tranquillité publique.

Donnée à Paris le 16 juillet 1791.

Louis, par la grace de Dieu, &c.

Décret du 16 *juillet* 1791.

L'Assemblée Nationale décrète,

1°. Qu'il sera rédigé, séance tenante, une adresse aux Français, pour leur exposer les principes qui ont dicté le décret rendu hier, & les motifs qu'ont tous les amis de la constitution de se réunir autour des principes constitutionnels; & que cette adresse sera envoyée par des couriers extraordinaires.

2°, Que le département & la municipalité de Paris seront mandés, pour qu'il leur soit enjoint de donner des ordres pour veiller avec soin à la tranquillité publique.

3°. Que les six accusateurs publics de la ville de Paris seront mandés, & qu'il leur sera enjoint, sous leur responsabilité, de faire informer sur-le-champ contre tous les infracteurs aux lois & les pertubateurs du repos public.

4°. Que les ministres seront appelés, pour leur ordonner de faire observer exactement, & sous peine de responsabilité, le présent décret.

Mandons & ordonnons à tous les tribunaux, corps administratifs & municipalités, &c.

1717.

L O I

Relative à la compétence des juges-de-paix en matière de police, & à l'établissement d'un tribunal de police correctionnelle dans la capitale. -

Donnée à Paris le 18 juillet 1791.

Louis, par la grace de Dieu, &c.

Décret des 6 & 11 juillet 1791.

L'Affemblée Nationale décrète ce qui fuit :

1°. Tout juge-de-paix d'une ville, dans quelque quartier qu'il fe trouve établi, fera compétent pour prononcer, foit la liberté des perfonnes amenées, foit le renvoi à la police municipale, foit le mandat d'amener, ou devant lui, ou devant un autre juge-de-paix, foit enfin le mandat d'arrêt, tant en matière de police correctionnelle, qu'en matière criminelle.

2°. Néanmoins, pour affurer le fervice dans la ville de Paris, il fera déterminé par la municipalité un lieu vers le centre de la ville, où fe trouveront toujours deux juges-de-paix, lefquels pourront donner chacun féparément les ordonnances néceffaires. Les juges-de-paix rempliront tour à tour ce fervice pendant vingt-quatre heures.

3°. A Paris, le tribunal de première inftance, en matière de police correctionnelle, fera compofé de neuf juges-de-paix fervant par tour ; il tiendra une audience tous les jours, & pourra fe divifer en trois chambres.

Durant le fervice des neuf juges-de-paix à ce tribunal,

&

& pareillement durant la journée où les juges-de-paix de la ville de Paris feront occupés au service alternatif établi dans le lieu central par l'article XXXIV du titre premier du préfent décret, toutes les fonctions qui leur font attribuées par la loi pourront être exercées dans l'étendue de leur fection, par les juges-de-paix des fections voifines, au choix des parties.

Mandons & ordonnons à tous les tribunaux, corps adminiftratifs & municipalités, &c.

1718.

L O I

Relative à la liquidation de différentes fommes pour liquidation d'offices.

Donnée à Paris le 18 juillet 1791.

Louis, par la grace de Dieu, &c.

Décret du 10 juillet 1791.

L'Affemblée Nationale, après avoir entendu le rapport de fes comités général de liquidation & de judicature, qui lui ont rendu compte du réfultat des opérations du commiffaire du roi, dont l'état fuit :

Total des liquidations ci-deffus & des autres parts, montant à la fomme de trente-quatre millions neuf cent quarante-fept mille fix cent quatre-vingt livres treize fous neuf deniers, ci . . . . 34,947,680 l. 13 f. 9 d.

Les dettes paffives des compagnies ci-deffus liquidées, dont

Collec. des Lois. Tome XI.   D

la nation fe charge, montent à deux millions cent trente-huit mille neuf cents quarante-cinq livres dix fous dix deniers, ci... 2,138,945 l. 10 f. 10 d.

Mais celles actives, dont elle profite, font de un million cent vingt-un mille neuf cents quarante-cinq livres dix fous dix deniers, ci . . . . 1,121,945　　10　10

La différence à la charge de la nation, eft de un million feize mille cinq cent onze livres un fou un denier, ci . . . . 1,016,511　　I　I

Décrète que conformément audit réfultat, il fera payé par la caiffe de l'extraordinaire la fomme de trente-quatre millions neuf cents quarante-fept mille fix cents quatre-vingt livres treize fous neuf deniers ; à l'effet de quoi les reconnoiffances de liquidation feront expédiées aux officiers liquidés, en fatisfaifant par eux aux formalités prefcrites par les précédens décrets.

Mandons & ordonnons à tous les tribunaux, corps adminiftratifs & municipalités, &c.

1719.

L O I

Contre la sédition, & qui fixe les peines à prononcer contre ceux qui s'en seront rendus coupables.

Donnée à Paris le 18 juillet 1791.

Louis, par la grace de Dieu, &c.

Décret du 18 juillet 1791.

L'Assemblée Nationale, après avoir ouï ses comités de constitution & de jurisprudence criminelle, décrète ce qui suit :

ARTICLE PREMIER.

Toutes personnes qui auront provoqué le meurtre, le pillage, l'incendie, ou conseillé formellement la désobéissance à la loi, soit par des placards ou affiches, soit par des écrits publiés ou colportés, soit par des discours tenus dans des lieux ou assemblées publiques, seront regardées comme séditieuses ou perturbateurs de la paix publique ; & en conséquence les officiers de police sont autorisés à les faire arrêter sur-le-champ, & à les remettre aux tribunaux pour être punis suivant la loi.

II.

Tout homme qui, dans un attroupement ou émeute, aura fait entendre un cri de provocation au meurtre, sera puni de trois ans de chaîne, si le meurtre ne s'en est pas

D 2

suivi , & comme complice du meurtre s'il a eu lieu : tout citoyen préfent eft tenu de s'employer ou de prêter main-forte pour l'arrêter.

I I I.

Tout cri contre la garde nationale , la force publique en fonctions , tendant à lui faire baiffer ou dépofer fes armes , eft un cri de fédition , & fera puni d'un empri-fonnement qui ne pourra excéder deux années.

Mandons & ordonnons à tous les tribunaux , corps adminiftratifs & municipalités ; &c.

1720.

L O I

Relative à l'échange des petits affignats contre de la monnoie de cuivre.

Donnée à Paris le 18 juillet 1791.

Louis, par la grace de Dieu, &c.

Décret du 18 *juillet* 1791.

L'Affemblée Nationale décrète :

ARTICLE PREMIER.

Le département de Paris défignera une caiffe dans laquelle toute perfonne fera admife à échanger des affi-gnats de cinq livres contre de la menue monnoie , fans cependant qu'il puiffe être échangé par jour plus d'un billet à la même perfonne.

I I.

Les chefs d'atteliers & de manufactures pourront se présenter au bureau de M. Delamarche, vieille rue du Temple, munis de leurs patentes & d'un certificat de leur section, pour recevoir un mandat, lequel pourra être d'une somme au-dessus de cinq livres, mais jamais au-dessus de cent livres; munis de ce mandat, ils seront admis à l'échange au bureau indiqué en l'article premier.

I I I.

Le directeur de la monnoie versera à la caisse indiquée par le département, la somme de deux cents mille livres en menue monnoie de cuivre & billon, pour servir aux échanges de la semaine.

I V.

Le directeur de la monnoie échangera au trésorier de l'extraordinaire la somme de trois mille livres en menue monnoie, pour servir aux appoints des paiemens.

Mandons & ordonnons à tous les tribunaux, corps administratifs & municipalités, &c.

1721.

L O I

Qui ordonne l'arreſtation du particulier qui a menacé de tirer ſur M. de la Fayette.

Donnée à Paris le 18 juillet 1791.

Louis, par la grace de Dieu, &c.

Décret du 18 *juillet* 1791.

L'Aſſemblée Nationale décrète que la municipalité de Paris fera mettre ſur-le-champ en état d'arreſtation le particulier qui a menacé de tirer hier un coup de fuſil ſur M. de la Fayette.

Mandons & ordonnons à tous les tribunaux, corps adminiſtratifs & municipalités, &c.

1722.

L O I

A D D I T I O N N E L L E,

Relative à la gendarmerie nationale.

Donnée à Paris le 20 juillet 1791.

Louis, par la grace de Dieu, &c.

Décret du 22 juin 1791.

L'Assemblée Nationale, sur la proposition qui lui a été faite par ses comités de constitution & militaire, de quelques articles additionnels nécessaires à la prompte organisation de la gendarmerie nationale, décrète ce qui suit :

A R T I C L E   P R E M I E R.

Les anciens exempts de la ci-devant maréchaussée, qui ont continué leur service en qualité de maréchaux-des-logis, & qui seront appelés à être officiers, reprendront leur ancienneté à la date de leur commission d'exempts, & concourront, pour la présente composition, avec les sous-lieutenans de la ci-devant maréchaussée, aux grades supérieurs.

I I.

Les remplacemens à faire & l'avancement dans le corps de la gendarmerie nationale, qui, selon les articles X & XI du titre II de la loi, doivent avoir lieu par tour

d'ancienneté, auront lieu relativement à la totalité des divifions, lefquelles ne font qu'un feul corps.

I I I.

Les colonels de la gendarmerie nationale feront leur
réfidence dans le chef-lieu du département le plus central
de la divifion, & le miniftre de la guerre eft autorifé à
fixer ces réfidences.

I V.

Les retraites à accorder à ceux des infpecteurs & prévôts
généraux de la gendarmerie nationale, qui ne pourront
être faits colonels divifionnaires, feront fixées fur le pied
de la totalité des appointemens & traitemens; favoir, dans
la proportion de quatre mille livres pour les ci-devant
prévôts, & de fix mille livres pour les ci-devant infpecteurs; & quant à ceux qui, par l'ancienneté de leurs
fervices, ont droit à une plus forte retraite, les décrets
concernant les penfions, gratifications & autres récompenfes
feront obfervés.

V.

La gendarmerie nationale ne rendra des honneurs qu'à
l'Affemblée nationale en corps, au roi, à l'héritier pré-
fomptif de la couronne, au régent & aux officiers-généraux en activité.

V I.

Les officiers, fous-officiers & gendarmes de la gendarmerie nationale, font autorifés à vifiter les auberges ou
cabarets & autres maifons ouvertes au public, pour-y
faire la recherche des perfonnes fufpectes: quant à la vifite
des maifons particulières, ils la feront à la réquifition

des officiers de police ou de justice, ou à celle des propriétaires, locataires & fermiers desdites maisons ; & au
surplus ils se conformeront, dans les cas d'arrestation, à ce
qui est prescrit dans le décret concernant les jurés.

V I I.

Le paiement du service extraordinaire de la ci-devant
maréchaussée & robe - courte, doit être continué jusqu'à
l'entière organisation du corps de la gendarmerie nationale.
Le ministre est autorisé à ordonner ce paiement, & à fixer
l'époque où il devra cesser pour être établi sur le nouveau
pied.

V I I I.

On continuera d'exiger des gendarmes nationaux la taille
de cinq pieds quatre pouces, prescrite par l'ordonnance
de 1778, laquelle sera d'ailleurs exécutée dans tous les
objets auxquels il n'a pas été dérogé par la loi concernant
la gendarmerie nationale.

I X.

La gendarmerie nationale ne fera point partie des cérémonies publiques ; elle se tiendra seulement à portée pour
y maintenir l'ordre & la tranquillité.

X.

Dans les cas où, lors de la nomination d'un capitaine
de gendarmerie, ou d'un lieutenant, il y auroit un partage
de voix, la place appartiendra au militaire le plus ancien
en grade, à grade égal.

Mandons & ordonnons aux tribunaux, corps administratifs & municipalités, que ces présentes ils fassent

tranfcrire fur leurs regiftres, lire, publier & afficher dans leurs refforts & départemens refpectifs & exécuter comme loi du royaume. Mandons & ordonnons pareillement à tous les officiers généraux & autres qui commandent les troupes de ligne dans les différens départemens du royaume, comme auffi à tous les officiers, fous-officiers & gendarmes de la gendarmerie nationale, & à tous autres qu'il appartiendra, de fe conformer à ces préfentes, & de tenir la main à leur exécution.

1723.

L O I

Relative aux penfionnaires fur le fort defquels il n'a pas encore pu être ftatué nominativement, foit par provifion, foit définitivement.

Donnée à Paris le 20 juillet 1791.

Louis, par la grace de Dieu, &c.

Décret du 2 juillet 1791.

L'Affemblée Nationale, confidérant la néceffité de fubvenir aux penfionnaires fur le fort defquels il n'a pas encore pu être ftatué nominativement, foit par provifion, foit définitivement, décrète que les décrets par elle précédemment rendus pour procurer aux ci-devant penfionnaires des fecours pour l'année 1790, notamment les décrets du 3 août 1790, des 9 & 11 janvier, & du 20 février derniers, auront leur exécution pour l'année 1791, dans les mêmes termes, aux mêmes conditions, & en outre aux conditions fuivantes :

1°. Les perfonnes qui fe préfenteront pour recevoir lefdits fecours, feront tenues de juftifier, aux termes du décret du 24 juin dernier, de leur domicile actuel & habituel dans le royaume, ainfi que de la quittance de leurs impofitions, & du paiement des deux premiers termes de leur contribution patriotique, ou de la déclaration qu'elles n'ont pas été dans le cas de faire une contribution patriotique.

2°. Lefdites perfonnes feront tenues de déclarer expreffément dans la quittance qu'elles donneront du fecours qui leur fera payé, fi elles fe préfentent en perfonne pour le recevoir; ou dans la procuration qu'elles donneront à cet effet, qu'elles n'ont aucune autre penfion dont elles touchent les arrérages, en tout ou en partie, à quelque titre que ce foit, ni aucun traitement d'activité.

3°. Les fecours fur l'année 1791 feront payés en deux parties : la première, à compter de ce jour, pour les fix premiers mois; la deuxième, à compter du premier janvier prochain, pour les fix deniers mois.

4°. Le directeur général de la liquidation fera, dans le plus bref délai poffible, fon rapport des perfonnes qui ayant rendu des fervices à l'Etat, n'ont été récompenfées que de penfions inférieures à la fomme de cent cinquante livres.

Et dès-à-préfent décrète que fur le fonds de deux millions deftiné aux gratifications pour l'année 1790, il fera payé à François Aude, ancien carabinier au régiment royal des Carabiniers, la fomme de dix mille livres, en confidération de la prife qu'il a faite du général Ligonier à la bataille de Lawfeldt, au moyen de laquelle gratification la penfion de deux cents livres qu'il avoit fur le tréfor public, ceffera d'être employée dans l'état des penfions.

5°. L'Affemblée décrète en outre que, fur le même fonds des gratifications, il fera payé à Françoife Imbert, garde nationale de Bergerac, la fomme de quatre cents livres, pour le courage qu'elle a montré à la tête des gardes nationales de Bergerac.

6°. L'Affemblée nationale décrète pareillement que, fur les fonds annuels deftinés aux penfions, il fera payé à madame Flacheron provifoirement, à compter du 1.er janvier 1790, chaque année & jufqu'au retour de M. Mongez, l'un des favans qui ont accompagné M. de la Peyroufe dans fon expédition, la fomme de fix cents livres, qui lui a été affurée par le roi, lors de l'embarquement dudit fieur Mongez, fon frère.

7°. Les perfonnes qui ayant fervi l'Etat dans la place de juges ou d'officiers chargés du miniftère public près des tribunaux, pendant l'efpace de vingt années au moins, avoient précédemment obtenu des penfions, & qui font arrivées à l'âge de foixante ans, obtiendront le rétabliffement de leurs penfions, fous la condition toutefois qu'elles ne pourront pas excéder la fomme de dix-huit cents livres pour ceux qui feront âgés de 60 à 70 ans, & deux mille quatre cents livres pour ceux qui feront âgés de 70 à 75 ans.

8°. Les magiftrats & officiers chargés du miniftère public dans les tribunaux de l'île de Corfe, qui n'étoient pas originaires de cette île, & qui ne feroient pas rappelés aux mêmes fonctions par les élections faites ou à faire, auront droit à une penfion de retraite, s'il ont fervi dans lefdites fonctions pendant dix années. Ces retraites feront fixées d'après les mêmes bafes du décret du 3 août 1790, en rapprochant les termes & les époques portées au titre premier dudit décret, de manière qu'après dix années de fervices, lefdits magiftrats & officiers obtiennent le quart du traitement dont ils jouiffoient, & pour chacune des années ultérieures le vingtième des trois quarts reftant.

Mandons & ordonnons à tous les tribunaux, corps adminiftratifs & municipalités, &c.

1724.

L O I

Relative aux pensions.

Donnée à Paris, le 20 juillet 1791.

Louis, par la grace de Dieu, &c.

Décret du 2 juillet 1791.

L'Assemblée Nationale, ouï le rapport de son comité des pensions, décrète que, sur les fonds affectés au paiement des pensions, le trésor public paiera provisoirement, à titre de secours, pour chacune des années 1790 & 1791, la somme de deux cents soixante-treize mille six cents soixante-dix-sept livres deux sous deux deniers, laquelle somme répartie entre les personnes comprises en l'état annexé au présent décret, & suivant la proportion portée audit état ; & en outre, il sera remis entre les mains de M. Pingré, de l'académie des sciences, la somme de trois mille livres pour l'impression des annales célestes du dix-septième siècle, laquelle somme sera prise sur le fonds de deux millions destiné aux gratifications.

Le paiement sera fait dans les termes & aux conditions exprimées au décret du premier février dernier, & en outre, aux conditions suivantes.

1°. Les personnes comprises audit état, ne seront payées qu'en justifiant, aux termes du décret du 24 juin dernier, de leur domicile actuel & habituel dans le royaume,

ainsi que de la quittance de leurs impositions & du paiement des deux premiers termes de leur contribution
patriotique, ou de la déclaration qu'elles n'ont **pas** été
dans le cas de faire une contribution patriotique.

2°. Lesdites personnes seront tenues de déclarer expres-
sément, dans la quittance qu'elles donneront du secours
qui leur sera payé, si elles se présentent en personne pour
le recevoir, ou dans la procuration qu'elles donneront à
cet effet, qu'elles n'ont aucune autre pension dont elles
touchent les arrérages en tout ou en partie, à quelque titre
que ce soit, ni aucun traitement d'activité.

3°. Il sera fait déduction, sur les sommes qui revien-
dront aux personnes comprises dans l'état annexé au
présent décret, de ce qui leur auroit été payé sur les
secours déja accordés par l'Assemblée nationale pour l'année
1790, aux personnes qui n'étoient pas, à l'époque de
ses décrets, comprises dans des états nominatifs.

Mandons & ordonnons à tous les tribunaux, corps
administratifs & municipalités, &c.

1725.

L O I

Relative aux pensions à la charge de la ferme des messageries.

Donnée à Paris le 20 juillet 1791.

Louis, par la grace de Dieu, &c.

Décret du 2 juillet 1791.

L'Assemblée nationale décrète que les pensions portées aux deux états annexés au présent décret, & mises à la charge du fermier des messageries, par le bail du 4 février dernier, seront acquittées par ledit fermier, conformément aux clauses de son bail.

ETAT des pensions à la charge de la ferme générale des messageries.

Pensions qui, aux termes du bail passé à Basile Durdan, doivent être à la charge du roi au premier janvier 1792.

	tt	s	d	
Vᵉ. Charles Bois····	300	o	o	Son mari a été tué au service des messageries.
Barret···············	200	o	o	Ancien directeur à Boulogne, fort âgé & retiré.
Marlot············	100	o	o	Ancien cocher, vieux & retiré.
Ménard···········	120	o	o	Garçon d'écurie, très-vieux & infirme.

	tt	s	d
De cette part···	720	o	o

	₶ ʃ ᵈ	
Report ········	720 0 0	
Lebis ·············	133 6 8	Cocher très-vieux, retiré.
Normand ··········	133 6 8	*Idem.*
Vᶜ. Petit ··········	400 0 0	{ Son mari, contrôleur ambulant, mort fort pauvre.
Vimeux , supplément.	200 0 0	{ Ancien directeur à Calais. Il lui a été accordé 700 liv. de pension de retraite, dont 500 liv. au compte du roi, & 200 liv. à payer par les fermiers , jusqu'au premier janvier 1792, qu'elle devoit être au compte du roi.
Gafque , supplément.	334 0 0	{ Ancien directeur à Moulins. Il lui a été accordé 800 liv. de pension , dont 456 liv. au compte du roi, & 334 liv. à payer par les fermiers , jusqu'au premier janvier 1792, qu'elle devoit être au compte du roi.
Bourdelin ··········	400 0 0	{ Receveur à Lyon. Retraite accordée après une maladie dont les suites l'ont mis hors d'état de travailler.
Orry ·············	150 0 0	{ Un des plus anciens cochers, hors d'état de monter à cheval, à cause d'une descente.
Bonneau ··········	150 0 0	{ Ancien cocher, trop âgé pour monter à cheval.
Claude Bernard ·····	150 0 0	*Idem.*

	₶ ʃ ᵈ
De cette part ··	2,770 13 4

Vᶜ.

	₶ ſ ∂	
Report······	2,770 13 4	
Vᵉ. Perronnelle·····	180 0 0	Vᵉ. d'un garçon d'écurie, mort au service.
Dame Geoffroy····	400 0 0	Ancienne directrice à Clermont-Ferrand. Sa pension eſt de 1,200 liv., dont 800 liv au compte du roi, & 400 liv. à payer par les fermiers, juſqu'au premier janvier 1792, qu'elle devoit être au compte du roi. Elle a ſept enfans à ſa charge.
Ducrot···········	400 0 0	Ancien directeur à Mâcon.
Trinquet ·········	120 0 0	Ancien facteur, âgé de quatre-vingts ans.

	₶ ſ ∂
TOTAL ·······	3,870 13 4

Penſions que Durdan *devoit payer juſqu'à la fin de ſon bail, au premier janvier* 1797.

Houblin···········	150 0 0	Conducteur très-âgé, retiré.
Meot ············	150 0 0	Palefrenier très-âgé, retiré.
Olivier···········	210 16 0	Cocher de la diligence de Lyon, très-âgé, hors de ſervice.
Mercier ··········	200 0 0	*Idem.*
Fanon ············	500 0 0	Ancien directeur à Sens, pour ſa retraite.
Mangeot ··········	108 0 0	Ancien cocher, hors d'état de ſervir.
Sébaſtien Bloxel, *dit* Breton ··········	150 0 0	Ancien maréchal, retiré
Baſtien ···········	300 0 0	Ancien chef de l'atelier des maréchaux groſſiers.

V^e. Barandon........	100 o o	{ Factrice à Poitiers, très-âgée & infirme, pour les services de son mari.
Bonenfant	400 o o	Contrôleur âgé, retiré.
Colin.............	72 o o	{ Ancien serrurier infirme, retiré à Bicêtre.
Létaudi	150 o o	{ Ancien garçon d'écurie à Auxerre, très-âgé, pour sa retraite.
Richard	100 o o	*Idem*, à Châlons-sur-Marne.
Bernard...........	230 o o	*Idem*, à Moulins.
Baudry............	230 o o	*Idem.*
Theilhot	500 o o	{ Ancien receveur à Lyon. Cette pension a été accordée par les sous-fermiers de la Saone. Elle doit cesser au 31 décembre 1791.

ETAT des penſions dont les fermiers des voitures de la cour s'étoient chargés envers les veuves de leurs co-in-téreſſés , & les anciens cochers , à la forme de leurs délibérations , qui , ſur les repréſentations de la compagnie , lors de la converſion de la ferme en régie , ont été confirmées par le miniſtre des finances , avec autoriſation à continuer le paiement de ces penſions. La déciſion du miniſtre eſt du 4 mars 1790 , & l'acquittement des penſions a été rendu obligatoire au nouveau fermier-général des meſſageries.

NOMS des PENSIONNAIRES.	AGE.	SOMMES.	OBSERVATIONS,
MM.			M. de Beſcombes, mort en 1781. M. de la Chenaye, mort en 1784.
de Beſcombes	61 ans.	1,200tt	L'un & l'autré , fermiers des voitures de la cour , avoient éprouvé des pertes conſidérables dans cette
de la Chenaye	66 ans.	1,200tt	entrepriſe : morts inſolvables , leurs veuves n'ont d'autres reſſources pour ſubſiſter que les penſions accordées & continuées par les compagnies qui ont ſuccédé à leurs maris.

E 2

NOMS des PENSIONNAIRES.	AGE.	SOMMES.	OBSERVATIONS.
MM.			
Laurent Gauthier	66 ans.	400ᵗᵗ	Sous-receveur au bureau de Versailles depuis 1771, & précédemment employé dans la régie générale depuis 1758, fut compris, en octobre 1790, dans la réforme de partie des employés des voitures de la cour, ordonnée par le ministre des finances ; & cependant, par égard pour l'ancienneté de ses services, & n'ayant pas de quoi vivre sans son emploi qui lui rendoit douze cents livres, le ministre, par sa décision du 15 novembre 1790, a bien voulu lui accorder un traitement annuel de quatre cents livres.
Anciens cockers.			
Champagne		150ᵗᵗ	Cocher pendant quinze ans ; un accident le mit hors de service. Décision du premier septembre 1776.

NOMS des PENSIONNAIRES.	AGE.	SOMMES.	OBSERVATIONS.
Anciens cochers.			
Huette		100ᵗᵗ	Après six ans, eut l'épaule caffée en faifant fon fervice. Décifion du premier septembre.
Adam		200	Penfion accordée en 1776, après vingt - cinq ans de fervice.
Lamiral		250	Penfion accordée en 1778, après vingt - trois ans de fervice.
Chaffey		300	Penfion accordée en 1777, après trente-trois ans de fervice.
Leroi		150	Penfion accordée en 1778, après feize ans de fervice.
Chavegrand , *dit* Sylvain		100	Grièvement bleffé au fervice de la compagnie. La penfion lui fut accordée en 1777.
Bance , *dit* Pierrot		300	Trente ans de fervice. Décifion de la compagnie, du 6 juin 1787.
Orléans		200	Vingt-deux ans de fervice. Décifion de la compagnie, du 9 mai 1788.
Ledur		200	Vingt-trois ans de fervice, infirme. Décifion du 9 mai 1788.

E 3

NOM'S des PENSIONNAIRES.	AGE.	SOMMES.	OBSERVATIONS.
Anciens cochers.			
Poiſſonnier........		300ᵗᵗ	Indépendamment de ſon ſervice comme cocher pendant dix-huit ans, il s'eſt toujours rendu très-utile à la compagnie, par des ſervices extraordinaires & de confiance. Déciſion du 12 janvier 1788.
Leſage		200	Vingt ans de ſervice, infirme. Déciſion du 16 janvier 1787.
Bidault		200	Vingt-un ans de ſervice. Déciſion du 9 février 1788.
Legrand		100	Trente-cinq ans d'un ſervice qu'il continue, pour l'avoir préféré à la retraite de trois cents livres.
Aubert		100	Trente-cinq ans de ſervice; il a également préféré de le continuer.
TOTAL......... 5,650ᵗᵗ			

Mandons & ordonnons à tous les tribunaux, corps adminiſtratifs & municipalités, &c.

1726.

L O I

Portant circonscription des paroisses de la ville de Dax.

Donnée à Paris le 20 juillet 1791.

Louis, par la grace de Dieu , &c.

Décret du 5 juillet 1791.

L'Assemblée Nationale , sur le rapport de son comité ecclésiastique , approuve & décrète la réunion des paroisses à l'eglise cathédrale de la ville de Dax, dans le département des Landes, telle qu'elle a été arrêtée par le directoire de ce département , sur l'avis du directoire du district de ladite ville de Dax , & de concert avec l'évêque du même département ; en conséquence , les paroisses de Saint - Vincent, avec le quartier de la Torte & le fauxbourg du Sablard , la paroisse d'Ivosse , feront réunies à l'église cathédrale de Dax, pour ne faire à l'avenir qu'une seule & même paroisse ; sauf à y réunir aussi, le cas échéant & en la forme de droit, les paroisses de Saint-Paul, de Navosse & de Laudresse.

Mandons & ordonnons à tous les tribunaux, corps administratifs & municipalités, &c.

1727.

LOI

Relative aux officiers, sous-officiers ou autres attachés au service de terre ou de mer, pour l'exercice des droits de citoyen actif.

Donnée à Paris le 20 juillet 1791.

Louis, par la grace de Dieu, &c.

Décret du 6 juillet 1791.

L'Assemblée Nationale décrète ce qui suit:

Les officiers, sous-officiers ou autres attachés au service de terre ou de mer, domiciliés habituellement dans les lieux où ils se trouveront, soit en garnison, soit en activité de service, pourront y exercer leurs droits de citoyens actifs, s'ils réunissent d'ailleurs les conditions requises.

Mandons & ordonnons à tous les tribunaux, corps administratifs & municipalités, que les présentes ils fassent transcrire sur leurs registres, lire, publier & afficher dans leurs ressorts & départemens respectifs, & exécuter comme loi du royaume. Mandons & ordonnons pareillement à tous les officiers généraux & autres qui commandent les troupes de ligne dans les différens départemens du royaume, aux officiers généraux de la marine, aux commandans des ports & arsenaux, aux commandans des armées navales & escadres, vaisseaux & autres bâtimens de guerre, aux intendans & ordonnateurs de la marine, & à tous autres qu'il appartiendra, de se conformer à ces présentes, & de tenir la main à leur exécution.

1728.

L O I

Relative à la liquidation de l'office du premier préfident de la ci-devant chambre des comptes de Grenoble.

Donnée à Paris le 20 juillet 1791.

Louis, par la grace de Dieu, &c.

Décret du 6 juillet 1791.

L'Affemblée Nationale, inftruite par fon comité de judicature, qu'il n'exifte aucun acte authentique d'acquifition, ou de partage entre co-héritiers, de l'office du premier préfident à la ci-devant chambre des comptes de Grenoble, & confidérant que cet office ne peut être comparé à aucun autre office de la même compagnie, décrète que ledit office fera liquidé conformément à l'évaluation qui en a été faite en 1771.

Mandons & ordonnons à tous les tribunaux, corps adminiftratifs & municipalités, &c.

1729.

L O I

Relative à des barrils contenant des espèces monnoyées étrangères, arrêtées par ordre de la municipalité de Forbach.

Donnée à Paris, le 20 juillet 1791.

Louis, par la grace de Dieu, &c.

Décret du 7 juillet 1791.

L'Assemblée Nationale, après avoir entendu ses comités réunis des rapports & des recherches, décrète que les barrils contenant des espèces monnoyées étrangères, mentionnées dans le procès-verbal du receveur des douanes nationales de Forbach, contenant l'arrestation desdites espèces, ordonnée par la municipalité dudit Forbach, en date du 26 juin dernier, jouiront, conformément à son décret du 3 de ce mois, de la libre circulation pour arriver à leur destination.

Mandons & ordonnons à tous les tribunaux, corps administratifs & municipalités, &c.

1730.

L O I

Relative aux membres de la ci-devent assemblée générale de Saint-Domingue, à ceux du comité provincial de l'ouest de ladite colonie, & au sieur Santo-Domingo, commandant le vaisseau le Léopard.

Donnée à Paris le 20 juillet 1791.

Louis, par la grace de Dieu, &c.

Décret du 7 juillet 1791.

L'Assemblée Nationale, après avoir entendu le rapport qui lui a été fait au nom de ses comités des colonies, de marine, de constitution, d'agriculture & commerce, prenant en considération les explications & rétractations des membres de la ci-devant assemblée générale de Saint-Domingue, contenues dans leurs adresses des 19 avril & 22 mai derniers,

Déclare qu'il n'y a lieu à inculpation contre les membres de la ci-devant assemblée générale de Saint-Domingue, ceux du comité provincial de l'ouest de ladite colonie, & le sieur Santo-Domingo, commandant le vaisseau le Léopard.

En conséquence, décrète qu'elle lève les dispositions de ses décrets des 20 septembre & 12 octobre 1790, par lesquelles les membres de la ci-devant assemblée générale de Saint-Domingue, ceux du comité provincial de l'ouest, & le sieur Santo-Domingo ont été mandés & retenus à la suite de l'Assemblée nationale, ainsi que les dispositions par lesquelles le roi a renvoyé l'équipage du vaisseau *le Léopard* dans ses quartiers respectifs, & enjoint aux officiers de rester dans leurs départemens.

Mandons & ordonnons à tous les tribunaux, corps administratifs & municipalités, &c.

1731.

L O I

Qui ordonne que le jugement relatif au régiment Royal-Comtois, doit être regardé comme non-avenu.

Donnée à Paris le 20 juillet 1791.

Louis, par la grace de Dieu, &c.

Décret du 7 juillet 1791.

L'Assemblée Nationale, après avoir ouï le compte que lui a fait rendre son comité militaire, de l'affaire du régiment Royal-Comtois, & de la sentence rendue le 12 juillet 1773, par le conseil de guerre assemblé pour en prendre connoissance, décrète que ladite sentence est & demeure comme non-avenue.

Mandons & ordonnons aux tribunaux, corps administratifs & municipalités, que les présentes ils fassent transcrire sur leurs regîtres, lire, publier & afficher dans leurs ressorts & départemens respectifs, & exécuter comme loi du royaume. Mandons & ordonnons pareillement à tous les officiers généraux & autres qui commandent les troupes de ligne dans les différens départemens du royaume, comme aussi à tous les officiers, sous-officiers & gendarmes de la gendarmerie nationale, & à tous autres qu'il appartiendra, de se conformer à ces présentes, & de tenir la main à leur exécution.

1732.

L O I

Qui fixe le nombre des signataires pour les affignats.

Donnée à Paris le 20 juillet 1791.

Louis, par la grace de Dieu, &c.

Décret du 8 *juillet* 1791.

L'Affemblée Nationale décrète ce qui fuit:

ARTICLE PREMIER.

Le nombre des fignataires fera diftribué ainfi qu'il fuit:

Six feront occupés à figner les affignats de . . . 500 l.
16 Aux affignats de 100
20 Aux affignats de 50
8 Aux affignats de 90
8 Aux affignats de 80
8 Aux affignats de 70
8 Aux affignats de 60

I I.

La lifte des fignataires nouvellement admis fera rendue publique par la voie de l'impreffion, & adreffée à tous les départemens du royaume.

Mandons & ordonnons à tous les tribunaux, corps adminiftratifs & municipalités, &c.

1733.

L O I

Relative à la circonscription de plusieurs paroisses des districts de Mélun & de Nemours.

Donnée à Paris le 20 juillet 1791.

Louis, par la grace de Dieu, &c.

Décret du 8 juillet 1791.

L'Assemblée Nationale, ouï le rapport qui lui a été fait par son comité ecclésiastique,

1º. De l'arrêté pris par le directoire du département de Seine & Marne, le premier de ce mois, de concert avec l'évêque de ce département, sur la délibération du directoire du district de Mélun, en date du même jour, concernant la circonscription & réunion de plusieurs paroisses de ce district ;

2º. De l'arrêté pris le même jour par le directoire du même département, de concert avec l'évêque, sur la délibération du directoire du district de Nemours, du 15 juin dernier, concernant la circonscription & la réunion de quelques paroisses de ce district, décrète ce qui suit :

DÉPARTEMENT DE SEINE ET MARNE.

DISTRICT DE MELUN.

ARTICLE PREMIER.

Pontault.

Les paroisses de Combault & Berchers, avec le hameau

de Pointillau, feront réunis à la paroiffe de Pontault. L'églife de Combault fera confervée comme oratoire.

I·I.

Chevry.

Les paroiffes d'Attilly & de Coffigny, avec les hameaux en dépendans, feront réunis à la paroiffe de Chevry; & l'églife de Coffigny fera confervée comme oratoire. Il fera néanmoins diftrait de la paroiffe d'Attilly les hameaux de Beaureve, la Borde & Foreil, pour être réunis provifoirement aux paroiffes circonvoifines les plus proches, dont la circonfcription fera inceffamment décrétée.

I I I.

Tournan.

Les paroiffes de la Madeleine-les-Tournan & Grets, avec les hameaux en dépendans, feront réunis à la paroiffe de Tournan. L'églife de la Madeleine fera confervée comme oratoire; la paroiffe de Grets avec fes hameaux deviendra fuccurfale de la paroiffe de Tournan.

I V.

Liverdy.

La paroiffe de Chartres deviendra fuccurfale de Liverdy.

V.

Chaumes.

Les paroiffes de Verneuille, Beauvoir & Argentières, avec tous les hameaux en dépendans, font réunis à la paroiffe de Chaumes; il en fera néanmoins diftrait, 1°. de

la paroisse d'Argentières, le hameau de Moncouvent pour
être réuni à la paroisse de Courtomer ; 2°. de la paroisse
de Verneuil, les hameaux de Vernouillet, Moacienne, la
Thuilerie, les Chênes & les planches, pour être réunis
à la paroisse de Guignes. Les églises de Beauvoir & Argentières seront conservées comme succursales, avec leurs
territoires respectifs, sous les exceptions ci-dessus ; & il
y aura un oratoire à Verneuil.

V I.

Aubepierre.

La paroisse de Pequeux & ses hameaux seront réunis à
la paroisse d'Aubepierre ; il y sera néanmoins conservé
un oratoire.

V I I.

Guignes.

Les paroisses d'Hiébles, Susey-le-château, Andrezel &
l'Étang, avec tous les hameaux en dépendans, sont supprimés & réunis à la paroisse de Guignes : il y sera pareillement réuni les hameaux de Vernouillet, Moacienne,
la Thuilerie, les Chênes & les Planches qui, à cet effet,
seront distraits de la paroisse de Verneuil. Néanmoins il
y aura une succursale à Hiébles, composée du territoire
actuel de cette paroisse & de celui de Susey-le-château,
à l'exception des hameaux du Péage, du Moulin, des
Planches, & de Nogent-sur-Avon, qui dépendront de
la paroisse de Guignes : il y aura pareillement une succursale à Andrezel, composée de son ancien territoire.

V I I I.

Crisenoy.

Les paroisses de Champdeuil & Champigny, avec tous
les

les hameaux en dépendans, feront réunis à la paroiffe de Crifenoy; l'églife de Champdeuil fera confervée comme oratoire.

I X.

Réau.

Les paroiffes de Liffy, Fourches & Limoges, avec les hameaux en dépendans, feront réunis à la paroiffe de Réau, dont elles formeront une fuccurfale deffervie en l'églife de Limoges; celle de Liffy fera confervée comme oratoire. Il fera réuni à la paroiffe de Réau le hameau de Viercy qui, à cet effet, fera diftrait de la paroiffe de Montereau-fur-le-Jard.

X.

Saint-Germain-de-Laxis.

La paroiffe d'Aubigny & celle de Montereau-fur-le-Jard, avec le hameau de Courceaux en dépendant, feront réunis à la paroiffe de Saint-Germain-de-Laxis. Il y aura un oratoire à Montereau-fur-le-Jard, & une fuccurfale à Aubigny, compofée du territoire actuel d'Aubigny & du hameau de Courceaux; celui de Villaroche appartiendra à la paroiffe de Réau.

X I.

Sivry.

Les paroiffes de Courtry & d'Ailly-Milly-les-Granges font réunies à la paroiffe de Sivry; néanmoins la paroiffe de Courtry fera confervée comme fuccurfale.

X I I.

Quiers.

Les paroiffes de Clos-fontaine & la Fermeté, avec les

hameaux en dépendans, font réunis à la paroiffe de Quiers,
ainfi que le hameau de Bagneaux qui, à cet effet, fera
diftrait d'Ozouer-le-repos; néanmoins la paroiffe de Clos-
fontaine avec les hameaux de la Boulaye-en-fer & le
Viviers, fera confervée comme fuccurfale. Il y aura un
oratoire à la Fermeté.

X I I I.

Bailly.

Les paroiffes de Carroy & Grand-Puits, avec les hameaux en dépendans, enfemble les hameaux du haut &
du bas Chaillot, dépendans de la paroiffe de Nangis,
diftrict de Provins, feront réunis à la paroiffe de Bailly:
il y aura un oratoire à Grand-Puits.

X I V.

Valence.

La paroiffe d'Echouboulains avec fes hameaux, deviendra
fuccurfale de Valence; il en fera néanmoins diftrait, pour
être réunis à la paroiffe de Valence, les hameaux de la
rue du Bois & d'Echou.

X V.

Héricy.

Les paroiffes de Vulaine & Samoireau, avec tous
es hameaux en dependans, enfemble la maifon des
Preffoirs-du-roi & le territoire environnant qui dépendoit
de la paroiffe de Thomery, dont il étoit féparé par
la rivière de Seine, font réunis à la paroiffe d'Héricy;
néanmoins ladite paroiffe de Samoireau, avec la maifon
des Preffoirs-du-roi, formera le territoire d'une fuccurfale,

& l'églife de Vulaine fera confervée comme oratoire.
Le Bois-Gaulthier & tout le territoire au-delà de la
rivière de Seine, qui dépendoit de la paroiffe de Samoireau, en fera diftrait pour être réuni à la paroiffe
d'Avon.

X V I.

Notre-Dame de Melun.

La paroiffe de la Rochette fera réunie à la paroiffe de
Notre Dame de Melun. L'églife de la Rochette fera
confervée comme oratoire.

X V I I.

Pringy.

La paroiffe de Montgermon fera fupprimée, & avec
les hameaux en dépendans, réunie à la paroiffe de
Pringy : il en fera néanmoins diftrait le hameau de
Faronville, pour être réuni à la paroiffe de Saint-Sauveur.

X V I I I.

Boiffize-le-Roi.

Le hameau de Vofes fera diftrait de la paroiffe de
Dame-Marie-les-lys, & réuni à celle de Boiffize-le-Roi.

X I X.

Saint-Sauveur.

Le hameau d'Orgenoy, paroiffe de Boiffize-le-Roi,
celui de Faronville & le hameau de la Planche, paroiffe
de Perthes, feront réunis à la paroiffe de Saint-
Sauveur.

X X.

Chailly - en - Bierre.

La paroiffe de Villiers-en-Bierre, avec fes hameaux, fera réunie à la paroiffe de Chailly, dont elle fera fuccurfale.

DISTRICT DE NEMOURS.

X X I.

Château-Landon.

Il n'y aura dans la ville de Château-Landon qu'une feule paroiffe deffervie en l'églife de Notre - Dame, à laquelle feront réunies les paroiffes de Saint-Severin, Saint-Thugol, Sainte-Croix, vacantes & fans exercice de culte depuis long-temps ; & Néronville, avec tous les hameaux en dépendans, à l'exception des hameaux de Champoix & Lamivoie, paroiffe de Saint-Severin, qui en feront diftraits & réunis à la paroiffe de Souppes : les hameaux de Mefnil, Mezainville & Butteaux, paroiffe de Chenon, feront pareillement réunis à la paroiffe Notre-Dame de Château-Landon. L'églife de Saint-Thugol fera confervée comme oratoire.

X X I I.

Souppes.

Les paroiffes de la Madeleine de Corbeval & du Boullay, avec tous les hameaux en dépendans, feront réunis à la paroiffe de Souppes ; il en fera néanmoins diftrait le hameau de Chambeau, paroiffe de Boulay, pour être réuni à la paroiffe de Poligny. Seront pareillement réunis à la paroiſſe de Souppes, & à cet effet diſtraits de leurs paroiſſes reſpectives, les hameaux de Moulin, de Glandelles, paroiſſe de Bagneaux, de Fraville, paroiſſe de Chaintreaux, de Chancepoix & de Lamivoye, paroiſſe de Saint-Severin de Château-Landon : l'égliſe de la Madeleine de Corbeval ſera conſervée comme oratoire.

XXIII.

Montereau.

Il n'y aura dans la ville de Montereau-faut-Yonne qu'une ſeule paroiſſe deſſervie en l'égliſe de Notre-Dame & Saint-Loup, à laquelle ſera réunie la paroiſſe de Saint-Maurice. L'égliſe de Saint-Nicolas, fauxbourg du même nom, deviendra ſuccurſale de Montereau, & il y ſera réuni la paroiſſe de Saint-Jean de Courbeton & le hameau du Dragon bleu, qui, à cet effet, ſera diſtrait de la paroiſſe de Forges : la rivière de Seine, qui ſépare la ville de Montereau d'avec le fauxbourg Saint-Nicolas, ſervira de limites à cette ſuccurſale.

XXIV.

Il ſera envoyé les dimanches & fêtes, dans chacun des oratoires mentionnés au préſent décret, par les curés reſpectifs, un de leurs vicaires, pour y célébrer la meſſe & y faire les fonctions ſpirituelles, ſans pouvoir y exercer les fonctions curiales.

Mandons & ordonnons à tous les tribunaux, corps adminiſtratifs & municipalités, &c.

1734.

L O I

Portant qu'il sera fourni à la trésorerie par la caisse de l'extraordinaire, la somme de vingt-quatre millions six cent dix-huit mille trois cent soixante-seize livres.

Donnée à Paris le 20 juillet 1791.

Louis, par la grace de Dieu, &c.

Décret du 8 juillet 1791.

L'Assemblée Nationale décrète ce qui suit :

ARTICLE PREMIER.

Il sera fourni à la trésorerie, par la caisse de l'extraordinaire, la somme de vingt-quatre millions six cent dix-huit mille trois cent soixante-seize livres, pour supplément aux dépenses ordinaires du mois de juin.

I I.

La caisse remboursera à la trésorerie la somme de onze millions neuf cent quatre-vingt-onze mille quatre cent soixante-dix livres, en remplacement de pareille somme, par elle avancée pour l'acquittement des dépenses particulières à l'année 1791.

Mandons & ordonnons à tous les tribunaux, corps administratifs & municipalités, &c.

1735.

L O I

Relative à l'impreſſion des décrets.

Donnée à Paris le 20 juillet 1791.

Louis, par la grace de Dieu, &c.

Décret du 8 juillet 1791.

L'Aſſemblée nationale décrète ce qui ſuit :

ARTICLE PREMIER.

Les décrets de l'Aſſemblée nationale qui ſeront rendus à l'avenir, contiendront, ſuivant qu'ils ſeront relatifs à des objets d'utilité générale, ou de pure localité qui n'intéreſſera pas plus d'un département, la clauſe qu'ils ſeront imprimés & envoyés dans tous les départemens, ou bien qu'ils ſeront envoyés ſeulement dans le département, corps adminiſtratif ou tribunal qu'ils intéreſ-ſeront.

I I.

Les décrets de la première eſpèce ſeront imprimés & envoyés par les miniſtres à tous les départemens ; les autres ne ſeront envoyés qu'en manuſcrit au département, corps adminiſtratif ou tribunal qu'ils pourront concerner.

Mandons & ordonnons à tous les tribunaux, corps adminiſtratifs & municipalités, &c.

F 4

1736.

LOI

Relative aux huit cents millions d'assignats décrétés le 29 novembre 1790, & à divers objets de recette publique.

Donnée à Paris le 20 juillet 1791.

Louis, par la grace de Dieu, &c.

Décret du 10 juillet 1791.

L'Assemblée Nationale décrète ce qui suit :

ARTICLE PREMIER.

Les commissaires établis pour la fabrication des huit cent millions d'assignats, décrétée le 29 novembre 1790, feront le compte & recensement des assignats délivrés à l'imprimerie, remis à la signature, & qui, lors de cette signature ou de l'application du timbre, ont été mis hors d'état de servir, par quelque vice d'application de la signature, du numéro ou du timbre, ainsi que de ceux qui se trouveroient excéder la quantité qui a été nécessaire pour fournir lesdits huit cent millions. Après ledit recensement, lesdits assignats qui n'ont pu servir, & tous ceux qui se trouveroient excéder le nombre qui a rempli l'émission des huit cent millions d'assignats, seront brûlés dans la cour de la caisse de l'extraordinaire, en présence des commissaires de ladite caisse & du public. Il sera dressé procès-verbal desdits recensement & brûlement d'assignats, & il sera rendu public par la voie de l'impression.

I I.

Le tréforier de l'extraordinaire eft autorifé à recevoir fur fa quittance les arrérages échus au premier janvier dernier, des contrats de rente fur l'Etat, ainfi que des actions, billets de loterie, effets de tout genre, coupons d'iceux, qui fe font trouvés fous les fcellés, ou lors des inventaires des biens des ci-devant corps & communautés eccléfiaftiques, lefquels font été ou feront dépofés entre fes mains, aux termes du décret du 20 janvier; le montant defdites recettes fera verfé à la caiffe de l'extraordinaire, & il en fera compté au nombre des recettes diverfes.

I I I.

Les payeurs des rentes dites de l'Hôtel-de-ville, font autorifés à acquitter les rentes au-deffous de cent livres, fans exiger, quant à-préfent, les repréfentations des actes requis par le décret du 24 juin dernier.

I V.

Tous receveurs d'impôts ou de contribution patriotique feront tenus de fournir fans frais aux contribuables autant de *duplicata* de leurs quittances qu'ils en demanderont, pour juftifier du paiement de leurs contributions.

V.

Les ceffionnaires ou délégataires qui fe préfenteroient pour toucher, en vertu de ceffions ou délégations qui n'auroient pas une date authentique antérieure au 24 juin dernier, feront tenus de juftifier que l'auteur de la ceffion, ou délégation en vertu de laquelle ils fe préfentent, a fatisfait aux conditions exigées par le décret du 24 juin dernier, relativement aux impofitions.

Mandons & ordonnons à tous les tribunaux, corps adminiftratifs & municipalités, &c.

1737.

L O I

Concernant le fecret & l'inviolabilité des lettres.

Donnée à Paris le 20 juillet 1791.

Louis, par la grace de Dieu, &c.

Décret du 10 juillet 1791.

L'Affemblée Nationale, après avoir ouï fon comité des rapports, confidérant que les précautions qu'elle a ordonnées pour la fûreté de l'Etat, par fon décret du 21 juin dernier, ont été exagérées en plufieurs lieux : que, par l'effet d'un zèle inconfidéré, des corps adminiftratifs & des municipalités avoient cru pouvoir foumettre à leur furveillance & à leur recherche la correfpondance des particuliers ; que l'arreftation qui a été faite en plufieurs villes des couriers des malles, les dépôts forcés de leurs paquets en autres lieux qu'aux bureaux auxquels ils étoient deftinés, les perquifitions faites chez les directeurs des poftes, la vérification des lettres, les furfis ordonnés à leur diftribution, ne peuvent qu'interrompre les relations commerciales, & font autant d'abus qu'il eft indifpenfable d'arrêter ; que ces moyens illégaux qui ne peuvent être tolérés que dans un moment d'alarme univerfelle & dans un péril imminent, ne peuvent être plus long-temps employés; d'après les mesures qui ont été arrêtées pour la sûreté de la défense de l'Empire;

Décrète qu'il est enjoint aux corps administratifs de surveiller l'exécution du décret du 10 août 1790, concernant le secret de l'inviolabilité des lettres, & de se conformer aux dispositions de l'article premier du titre des attributions, faisant partie du décret du 26 du même mois d'août, qui défend aux corps administratifs & aux tribunaux d'ordonner aucun changement dans le service des postes.

Mandons & ordonnons à tous les tribunaux, corps administratifs & municipalités, &c.

1738.

L O I

Relative aux régimens & autres troupes soldées des Colonies.

Donnée à Paris le 20 juillet 1791.

Louis, par la grace de Dieu, &c.

Décret du 11 juillet 1791.

L'Assemblée Nationale, ouï le rapport de son comité de marine, décrète ce qui suit:

ARTICLE PREMIER.

Les régimens & bataillons coloniaux des Iles-de-France, de Bourbon, Pondichery, Port-au-Prince, du Cap, la Martinique, la Guadeloupe, la Guyanne, d'Afrique, Saint-Pierre & Miquelon, le bataillon auxiliaire, ainsi que l'artillerie des Colonies & les six compagnies de Cipayes de Pondichery, & toutes autres troupes soldées employées à la défense des Colonies & des possessions nationales hors du Royaume, seront à l'avenir sous la direction du département de la guerre.

I I.

Le comité militaire présentera incessamment les articles nécessaires pour la remise des fonds que le département de la marine doit faire au département de la guerre pour l'entretien de ses troupes, & pour déterminer le rang que les officiers des Colonies doivent prendre dans l'armée.

Mandons & ordonnons à tous les tribunaux, corps administratifs & municipalités, que les présentes ils fassent transcrire sur leurs registres, lire, publier & afficher dans leurs ressorts & départemens respectifs, & exécuter comme loi du Royaume. Mandons & ordonnons pareillement à tous les officiers généraux & autres, qui commandent les troupes de ligne dans les différens départemens du Royaume, comme aussi à tous les officiers, sous-officiers & gendarmes de la Gendarmerie nationale, & enfin aux officiers généraux de la Marine, aux commandans des ports & arsenaux, aux Gouverneurs, lieutenans-généraux, gouverneurs & commandans particuliers des colonies orientales & occidentales, & à tous autres qu'il appartiendra, de se conformer ponctuellement à ces présentes, &c.

1739.

L O I

Relative à l'organiſation des bureaux de la caiſſe de l'extraordinaire.

Donnée à Paris le 20 juillet 1791.

Louis, par la grace de Dieu, &c.

Décret du 11 *juillet* 1791.

L'Aſſemblée Nationale, ouï le rapport de ſes commiſſaires nommés pour l'examen de l'organiſation de la caiſſe de l'extraordinaire, & de ſes commiſſaires nommés pour ſurveiller ladite caiſſe, réunis, décrète ce qui ſuit :

ARTICLE PREMIER.

Les bureaux de l'adminiſtration de la caiſſe de l'extraordinaire, ſous le commiſſaire-adminiſtrateur, ſeront compoſés chacun d'un premier commis ; & ſous celui-ci, des commis expéditionnaires, dont le nombre & les appointemens ſeront déterminés par le commiſſaire-adminiſtrateur, aux conditions portées par les articles ſuivans.

I I.

Le commiſſaire-adminiſtrateur ne pourra donner à aucun de ſes premiers commis plus de huit mille livres par an, ſoit en appointemens, ſoit en gratifications ; il ne pourra donner à aucun commis moins de dix-huit cents livres, ni à aucun expéditionnaire moins de douze cents livres par an en appointemens fixes.

I I I.

Il sera remis au commissaire-administrateur, 1°. pour les appointemens des commis, & les gages des garçons de bureau, une somme de trente mille huit cent trente-trois livres six sous huit deniers par mois (trois cent soixante-dix mille livres par an); 2°. pour les menus entretiens des commis, pour l'entretien & frais de bureaux, papiers, bois, lumières, & pour l'entretien & gages des deux portiers de l'hôtel; la paie des suisses qui gardent l'entrée du bureau des paiemens, le feu des corps-de-garde placés dans la cour de l'hôtel, une somme de trois mille sept cent cinquante livres par mois (quarante-cinq mille livres par an); en ce non compris les frais d'impression, postes, messageries, envoi des registres dans les districts; 3°. pour son traitement personnel, la somme de deux mille quatre-vingt-trois livres six sous huit deniers par mois (vingt-cinq mille livres par an) : lesdites trois sommes faisant ensemble trente-six mille six cent soixante-six livres treize sous quatre deniers par mois (quatre cent quarante mille livres par an).

I V.

Sur la somme annuelle de trois cent soixante-dix mille livres destinée aux appointemens des commis & gages des garçons de bureaux, le commissaire-administrateur pourra distribuer en appointemens fixes seulement, celle de trois cent soixante mille livres, & réserver celle de dix mille livres pour distribuer en gratifications aux commis qui dans l'année auront montré plus de zèle, de talent & d'assiduité.

V.

La somme de trente-six mille six cent soixante-six

livres treize sous quatre deniers sera délivrée au commissaire-administrateur pour chaque mois, à partir du premier avril dernier, déduction faite des à-comptes qu'il
a reçus jusqu'à ce moment.

V I.

Quant aux dépenses & appointemens antérieurs au
prem er avril dernier, il sera remis au commissaire-administrateur, 1°. pour le travail du sieur Godefroy en
1790, une somme de quatre mille livres ; pour celui
du sieur Pardon dans la même année, deux mille quatre
cents livres ; 2° pour le travail fait dans les bureaux
depuis le premier janvier dernier, une somme de vingt-
trois mille deux cents livres, sur laquelle il sera retenu
ce qui a été payé à-compte, notamment la somme de
douze mille quatre cents livres ; 3°. pour l'établissement
& les frais de bureau jusqu'audit jour premier avril,
la somme de vingt-six mille neuf cent vingt-huit livres
quinze sous, conformément aux états & mémoires des
fournisseurs que le commissaire-administrateur représen-
tera ; 4°. il sera remis au commissaire - administrateur
pour son traitement, à partir du 15 septembre 1790,
jusqu'au premier avril 1791, la somme de treize mille
cinq cent quarante-une livres treize sous quatre deniers.

V I I.

Les bureaux de la trésorerie de l'extraordinaire seront
composés sous le trésorier, d'un caissier, d'un teneur
de livres, d'un premier commis de correspondance, &
des commis expéditionnaires que le trésorier jugera nécessaire d'employer.

V I I I.

Il sera remis au trésorier de l'extraordinaire, 1°. pour

les appointemens des commis & gages des garçons de bureau, la fomme de treize mille huit cent trente-trois livres fix fous huit deniers par mois (cent foixante-fix mille livres par an); 2°. pour l'entretien & frais de bureaux de toute efpèce, à l'exception des frais d'impreffion, frais de poftes & meffageries, la fomme de feize cent foixante-fix livres treize fous quatre deniers par mois (vingt mille livres par an); 3°. pour fon traitement perfonnel, la fomme de trois mille trois cent trente-trois livres fix fous huit deniers par mois (quarante mille livres par an) : lefdites trois fommes montant à celle de dix-huit mille huit cent trente-trois livres fix fous huit deniers par mois (deux cent vingt-fix mille livres par an).

I X.

Sur la fomme annuelle de cent foixante-fix mille livres deftinée aux appointemens des commis & gages des garçons de bureau, le tréforier pourra diftribuer en appointemens fixes feulement celle de cent foixante mille livres, & réferver celle de fix mille livres, pour diftribuer en gratifications aux commis qui pendant l'année auront montré plus de zèle & d'affiduité.

X.

Le tréforier ne pourra donner à aucun de fes commis plus de huit mille livres par an, foit en appointemens, foit en gratifications ; il ne pourra donner à aucun commis moins de dix-huit cents livres, ni à aucun expéditionnaire moins de douze cents livres par an en appointemens fixes.

X I.

Le tréforier fera refponfable des erreurs & mécomptes d'affignats d'affignats & écus provenant de fon fait, ou de celui de fes employés, fauf la refponfabilité de ceux-ci envers lui.

X I I.

Le traitement du tréforier de l'extraordinaire courra à compter du premier avril 1790 ; celui de fes employés & les frais de fes bureaux, à compter du premier avril 1791. A l'égard des dépenfes de l'établiffement de fes bureaux, traitement des commis & frais antérieurs au premier avril 1791, le tréforier en préfentera inceffamment l'état, pour en être rembourfé d'après un décret de l'Affemblée nationale, déduction faite des fommes qui lui ont été payées à compte.

X I I I.

Au mois de décembre de chaque année, le commiffaire-adminiftrateur & le tréforier de la caiffe de l'extraordinaire rendront-publics par la voie de l'impreffion, l'état de leurs bureaux, la lifte nominative des employés, les appointemens donnés à chacun d'eux, & la diftribution des fommes deftinées aux gratifications.

X I V.

Toutes les fommes payables aux termes des précédens articles, feront fournies fur les quittances du commiffaire-adminiftrateur & du tréforier, chacun en ce qui concerne fa partie, par la tréforerie nationale, fans que fous aucun prétexte elles puiffent être mifes fur la caiffe de l'extraordinaire.

X V.

Il fera remis fans délai à l'Affemblée nationale, un *Collec. des Lois.* Tome XI.   G

état de toutes les dépenses faites depuis le mois de novembre dernier, en constructions, réparations & distri-
butions à l'hôtel de la caisse de l'extraordinaire.

Mandons & ordonnons à tous les tribunaux, corps administratifs & municipalités, &c.

1740.

L O I

Relative aux salines destinées pour l'approvisionnement
des départemens du Jura, du Doubs, de la Haute-
Saone, des Vosges, de la Meurthe, de la Meuse
& de la Moselle.

Donnée à Paris le 20 juillet 1791.

Louis, par la grace de Dieu, &c.

Décret du 12 juillet 1791.

L'Assemblée Nationale, après avoir ouï le rapport de
son comité des domaines, décrète ce qui suit :

ARTICLE PREMIER.

Il sera annuellement délivré dans les salines de Salins,
d'Arcq & de Montmorot, pour l'approvisionnement des
départemens du Jura, du Doubs & de la Haute-Saone,
la quantité de cent sept mille trois cent dix quintaux
de sel en grain, au prix de six livres le quintal, sauf
aux communautés qui préféreroient le sel en pain, à
le payer sept livres par quintal. Cette quantité de sel
sera répartie entre ces trois départemens proportionelle-

ment à celle qui eſt actuellement fournie à chacun d'eux.

I I.

Il ſera également délivré dans les ſalines de Dieuze, de Château-Salins & de Moyenvic, pour l'approviſionnement des départemens des Voſges, de la Meurthe, de la Meuſe & de la Moſelle, au même prix de ſix livres le quintal, la même quantité de ſel qui leur été fournie du paſſé, & qui ſera fixée d'après les rôles des dix dernières années, dont il ſera fait une année commune.

I I I.

La quantité de ſel qu'obtiendra chacun deſdits départemens ſera répartie par leurs directoires entre les diſtricts qui en dépendent. Les directoires de ces diſtricts répartiront leurs portions entre les municipalités de leur reſſort, qui à leur tour feront la diſtribution de leur contingent entre les habitans de leurs territoires, le tout proportionnellement aux beſoins perſonnels deſdits habitans, à la quantité de leur bétail, à celle des fromages qu'ils fabriquent.

I V.

Après l'approviſionnement deſdits départemens & les fournitures qui doivent être faites aux Suiſſes, conformément aux traités, ce qui reſtera du ſel fabriqué dans leſdites ſalines ſera vendu au profit de l'Etat.

V.

A l'exception des bois actuellement exploités pour

le fervice de la faline de Montmorot, il eſt proviſoirement réglé qu'il ne fera employé à la cuite des ſels
de cette faline, que la houille, ou le charbon de terre,
ou la tourbe ; & en conféquence, elle eſt déchargée
du chauffage de la ville de Lons-le-Saunier. A l'égard
du chauffage d'autres villes & communautés des départemens du Jura & du Doubs, il en fera proviſoirement uſé comme du paſſé, juſqu'à ce qu'il y ait été
défin tivement pourvu.

Mandons & ordonnons à tous les tribunaux, corps
adminiſtratifs & municipalités, &c.

1741.

L O I

Additionnelle à celles qui ont fixé le traitement des maré-
chaux de France, lieutenans-généraux commandans en
chef ou par diviſion, maréchaux-de-camp employés,
adjudans, &c.

Donnée à Paris le 20 juillet 1791.

Louis, par la grace de Dieu, &c.

Décret du 12 *juillet* 1791.

L'Aſſemblée Nationale, après avoir entendu ſon comité
militaire, décrète ce qui ſuit :

A R T I C L E P R E M I E R.

Indépendamment des traitemens fixés par les décrets
des 18 août, 5 octobre 1790 & 4 mars 1791, aux

maréchaux de France , aux lieutenans-généraux commandans en chef, aux lieutenans-généraux commandans les
divifions , aux maréchaux-de-camp employés , aux ad-
judans-généraux & aux aides-de-camp, fuivant leur grade,
il leur fera accordé un nombre de rations de fourrage
proportionnel à leur grade ; favoir :

A chaque maréchal de France & lieutenant-général
commandant en chef, douze rations.

A chaque lieutenant-général commandant de divifion,
huit rations.

A chaque maréchal-de-camp employé, fix rations.

A chaque adjudant-général , ou aide-de-camp-colonel ,
quatre rations.

A chaque adjudant-général , ou aide-de-camp-lieutenant-
colonel , trois rations.

A chaque aide-de-camp , deux rations.

I I.

Ces rations de fourrage feront payées à ces officiers
à raifon de quinze fous par jour, ou de deux cent
foixante-dix livres par an de trois cent foixante jours,
cumulativement avec leurs appointemens , & ils ne pourront exiger qu'elles leur foient fournies en nature pendant
la guerre.

Mandons & ordonnons à tous les tribunaux, corps
adminiftratifs & municipalités , que ces préfentes ils
faffent tranfcrire fur leurs regiftres, lire, publier & afficher dans leurs refforts & départemens refpectifs, &
exécuter comme loi du Royaume. Mandons pareillement
& ordonnons à tous les officiers-généraux & à tous autres
qu'il appartiendra, de fe conformer ponctuellement à
ces préfentes, &c.

G j

1742.

L O I

Relative au cinquante-troisième régiment ci-devant Alsace, *& au quatre-vingt-cinquième ci-devant de* Foix.

Donnée à Paris le 20 juillet 1791.

Louis, par la grace de Dieu, &c.

Décret du 12 *juillet* 1791.

L'Assemblée nationale, informée par le rapport de son comité militaire, du dévouement civique que le cinquante-troisième régiment d'infanterie, ci-devant *Alsace*, & le quatre-vingt-cinquième régiment d'infanterie, ci-devant *Foix*, ont manifesté à Givet, non-seulement en se livrant aux travaux nécessaires à la défense de la place, mais encore en avançant l'argent de leur masse, & en offrant jusqu'à leur prêt pour les accélérer, décrète ce qui suit :

ARTICLE PREMIER.

Le président sera chargé d'écrire, au nom de l'Assemblée nationale, une lettre de satisfaction aux cinquante-troisième & quatre-vingt-cinquième régimens d'infanterie.

I'I.

Le cinquante-troisième régiment d'infanterie, ci-devant *Alsace*, cessera dès ce moment d'être compris sur l'état de l'infanterie allemande ; il prendra l'uniforme de l'infanterie françaife, y occupera, dans la ligne, le rang que fon ancienneté lui affigne.

I I I.

Le miniftre de la guerre donnera fur le champ les ordres néceffaires pour que les avances faites pour le fervice de l'État, fur les maffes des cinquante-troifième & quatre - vingt - cinquième régimens d'infanterie, leur foient rembourfées fans délai, au nom de la patrie.

Mandons & ordonnons à tous les tribunaux, corps adminiftratifs & municipalités, que ces préfentes ils faffent tranfcrire fur leurs regiftres, lire, publier & afficher dans leurs refforts & départemens refpectifs, & exécuter comme loi du Royaume. Mandons pareillement à tous les officiers généraux & autres qui commandent les troupes de ligne dans les différens départemens du Royaume, comme auffi à tous les officiers, fous-officiers & gendarmes de la Gendarmerie natio-nale, & à tous autres qu'il appartiendra, de fe conformer à ces préfentes, & de tenir la main à leur exécution, &c.

1743.

L O I

Relative à l'évaluation des bois & forêts & des tourbières.

Donnée à Paris le 20 juillet 1791.

Louis, par la grace de Dieu, &c.

Décret des 12 & 13 juillet 1791.

L'Affemblée Nationale décrète ce qui suit:

A R T I C L E   P R E M I E R.

Tous les bois au-deſſous de l'âge de trente ans feront réputés taillis, & feront évalués & cotifés conformément aux diſpoſitions des articles XVIII & XIX de la loi du premier décembre 1790.

I I.

Les bois actuellement exiſtans & âgés de plus de trente ans, feront eſtimés à leur valeur actuelle, & cotifés, juſqu'à leur exploitation, comme s'ils produiſoient un revenu égal à deux & demi pour cent de cette valeur.

I I I.

A l'avenir, lorſqu'un bois atteindra l'âge de trente ans fans être aménagé en coupes réglées, il fera eſtimé à fa valeur, & cotifé, juſqu'à fon exploitation, fur le pied d'un revenu égal à deux & demi pour cent de cette valeur.

I V.

L'évaluation du revenu des forêts en futaies aménagées en coupes réglées, lorfqu'elles s'étendront fur le
territoire de plufieurs communautés d'un même diftrict,
fera faite par le directoire du diftrict, & le revenu fera
porté aux rôles de chaque communauté, en proportion
du nombre d'arpens qui font fur fon territoire.

V.

L'évaluation des forêts en futaies aménagées en coupes
réglées, lorfqu'elles s'étendront fur le territoire de plufieurs diftricts d'un même département, fera faite par le
directoire du département, & le revenu porté aux rôles
de chaque communauté, en proportion du nombre d'arpens qui font fur fon territoire.

V I.

Le revenu des forêts qui s'étendront fur plufieurs départemens, fera évalué féparément dans chaque départe-
tement.

V I I.

Lorfqu'un terrein fera exploité en tourbière, on éva-
luera, pendant les dix années qui fuivront le commencement du tourbage, fon revenu au double de la fomme
à laquelle il étoit évalué l'année précédente.

V I I I.

Il fera fait note, fur chaque rôle, de l'année où doit
finir ce doublement d'évaluation. Après ces dix années,
ces terreins feront cotifés comme les autres propriétés.

Mandons & ordonnons à tous les tribunaux, corps
adminiftratifs & municipalités, &c.

1744.

L O I

Qui règle définitivement l'uniforme des gardes nationales.

Donnée à Paris le 20 juillet 1791.

Louis, par la grace de Dieu, &c.

Décret du 13 *juillet* 1791.

L'Affemblée nationale décrète ce qui fuit :

L'uniforme des gardes nationales eft définitivement réglé ainfi qu'il fuit :

Habit bleu de roi, doublure blanche, paffe-poil écarlate, parement & collet écarlate, & paffe - poil blanc ; revers blanc & paffe-poil écarlate, manche ouverte à trois petits boutons, poches en dehors à trois pointes & trois boutons avec paffe-poil rouge ; le bouton tel qu'il eft prefcrit par le décret du 23 décembre dernier, feulement à l'époque fixée par le décret du 15 janvier auffi dernier ; le fleuron du retrouffis écarlate, vefte & culotte blanches.

Mandons & ordonnons à tous les tribunaux, corps dminiftratifs & municipalités, &c.

1745.

L O I

Qui enjoint à la municipalité de Paris de mettre à exécution les trois premiers articles sur la police municipale & le maintien de l'ordre public.

Donnée à Paris le 20 juillet 1791.

Louis, par la grace de Dieu, &c.

Décret du 16 *juillet* 1791.

L'Assemblée nationale décrète qu'il sera enjoint aux officiers municipaux de Paris, de mettre incessamment à exécution les trois premiers articles du titre premier que l'Assemblée nationale a décrétés pour la police municipale & le maintien de l'ordre public.

Suivent les articles décrétés le 5 juillet 1791.

ARTICLE PREMIER.

Dans les villes & les campagnes, les corps municipaux feront constater l'état des habitans, soit par des officiers municipaux, soit par des commissaires de police, s'il y en a, soit par des citoyens commis à cet effet. Chaque année, dans le courant des mois de novembre & décembre, cet état sera vérifié de nouveau, & on y fera les changemens nécessaires ; l'état des habitans de campagne sera recensé au chef-lieu du canton par des commissaires que nommeront les officiers municipaux de chaque communauté particulière.

I I.

Le regiſtre contiendra mention des déclarations que chacun aura faites de ſes noms, âge, lieu de naiſſance, dernier domicile, profeſſion, métier, & autres moyens de ſubſiſtance. Le déclarant qui n'auroit à indiquer aucun moyen de ſubſiſtance, déſignera les citoyens domiciliés dans la municipalité dont il ſera connu, qui pourront rendre bon témoignage de ſa conduite.

I I I.

Ceux qui, étant en état de travailler, n'auront ni moyens de ſubſiſtance, ni métier, ni répondans, ſeront inſcrits avec la note de *gens ſans aveu.*

Ceux qui refuſeront toute déclaration ſeront inſcrits ſous leur ſignalement & demeure, avec la note de *gens ſuſpects.*

Ceux qui ſeront convaincus d'avoir fait de fauſſes déclarations ſeront inſcrits avec la note de *gens ſans aveu.*

Mandons & ordonnons à tous les tribunaux, corps adminiſtratifs & municipalités, &c.

1746.

L O I

Relative à l'organisation d'une police municipale &
correctionnelle.

Donnée à Paris le 22 juillet 1791.

Louis, par la grace de Dieu, &c.

Décret du 19 *juillet* 1791.

L'Affemblée Nationale, confidérant que des décrets
antérieurs ont déterminé les bornes & l'exercice des diverfes
fonctions publiques, & etabli les principes de police
conftitutionnelle deftinés à maintenir cet ordre;

Que le décret fur l'inftitution des jurés a pareillement
établi une police de fûreté, qui a pour objet de s'affurer
de la perfonne de tous ceux qui feroient prévenus de
crimes ou délits de nature à mériter peine afflictive ou
infamante;

Qu'il refte à fixer les règles, 1°. de la police municipale,
qui a pour objet le maintien habituel de l'ordre & de la
tranquillité dans chaque lieu; 2°. de la police correctionnelle, qui a pour objet la répreffion des délits qui,
fans mériter peine afflictive ou infamante, troublent la
fociété & difpofent au crime;

Décrète ce qui fuit, après avoir entendu le rapport
du comité de conftitution.

TITRE PREMIER.

POLICE MUNICIPALE.

Difpofitions générales d'ordre public.

ARTICLE PREMIER.

Dans les villes & dans les campagnes, les corps municipaux feront conftater l'état des habitans, foit par des

officiers municipaux, foit par des commiffaires de police, s'il y en a, foit par des citoyens commis à cet effet. Chaque année, dans le courant des mois de novembre & de décembre, cet état fera vérifié de nouveau, & on y fera les changemens néceffaires : l'état des habitans de campagne fera recenfé au chef-lieu du canton, par des commiffaires que nommeront les officiers municipaux de chaque communauté particulière.

I I.

Le regiftre contiendra mention des déclarations que chacun aura faites de fes noms, âge, lieu de naiffance, dernier domicile, profeffion, métier & autres moyens de fubfiftance. Le déclarant qui n'auroit à indiquer aucun moyen de fubfiftance, défignera les citoyens domiciliés dans la municipalité dont il fera connu, & qui pourront rendre bon témoignage de fa conduite.

I I I.

Ceux qui étant en état de travailler, n'auront ni moyens de fubfiftance, ni métier, ni répondans, feront infcrits avec la note de *gens fans aveu*.

Ceux qui refuferont toute déclaration, feront infcrits fous leur fignalement & demeure, avec la note de *gens fufpects*.

Ceux qui feront convaincus d'avoir fait de fauffes déclarations, feront infcrits avec la note de *gens mal intentionnés*.

Il fera donné communication de ces regiftres aux officiers & fous-officiers de la gendarmerie nationale, dans le cours de leurs tournées.

I V.

Ceux des trois claffes qui viennent d'être énoncées,

s'ils prennent part à une rixe, à un attroupement féditieux, un acte de voie de fait ou de violence, feront
foumis dès la première fois aux peines de la police correctionnelle, comme il fera dit ci-après.

V.

Dans les villes & dans les campagnes, les aubergiftes,
maîtres d'hôtels garnis & logeurs feront tenus d'infcrire
de fuite & fans aucun blanc, fur un regiftre en papier
timbré & paraphé par un officier municipal ou un commiffaire de police, les noms, qualités, domicile habituel,
dates d'entrée & de fortie de tous ceux qui coucheront
chez eux, même une feule nuit ; de repréfenter ce regiftre
tous les quinze jours, & en outre toutes les fois qu'ils
en feront requis, foit aux officiers municipaux, foit aux
officiers de police, ou aux citoyens commis par la
municipalité.

V I.

Faute de fe conformer aux difpofitions du précédent
article, ils feront condamnés à une amende du quart de
leur droit de patentes, fans que cette amende puiffe
être au-deffous de trois livres, & ils demeureront civilement refponfables des défordres & des délits commis
par ceux qui logeront dans leurs maifons.

V I I.

Les jeux de hafard où l'on admet foit le public, foit des
affiliés, font défendus fous les peines qui feront défignées
ci-après.

Les propriétaires ou principaux locataires des maifous
& appartemens où le public feroit admis à jouer des jeux
de hafard, feront, s'ils demeurent dans ces maifons &

s'ils n'ont pas averti la police, condamnés, pour la première fois, à trois cents livres, & pour la seconde, à mille livres d'amende, solidairement avec ceux qui occuperont les appartemens employés à cet usage.

Règles à suivre par les officiers municipaux, ou les citoyens commis par la municipalité, pour constater les contraventions de police.

V I I I.

Nul officier municipal, commissaire ou officier de police municipale, ne pourra entrer dans les maisons des citoyens, si ce n'est pour la confection des états ordonnés par les articles I, II & III, & la vérification des registres des logeurs ; pour l'exécution des lois sur les contributions directes, ou en vertu des ordonnances, contraintes & jugemens dont ils feront porteurs, ou enfin sur le cri des citoyens, invoquant de l'intérieur d'une maison le secours de la force publique.

I X.

A l'égard des lieux où tout le monde est admis indistinctement, tels que cafés, cabarets, boutiques, & autres, les officiers de police pourront toujours y entrer, soit pour prendre connoissance des désordres ou contraventions aux règlemens, soit pour vérifier les poids & mesures, le titre des matières d'or & d'argent, la salubrité des comestibles & médicamens.

X.

Ils pourront aussi entrer en tout temps dans les maisons où l'on donne habituellement à jouer des jeux de hasard,

mais

mais feulement fur la défignation qui leur en auroit été donnée par deux citoyens domiciliés.

Ils pourront également entrer en tout temps dans les lieux livrés notoirement à la débauche.

X I.

Hors les cas mentionnés aux articles VIII, IX & X, les officiers de police qui, fans autorifation fpéciale de juftice ou de la police de sûreté, feront des vifites ou recherches dans les maifons des citoyens, feront condamnés par le tribunal de police, & en cas d'appel, par celui de diftrict, à des dommages & intérêts qui ne pourront être au-deffous de cent livres, fans préjudice des peines prononcées par la loi, dans le cas de voies de fait, de violences & autres délits.

X I I.

Les commiffaires de police, dans les lieux où il y en a, les appariteurs & autres agens affermentés, drefferont dans leurs vifites & tournées le procès-verbal des contraventions, en préfence de deux des plus proches voifins, qui appoferont leurs fignatures, & des experts en chaque partie d'art, lorfque la municipalité, foit par voie d'adminiftration, foit comme tribunal de police, aura jugé à propos d'en indiquer.

X I I I.

La municipalité, foit par voie d'adminiftration, foit comme tribunal de police, pourra, dans les lieux où la loi n'y aura pas pourvu, commettre à l'infpection du titre des matières d'or ou d'argent, à celle de la falubrité des comeftibles & médicamens, un nombre fuffifant de géns de l'art , lesquels , après avoir prêté serment , rempliront , à cet égard seulement , les fonctions de commissaires de police.

Délits de police municipale , & peines qui seront prononcées.

X I V.

Ceux qui voudront former des sociétés ou clubs, seront tenus , à peine de deux cents livres d'amende , de faire préalablement au greffe de la municipalité la déclaration des lieux & jours de leur réunion ; & en cas de récidive, ils seront condamnés à cinq cents livres d'amende: l'amende sera poursuivie contre les présidens , secrétaires , ou commissaires de ces clubs ou sociétés.

X V.

Ceux qui négligeront d'éclairer & de nettoyer les rues devant leurs maisons dans les lieux où ce soin est laissé à la charge des citoyens ;

Ceux qui embarrasseront ou dégraderont les voies publiques ;

Ceux qui contreviendront à la défense de rien exposer sur les fenêtres ou au-devant de leur maison sur la voie publique, de rien jeter qui puisse nuire ou endommager par sa chûte , ou causer des exhalaisons nuisibles ;

Ceux qui laisseront divaguer des insensés ou furieux, ou des animaux mal-faisans ou féroces ;

Seront , indépendamment des réparations ou indemnités envers les parties lésées , condamnés à une amende qui ne pourra être au-dessous de quarante sous, ni excéder cinquante livres ; & si le fait est grave , à la détention de police municipale : la peine sera double en cas de récidive.

X V I.

Ceux qui par imprudence, ou par la rapidité de leurs chevaux, auront bleffé quelqu'un dans les rues ou voies publiques, feront, indépendamment des indemnités, condamnés à huit jours de détention, & à une amende égale à la totalité de leur contribution mobiliaire, fans que l'amende puiffe être au-deffous de trois cents livres. S'il y a eu facture de membres, ou fi, d'après les certificats des gens de l'art, la bleffure eft telle qu'elle ne puiffe fe guérir en moins de quinze jours, les délinquans feront renvoyés à la police correctionnelle.

X V I I.

Le refus des fecours & fervices requis par la police, en cas d'incendie ou autres fléaux calamiteux, fera puni par une amende du quart de la contribution mobiliaire, fans que l'amende puiffe être au-deffous de trois livres.

X V I I I.

Le refus ou la négligence d'exécuter les règlemens de voirie, ou d'obéir à la fommation de réparer ou démolir les édifices menaçant ruine fur la voie publique, feront, outre les frais de la démolition ou de la réparation de ces édifices, punis d'une amende de la moitié de la contribution mobiliaire, laquelle amende ne pourra être au-deffous de fix livres.

X I X.

En cas de rixe ou difpute avec ameutement du peuple ;

En cas de voies de fait ou violences légères, dans les

H 2

affemblées & les lieux publics ; en cas de bruit ou attroupemens nocturnes ;

Ceux des trois premières claffes mentionnées en l'article
III, feront, dès la première fois, punis ainfi qu'il fera
dit au titre de la police correctionnelle.

Les autres feront condamnés à une amende du tiers
de leur contribution mobiliaire, laquelle ne fera pas
au-deffous de douze livres ; & pourront l'être, fuivant
la gravité du cas, à une détention de trois jours dans
les campagnes, & de huit jours dans les villes.

Tous ceux qui, après une première condamnation prononcée par la police municipale, fe rendroient encore
coupables de l'un des délits ci-deffus, feront renvoyés à la
police correctionnelle.

X X.

En cas d'expofition en vente de comeftibles gâtés,
corrompus ou nuifibles, ils feront confifqués & détruits,
& le délinquant condamné à une amende du tiers de fa
contribution mobiliaire, laquelle amende ne pourra être
au-deffous de trois livres.

X X I.

En cas de vente de médicamens gâtés, le délinquant
fera renvoyé à la police correctionnelle, & puni de cent
livres d'amende, & d'un emprifonnement qui ne pourra
excéder fix mois.

La vente des boiffons falfifiées fera punie ainfi qu'il fera
dit au titre de la police correctionnelle.

X X I I.

En cas d'infidélité des poids & mefures dans la vente
des denrées & autres objets qui fe débitent à la mefure,

au poids ou à l'aune, les faux poids & fauſſes meſures
ſeront confiſqués & briſés, & l'amende ſera, pour la
première fois de cent livres au moins, & de la quotité du
droit de patentes du vendeur, ſi ce droit eſt de plus de
cent livres.

X X I I I.

Les délinquans, aux termes de l'article précédent, ſeront
en outre condamnés à la détention de la police municipale;
&, en cas de récidive, les prévenus ſeront renvoyés à
la police correctionnelle.

X X I V.

Les vendeurs convaincus d'avoir trompé, ſoit ſur le titre
des matières d'or ou d'argent, ſoit ſur la qualité d'une
pierre fauſſe, vendue pour fine, ſeront renvoyés à la police
correctionnelle.

X X V.

Quant à ceux qui ſeroient prévenus d'avoir fabriqué,
fait fabriquer ou employé de faux poinçons, marqué ou
fait marquer des matières d'or ou d'argent au-deſſous du
titre annoncé par la marque, ils ſeront, dès la première
fois, renvoyés, par un mandat d'arrêt du juge-de-paix,
devant le juré d'accuſation, jugés, s'il y a lieu, ſelon
la forme établie pour l'inſtruction criminelle; & s'ils
ſont convaincus, punis des peines établies dans le code
pénal.

X X V I.

Ceux qui ne paieront pas, dans les trois jours à dater
de la ſignification du jugement, l'amende prononcée
contre eux, y ſeront contraints par les voies de droit;
néanmoins la contrainte par corps ne pourra entraîner

qu'une détention d'un mois à l'égard de ceux qui font
infolvables.

X X V I I.

En cas de récidive, toutes les amendes établies par
le préfent décret feront doubles, & tous les jugemens
feront affichés aux dépens des condamnés.

X X V I I I.

Pourront être faifis & retenus jufqu'au jugement, tous
ceux qui par imprudence ou la rapidité de leurs chevaux
auront fait quelques bleffures dans la rue ou voie publique, ainfi que ceux qui feroient prévenus des délits
mentionnés aux articles XIX, XXI & XXII : ils feront
contraignables par corps au paiement des dommages &
intérêts, ainfi que des amendes.

Confirmation de divers règlemens & difpofitions contre
l'abus de la taxe des denrées.

X X I X.

Les règlemens actuellement exiftant fur le titre des
matières d'or & d'argent, fur la vérification de la qualité
des pierres fines ou fauffes, la falubrité des comeftibles
& des médicamens, fur les objets de ferrurerie, continueront d'être exécutés jufqu'à ce qu'il en ait été autrement ordonné. Il en fera de même de ceux qui établiffent
des difpofitions de fûreté, tant pour l'achat & la vente
des matières d'or & d'argent, des drogues, médicamens
& poifons, que pour la préfentation, le dépôt & adjudication des effets précieux dans les Monts-de-Piété, Lom-
bards, ou autres maifons de ce genre.

Sont également confirmés provifoirement les règlemens

qui fubfiftent touchant la voirie, ainfi que ceux actuellement exiftant à l'égard de la conftruction des bâtimens
& relatifs à leur folidité & fûreté, fans que de la préfente
difpofition il puiffe réfulter la confervation des attributions
ci-devant faites fur cet objet à des tribunaux particuliers.

X X X.

La taxe des fubfiftances ne pourra provifoirement avoir
lieu dans aucune ville ou commune du royaume que
fur le pain & la viande de boucherie, fans qu'il foit
permis en aucun cas de l'étendre fur le vin, fur le
bled, les autres grains, ni autre efpèce de denrées,
& ce, fous peine de deftitution des officiers municipaux.

X X X I.

Les réclamations élevées par les marchands relativement aux taxes, ne feront en aucun cas du reffort des
tribunaux de diftrict; elles feront portées devant le directoire du département, qui prononcera fans appel. Les
réclamations des particuliers contre les marchands qui
vendroient au-deffus de la taxe, feront portées & jugées
au tribunal de police, fauf l'appel au tribunal de diftrict.

Forme de procéder & règles à obferver par le tribunal de
la police municipale.

X X X I I.

Tous ceux qui dans les villes & dans les campagnes
auront été arrêtés, feront conduits directement chez un
juge-de-paix, lequel renverra par-devant le commiffaire
de police, ou l'officier municipal chargé de l'adminiftration
de cette partie, lorfque l'affaire fera de la compétence
de la police municipale.

H 4

XXXIII.

Tout juge-de-paix d'une ville, dans quelque quartier qu'il se trouve établi, sera compétent pour prononcer, soit la liberté des personnes amenées, soit le renvoi à la police municipale, soit le mandat d'amener ou devant lui ou devant un autre juge-de-paix, soit enfin le mandat d'arrêt, tant en matière de police correctionnelle qu'en matière criminelle.

XXXIV.

Néanmoins pour assurer le service dans la ville de Paris, il sera déterminé par la municipalité un lieu vers le centre de la ville, où se trouveront toujours deux juges-de-paix, lesquels pourront chacun donner séparément les ordonnances nécessaires.

Les juges-de-paix rempliront tour à tour ce service pendant vingt-quatre heures.

XXXV.

Les personnes prévenues de contravention aux lois & règlemens de police, soit qu'il y ait eu un procès-verbal ou non, seront citées devant le tribunal par les appariteurs, ou par tous autres huissiers, à la requête du procureur de la commune ou des particuliers qui croiront avoir à se plaindre. Les parties pourront comparoître volontairement, ou sur un simple avertissement, sans qu'il soit besoin de citation.

XXXVI.

Les citations seront données à trois jours, ou à l'audience la plus prochaine.

X X X V I I.

Les défauts feront signifiés par un huiffier commis par
le tribunal de police municipale ; ils ne pourront être
rabattus qu'autant que la perfonne citée comparoîtra dans
la huitaine après la fignification du jugement, & demandera
à être entendue fans délai : fi elle ne comparoît pas, le
jugement demeurera définitif, & ne pourra être attaqué
que par la voie d'appel.

X X X V I I I.

Les perfonnes citées comparoîtront par elles-mêmes ou
par des fondés de procuration fpéciale : il n'y aura point
d'avoués aux tribunaux de police municipale.

X X X I X.

Les procès verbaux, s'il y en a, feront lus ; les témoins,
s'il faut en appeler, feront entendus ; la défenfe fera
propofée, les conclufions feront données par le procureur
de la commune ou fon fubftitut ; le jugement préparatoire
ou définitif fera rendu avec expreffion des motifs, dans
la même audience ou au plus tard dans la fuivante.

X L.

L'appel des jugemens ne fera pas reçu, s'il eft inter-
jeté après huit jours depuis la fignification des jugemens
à la partie condamnée.

X L I.

La forme de procéder fur l'appel en matière de police,
fera la même qu'en première inftance.

X L I I.

Le tribunal de police fera compofé de trois membres que les officiers municipaux choifiront parmi eux ; de cinq dans les villes où il y a foixante mille ames ou davantage ; de neuf à Paris.

X L I I I.

Aucun jugement ne pourra être rendu que par trois uges, & fur les conclufions du procureur de la commune ou de fon fubftitut.

X L I V.

Le nombre des audiences fera réglé d'après le nombre des affaires, qui feront toutes terminées au plus tard dans la quinzaine.

X L V.

Extrait des jugemens rendus par la police municipale, fera dépofé, foit dans un lieu central, foit au greffe du tribunal de police correctionnelle, dans tous les cas où le préfent décret aura renvoyé à la police correctionnelle les délinquans en récidive.

X L V I.

Aucun tribunal de police municipale, ni aucun corps municipal ne pourra faire de règlement : le corps municipal néanmoins pourra, fous le nom & l'intitulé de *délibérations*, & fauf la réformation, s'il y a lieu, par l'adminiftration du département, fur l'avis de celle du diftrict, faire des arrêtés fur les objets qui fuivent :

1°. Lorsqu'il s'agira d'ordonner les précautions locales sur les objets confiés à sa vigilance & à son autorité, par les articles III & IV du titre XI du décret sur *l'organisation judiciaire.*

2°. De publier de nouveau des lois & règlemens de police, ou de rappeler les citoyens à leur observation.

X L V I I.

Les objets confisqués resteront au greffe du tribunal de police, mais seront vendus au plus tard dans la quinzaine au plus offrant & dernier enchérisseur, selon les formes ordinaires. Le prix de cette vente & les amendes versées dans les mains du receveur du droit d'enregistrement seront employés sur les mandats du procureur-syndic du district, visés par le procureur-général-syndic du département, un quart aux menus frais du tribunal, un quart aux frais des bureaux de paix & de jurisprudence charitable, un quart aux dépenses de la municipalité, & un quart au soulagement des pauvres de la commune.

X L V I I I.

Les commissaires de police, dans les lieux où il y en a, porteront, dans l'exercice de leurs fonctions, un chaperon aux trois couleurs de la nation, placé sur l'épaule gauche. Les appariteurs chargés d'une exécution de police, présenteront comme les autres huissiers, une baguette blanche, aux citoyens qu'ils sommeront d'obéir à la loi. Les dispositions du décret sur le respect dû aux juges & aux jugemens, s'appliqueront aux tribunaux de police municipale & correctionnelle, & à leurs officiers.

T I T R E　II.

P O L I C E　C O R R E C T I O N N E L L E.

Dispositions générales sur les peines de la police correctionnelle & les maisons de correction.

A R T I C L E　P R E M I E R.

Les peines correctionnelles seront :
1°. L'amende ; 2°. la confiscation, en certain cas, de la matière du délit ; 3°. l'emprisonnement.

I I.

Il y aura des maisons de correction destinées 1°. aux jeunes gens au-dessous de l'âge de vingt-un ans, qui devront y être enfermés conformément aux articles XV, XVI & XVII du titre X du décret sur l'organisation judiciaire ; 2°. aux personnes condamnées par voie de police correctionnelle.

I I I.

Si la maison de correction est dans le même local que la maison destinée aux personnes condamnées par jugement des tribunaux criminels, le quartier de la correction sera entièrement séparé.

I V.

Les jeunes gens détenus d'après l'arrêté des familles, seront séparés de ceux qui auront été condamnés par la police correctionnelle.

V.

Toute maison de correction fera maison de travail. Il fera établi par les conseils ou directoires de département, divers genres de travaux communs ou particuliers, convenables aux personnes des deux sexes: les hommes & les femmes feront féparés.

V I.

La maifon fournira le pain, l'eau & le coucher. Sur le produit du travail du détenu, un tiers fera appliqué à la dépenfe commune de la maifon.

Sur une partie des deux autres tiers, il lui fera permis de fe procurer une nourriture meilleure & plus abondante.

Le furplus fera réfervé pour lui être remis après que le temps de fa détention fera expiré.

Il lui fera également permis de fe procurer une nourriture meilleure & plus abondante, fur fa fortune particulière, à moins que le jugement de condamnation n'en ait ordonné autrement.

Claſſification des délits, & peines qui feront prononcées.

V I I.

Les délits puniſſables par la voie de la police correctionnelle feront,

1°. Les délits contre les bonnes mœurs.

2°. Les troubles apportés publiquement à l'exercice d'un culte religieux quelconque.

3°. Les infultes & les violences graves envers les perfonnes.

4°. Les troubles apportés à l'ordre focial & à la tranquillité publique, par la mendicité, par les tumultes, par les attroupemens ou autres délits.

5°. Les atteintes portées à la propriété des citoyens, par dégats, larcins ou simples vols, escroqueries, ouvertures de maisons de jeux où le public est admis.

Premier genre de délits.

V I I I.

Ceux qui seroient prévenus d'avoir attenté publiquement aux mœurs, par outrage à la pudeur des femmes, par actions déshonnêtes, par exposition ou vente d'images obscènes ; d'avoir favorisé la débauche ou corrompu des jeunes gens de l'un ou de l'autre sexe, pourront être saisis sur-le-champ, & conduits devant le juge-de-paix, lequel est autorisé à les faire retenir jusqu'à la prochaine audience de la police correctionnelle.

I X.

Si le délit est prouvé, les coupables seront condamnés, selon la gravité des faits, à une amende de cinquante à cinq cents livres, & à un emprisonnement qui ne pourra excéder six mois, s'il s'agit d'images obscènes. Les estampes & les planches seront en outre confisquées & brisées.

Quant aux personnes qui auroient favorisé la débauche ou corrompu des jeunes gens de l'un ou de l'autre sexe, elles seront, outre l'amende, condamnées à une année de prison.

X.

Les peines portées en l'article précédent, seront doubles en cas de récidive.

Deuxième genre de délits.

X I.

Ceux qui auroient outragé les objets d'un culte quel-

conque, soit dans un lieu public, soit dans les lieux
destinés à l'exercice de ce culte, ou ses ministres en fonctions, ou interrompu par un trouble public les cérémonies
religieuses de quelque culte que ce soit, seront condamnés
à une amende qui ne pourra excéder cinq cents livres,
& à un emprisonnement qui ne pourra excéder un an.
L'amende sera toujous de cinq cents livres, & l'emprisonnement de deux ans, en cas de récidive.

XII.

Les auteurs de ces délits pourront être saisis sur-le-champ,
& conduits devant le juge-de-paix.

Troisième genre de délits.

XIII.

Ceux qui, hors le cas de légitime défense & sans
excuse suffisante, auroient blessé ou même frappé des
citoyens, si le délir n'est pas de la nature de ceux qui
font punis des peines portées au code penal, seront
jugés par la police correctionnelle ; & en cas de con-
viction, condamnés, selon la gravité des faits, à une
amende qui ne pourra excéder cinq cents livres, & s'il
y a lieu, à un emprisonnement, qui ne pourra excéder
six mois.

XIV.

La peine sera plus forte, si les violences ont été
commises envers des femmes où des personnes de soixante-
dix ans & au - dessus, ou des enfans de seize ans &
au-dessous, ou par des apprentis, compagnons ou domestiques, à l'égard de leur maître ; enfin, s'il y a eu
effusion de sang, & en outre dans le cas de récidive ;

mais elle ne pourra excéder mille livres d'amende , & une
année d'emprifonnement.

X V.

En cas d'homicide dénoncé comme involontaire , ou
reconnu tel par la déclaration du juré , s'il eſt la ſuite
de l'imprudence ou de la négligence de ſon auteur ,
celui - ci ſera condamné à une amende qui ne pourra
excéder le double de ſa contribution mobiliaire , &
s'il y a lieu , à un emprifonnement qui ne pourra excéder
un an.

X V I.

Si quelqu'un ayant bleſſé un citoyen dans les rues &
voies publiques par l'effet de ſon imprudence ou de ſa
négligence , ſoit par la rapidité de ſes chevaux , ſoit de
toute autre manière, il en eſt réſulté fracture de membres ;
ou ſi , d'après le certificat des gens de l'art , la bleſſure
eſt telle qu'elle exige un traitement de quinze jours , le
délinquant ſera condamné à une amende qui ne pourra
excéder cinq cents livres , & à un emprifonnement qui
ne pourra excéder ſix mois. Le maître ſera civilement
reſponſable des condamnations pécuniaires prononcées
contre le cocher ou conducteur des chevaux , ou les autres
domeſtiques.

X V I I.

Toutes les peines ci-deſſus ſeront prononcées indépendamment des dommages & intérêts des parties.

X V I I I.

Quant aux ſimples injures verba'es , ſi elles ne ſont pas
adreſſées

adreffées à un fonctionnaire public en exercice de fes fonctions, elles feront jugées dans la forme établie en l'article X du titre III du décret fur l'organifation judiciaire.

X I X.

Les outrages ou menaces par paroles ou par geftes faits aux fonctionnaires publics dans l'exercice de leurs fonctions, feront punis d'une amende qui ne pourra excéder dix fois la contribution mobiliaire, & d'un emprifonnement qui ne pourra excéder deux années.

La peine fera double en cas de récidive.

X X.

Les mêmes peines feront infligées à ceux qui outrageroient ou menaceroient par paroles ou par geftes, foit les gardes nationales, foit la gendarmerie nationale, foit les troupes de ligne fe trouvant ou fous les armes, ou au corps de garde, ou dans un pofte de fervice, fans préjudice des peines plus fortes, s'il y a lieu, contre ceux qui les frapperoient, & fans préjudice également de la défenfe & de la réfiftance légitime, conformément aux lois militaires.

X X I.

Les coupables des délits mentionnés aux articles XIII, XIV, XV, XVI, XIX & XX du préfent décret, feront faifis fur-le-champ, & conduits devant le juge-de-paix.

Quatrième genre de délits.

X X I I.

Les mendians valides pourront être faifis & conduits devant le juge-de-paix, pour être ftatué à leur égard conformément aux lois fur la répreffion de la mendicité.

X X I I I.

Les circonstances aggravantes seront,

1°. De mendier avec menaces & violences.

2°. De mendier avec armes.

3°. De s'introduire dans l'intérieur des maisons , ou de mendier la nuit.

4°. De mendier deux ou plusieurs ensemble.

5°. De mendier avec faux certificats ou congés , infirmités supposées ou déguisement.

6°. De mendier après avoir été repris de justice.

7°. Et deux mois après la publication du présent décret , de mendier hors du canton de son domicile.

X X I V.

Les mendians contre lesquels il se réunira une ou plusieurs de ces circonstances aggravantes, pourront être condamnés à un emprisonnement qui n'excédera pas une année. La peine sera double en cas de récidive.

X X V.

L'insubordination accompagnée de violences ou de menaces dans les ateliers publics ou les ateliers de charité , sera punie d'un emprisonnement qui ne pourra excéder deux années.

La peine sera double en cas de récidive.

X X V I.

Les peines portées dans la loi sur les associations & attroupemens des ouvriers & gens du même état , seront prononcées par le tribunal de la police correctionnelle.

XXVII.

Tous ceux qui dans l'adjudication de la propriété ou de la location, foit des domaines nationaux, foit de tous autres domaines appartenant à des communautés ou à des particuliers, troubleroient la liberté des enchères, ou empêcheroient que les adjudications ne s'élevaffent à leur véritable valeur, foit par offre d'argent, foit par des conventions frauduleufes, foit par des violences ou voies de faits exercées avant ou pendant les enchères, feront punis d'une amende qui ne pourra excéder cinq cents livres, & d'un emprifonnement qui ne pourra excéder une année.

La peine fera double en cas de récidive.

XXVIII.

Les perfonnes comprifes dans les trois claffes mentionnées en l'article III du titre I.er, qui feront furprifes dans une rixe, attroupement ou un acte quelconque de fimple violence, feront punies par un emprifonnement qui ne pourra excéder trois mois. En cas de récidive, la détention fera d'une année.

XXIX.

Les citoyens domiciliés qui, après avoir été réprimés une fois par la police municipale, pour rixes, tumultes, attroupement nocturnes, ou défordres en affemblées publiques, commettroient pour la deuxième fois le même genre de délit, feront condamnés par la police correctionnelle, à une amende qui ne pourra excéder trois cents livres, & un emprifonnement qui ne pourra excéder quatre mois.

XXX.

Ceux qui fe rendroient coupables des délits mentionnés

I 2

dans les six articles précédens , feront faifis fur-le-champ ,
& conduits devant le juge-de-paix.

Cinquième genre de délits.

XXXI.

Tous dégâts commis dans les bois , toutes violations
de clôtures , de murs, haies & foffés , quoique non fuivis
de vol, les larcins de fruits & de productions de terrain
cultivé, autres que ceux mentionnés dans le code pénal ,
feront punis ainfi qu'il fera dit à l'égard de la police
rurale.

XXXII.

Les larcins, filouteries & fimples vols qui n'appartiennent ni à la police rurale , ni au code pénal, feront,
outre les reftitutions, dommages & intérêts, punis d'un
emprifonnement qui ne pourra excéder deux ans. La peine
fera double en cas de récidive.

XXXIII,

Le vol de deniers ou d'effets mobiliers appartenans à
l'État, & dont la valeur fera au-deffous de dix livres,
fera puni d'une amende du double de la valeur & d'un
emprifonnement d'une année. La peine fera double en
cas de récidive.

XXXIV.

Les coupables des délits mentionnés aux trois précédens
articles , pourront être faifis fur-le-champ & conduits
devant le juge-de-paix.

XXXV

Ceux qui par dol , ou à l'aide de faux noms , ou de

fauffes entreprifes, ou d'un crédit imaginaire, ou d'efpérances & de craintes chimériques, auroient abufé de la crédulité de quelques perfonnes, & efcroqué la totalité ou partie de leurs fortunes, feront pourfuivis devant les tribunaux de diftrict; & fi l'efcroquerie eft prouvée, le tribunal de diftrict, après avoir prononcé les reftitutions & dommages & intérêts, eft autorifé à condamner, par voie de police correctionnelle, à une amende qui ne pourra excéder cinq mille livres, & à un emprifonnement qui ne pourra excéder deux ans. En cas d'appel, le condamné gardera prifon, à moins que les juges ne trouvent convenable de le mettre en liberté, fur une caution triple de l'amende & des dommages & intérêts prononcés. En cas de récidive, la peine fera double.

Tous les jugemens de condamnation à la fuite des délits mentionnés au préfent article, feront imprimés & affichés.

X X X V I.

Ceux qui tiendront des maifons de jeux de hafard où le public feroit admis, foit librement, foit fur la préfentation des affiliés, feront punis d'une amende de mille à trois mille livres avec confifcation des fonds trouvés expofés au jeu, & d'un emprifonnement qui ne pourra excéder un an. L'amende, en cas de récidive, fera de cinq mille à dix mille livres; & l'emprifonnement ne pourra excéder deux ans, fans préjudice de la folidarité pour les amendes qui auroient été prononcées par la police municipale contre les propriétaires & principaux locataires, dans les cas & aux termes de l'article VII du titre I.er du préfent décret.

X X X V I I.

Ceux qui tiendront des maifons de jeux de hafard, s'ils font pris en flagrant délit, pourront être faifis & conduits devant le juge-de-paix.

XXXVIII.

Toute perſonne convaincue d'avoir vendu des boiſſons falſifiées par des mixtions nuiſibles, ſera condamnée à une amende qui ne pourra exceder mille livres, & à un emprifonnement qui ne pourra excéder une année. Le jugement ſera imprimé & affiché.

La peine ſera double en cas de récidive.

XXXIX.

Les marchands ou tous autres vendeurs convaincus d'avoir trompé, ſoit ſur le titre des matières d'or ou d'argent, ſoit ſur la qualité d'une pierre fauſſe vendue pour fine, feront, outre la confiſcation des marchandiſes en délit & la reſtitution envers l'acheteur, condamnés à une amende de mille à trois mille livres, & à un empriſonnement qui ne pourra excéder deux années : la peine ſera double en cas de récidive.

Tout jugement de condamnation à la ſuite des délits mentionnés au préſent article ſera imprimé & affiché.

X L.

Ceux qui condamnés une fois par la police municipale pour infidélité ſur les poids & meſures, commettroient de nouveau le même délit, feront condamnés par la police correctionnelle à la confiſcation des marchandiſes fauſſes, ainſi que des faux poids & meſures, leſquels feront briſés, à une amende qui ne pourra excéder mille livres, & à un emprifonnement qui ne pourra excéder une année. Tout jugement à la ſuite des délits mentionnés au préſent article, ſera imprimé & affiché ; à la ſeconde récidive, ils feront pourſuivis criminellement & condamnés aux peines portées au code pénal.

X L I.

Les dommages & intérêts, ainsi que la restitution & les amendes qui seront prononcés en matière de police correctionnelle, emporteront la contrainte par corps.

X L I I.

Les amendes de la police correctionnelle & de la police municipale seront solidaires entre les complices: celles qui ont la contribution mobiliaire pour base seront exigées d'après la cote entière de cette contribution, sans déduction de ce qu'on auroit payé pour la contribution foncière.

Forme de procéder & composition des tribunaux en matière de police correctionnelle.

X L I I I.

Dans le cas où un prévenu surpris en flagrant-délit, seroit amené devant le juge de-paix, conformément aux dispositions ci-dessus, le juge, après l'avoir interrogé, après avoir entendu les témoins s'il y a lieu, dressé procès-verbal sommaire, le renverra en liberté, s'il le trouve innocent; le renverra à la police municipale, si l'affaire est de sa compétence; donnera le mandat d'arrêt, s'il est justement suspect d'un crime; enfin, s'il s'agit des délits ci-dessus mentionnés au présent titre depuis l'article VII, le fera retenir pour être jugé par le tribunal de la police correctionnelle, ou l'admettra sous caution de se représenter. La caution ne pourra être moindre de trois mille livres, ni excéder vingt mille livres.

I 4

X L I V.

La pourfuite de ces délits fera faite, foit par les citoyens léfés, foit par le procureur de la commune, ou fes fubftituts s'il y en a, foit par des hommes de loi commis à cet effet par la municipalité.

X L V.

Sur la dénonciation des citoyens ou du procureur de la commune ou de fes fubftituts, le juge - de - paix pourra donner un mandat d'amener, &, après les éclair-ciffemens néceffaires, prononcera felon qu'il eft dit en article XLIII.

X L V I.

Dans les lieux où il n'y a qu'un juge-de-paix, le tribunal de police correctionnelle fera compofé du juge-de-paix & de deux affeffeurs ; s'il n'y a que deux juges-de-paix, il fera compofé de ces deux juges-de-paix & d'un affeffeur.

X L V I I.

Dans les villes où il y a trois juges-de-paix, le tribunal de police correctionnelle fera compofé de ces trois juges, & en cas d'abfence de l'un d'eux, il fera remplacé par un des affeffeurs.

X L V I I I.

Dans les villes qui ont plus de trois juges-de-paix & moins de fix, le tribunal fera de trois, qui fiégeront de manière à ce qu'il en forte un chaque mois.

XLIX.

Dans les villes de plus de soixante mille ames, le tribunal de police correctionnelle sera composé de six juges-de-paix, ou, à leur défaut, d'assesseurs; ils serviront par tour, & pourront se diviser en deux chambres.

L.

À Paris, il sera composé de neuf juges-de-paix, servant par tour; il tiendra une audience tous les jours, & pourra se diviser en trois chambres.

Durant le service des neuf juges-de-paix à ce tribunal, & pareillement durant la journée où les juges-de-paix de la ville de Paris seront occupés au service alternatif établi dans le lieu central, par l'article XXXIV du titre premier du présent décret, toutes les fonctions qui leur sont attribuées par la loi, pourront être exercées dans l'étendue de leur section, par les juges-de-paix des sections voisines, au choix des parties.

L I.

Le greffier du juge-de-paix servira auprès du tribunal de police correctionnelle, dans les lieux où ce tribunal sera tenu par le juge-de-paix & deux assesseurs.

L I I.

Dans toutes les villes où le tribunal de police correctionnelle sera composé de deux ou trois juges-de-paix, le corps municipal nommera un greffier.

L I I I.

Dans les villes où le tribunal de police correctionnelle fera compofé de plufieurs chambres, le greffier préfentera autant de commis-greffiers qu'il y aura de chambres.

L I V.

Les greffiers nommés par le corps municipal pour fervir près le tribunal de police correctionnelle, feront à vie : leur traitement fera de mille livres dans les lieux où le tribunal ne formera qu'une chambre ; de dix-huit cents livres dans les lieux où il en formera deux, & de trois mille livres dans les lieux où il en formera trois : le traitement des commis-greffiers fera, pour chacun, la moitié de celui du greffier.

L V.

Les huiffiers des juges-de-paix qui feront de fervice, feront celui de l'audience.

L V I.

Les audiences de chaque tribunal feront publiques, & fe tiendront dans le lieu qui fera choifi par la muni-cipalité.

L V I I.

L'audience fera donnée fur chaque fait, trois jours au plus tard après le renvoi prononcé par le juge-de-paix.

L V I I I.

L'inftruction fe fera à l'audience ; le prévenu y fera interrogé, les témoins pour & contre entendus en fa préfence, les reproches & défenfes propofés ; les pièces lues, s'il y en a, & le jugement prononcé de fuite, ou au plus tard à l'audience fuivante.

L I X.

Les témoins prêteront ferment à l'audience ; le greffier tiendra note du nom , de l'âge, des qualités des témoins, ainfi que de leurs principales déclarations & des principaux moyens de défenfes. Les conclufions des parties & celles de la partie publique feront fixées par écrit , & les jugemens feront motivés.

L X.

Il ne fera fait aucune autre procédure fans préjudice du droit qui appartient à chacun, d'employer le miniftère d'un défenfeur officieux.

L X I.

Les jugemens en matière de police correctionnelle pourront être attaqués par la voie de l'appel.

L'appel fera porté au tribunal de diftrict ; il ne pourra être reçu après les quinze jours du jugement fignifié à la perfonne du condamné ou à fon dernier domicile.

L X I I.

Le tribunal de diftrict jugera en dernier reffort.

L X I I I.

Le département de Paris n'aura qu'un tribunal d'appel, compofé de fix juges ou fuppléans , tirés des fix tribunaux d'arrondiffement; il pourra fe divifer en deux chambres, qui jugeront au nombre de trois juges.

L X I V.

Les fix premiers juges ou fuppléans qui compoferont

le tribunal d'appel, feront pris par la voie du fort, dans les fix tribunaux. Les préfidens exceptés, de mois en mois il en fortira deux, lefquels feront remplacés par deux autres, que choifiront les deux tribunaux de diftrict auxquels les deux fortans appartiendront ; & ainfi de fuire par ordre d'arrondiffement.

L X V.

L'audience du tribunal d'appel ou des deux chambres dans lefquelles il fera divifé, fera ouverte tous les jours, fi le nombre des affaires l'exige, fans que le tribunal puiffe jamais vaquer.

L X V I.

Le fix premiers juges qui compoferont ce tribunal, nommeront un greffier, lequel fera à vie, & préfentera un commis-greffier pour chacune des deux chambres.

L X V I I.

Les plus âgés préfideront les deux chambres du tribunal d'appel ci-deffus ; il en fera de même dans toute l'étendue du royaume pour ceux des tribunaux de première inftance qui feront compofés de deux ou trois juges-de-paix.

L X V I I I.

Dans toute l'étendue du royaume, l'inftruction fur l'appel fe fera à l'audience, & dans la forme déterminée ci-deffus ; les témoins, s'il eft jugé néceffaire, y feront de nouveau entendus, & l'appelant, s'il fuccombe, fera condamné en l'amende ordinaire.

L X I X.

En cas d'appel des jugemens rendus par le tribunal de

police correctionnelle, les conclusions feront données par
le commissaire du roi ; dans la ville de Paris il sera
nommé par le roi un commissaire pour servir auprès du
tribunal d'appel de police correctionnelle.

Application des confiscations & amendes.

L X X.

Les produits des confiscations & des amendes prononcées en police correctionnelle feront perçus par le
receveur du droit d'enregistrement, & après la déduction
de la remise accordée aux percepteurs, appliqués, savoir:

Un tiers aux menus frais de la municipalité & du tribunal
de première instance ; un tiers à ceux des bureaux de paix
& jurisprudence charitable; & un tiers au soulagement
des pauvres de la commune.

La justification de cet emploi sera faite au corps
municipal, & surveillée par le directoire des assemblées
administratives.

L X X I.

Les peines prononcées au présent décret, ne seront
applicables qu'aux délits commis postérieurement à sa
publication.

Mandons & ordonnons à tous les tribunaux, corps
administratifs & municipalités, &c.

1747.

PROCLAMATION DU ROI,

Portant nomination des fieurs le Breton, Poiffant & Bochet, *pour compléter le nombre des douze régiffeurs nationaux de l'enregiftrement, domaines & droits réunis.*

Paris, le 22 juillet 1791.

Vu l'article II de la loi du 27 mai 1791, relative à l'organifation de la régie nationale de l'enregiftrement, domaines & droits réunis, qui porte à douze le nombre des régiffeurs; vu pareillement la proclamation du roi, du 27 février 1791, portant nomination de neuf de ces régiffeurs;

Le roi a nommé & commis, nomme & commet les fieurs *Jean-Jacques le Breton,* directeur de domaines corporels & incorporels à Orléans; *Jean-Baptifte Poiffant,* directeur de correfpondance des domaines corporels à Paris, & *Edme Bochet,* directeur des domaines corporels à Lille, pour, avec les fieurs *Poujaud, la Cofte, Barrairon, Viet, Hurtrelle, Poujaud de Montjourdain, de Jully, de Lifle, & Chardon de Vanieville,* choifis & nommés par la proclamation du 27 février 1791, compléter le nombre des douze régiffeurs nationaux de l'enregiftrement, domaines & droits réunis; & à cet effet le roi donne & confère auxdits fieurs *le Breton, Poiffant &* *Bochet,* tous les pouvoirs néceffaires.

1748.

L O I

Relative à la pourſuite des délits des 15 *,* 16 *&* 17 *du préſent mois, par le tribunal du ſixième arrondiſſement de Paris.*

Donnée à Paris le 23 juillet 1791.

Louis, par la grace de Dieu, &c.

Décret du 23 *juillet* 1791.

L'Aſſemblée Nationale décrète, 1°. que l'accuſateur public du tribunal du ſixième arrondiſſement, ſera mandé pour rendre compte des diligences qu'il a dû faire à l'occaſion des délits des 15, 16 & 17 du préſent mois ; 2°. que les juges du tribunal du ſixième arrondiſſement ſont autoriſés à ſe faire aider, ſoit pour l'inſtruction, ſoit pour le jugement du procès commencé ou à commencer, relativement auxdits délits, tant par les ſuppléans de leur tribunal, que par des hommes de loi, qu'ils pourront appeler en tel nombre qu'ils jugeront néceſſaire.

Mandons & ordonnons à tous les tribunaux, corps adminiſtratifs & municipalités, &c.

1749.

L O I

Relative au recensement des habitans & étrangers domiciliés à Paris.

Donnée à Paris le 23 juillet 1791.

Louis, par la grace de Dieu , &c.

Décret du 23 *juillet* 1791.

L'Affemblée Nationale décrète que le maire de Paris fera appelé ce matin à l'Affemblée, pour lui rendre compte des mefures prifes par la municipalité pour le recenfement des habitans & des étrangers domiciliés à Paris.

Mandons & ordonnons à tous les tribunaux, corps adminiftratifs & municipalités, &c.

1750.

L O I

Relative à la garde des forts, postes & frontières du côté du territoire de Porentruy.

Donnée à Paris le 23 juillet 1791.

Louis, par la grace de Dieu, &c.

Décret du 23 juillet 1791.

L'Assemblée Nationale décrète que sur les gardes nationales qui se font déjà fait inscrire dans le département du Doubs, il sera mis sur le champ, & en attendant la formation générale décrétée par l'Assemblée, un bataillon complet en activité, lequel sera destiné à la garde des forts, postes & frontières du côté du territoire de Porentruy, sous les ordres du commandant militaire; ordonne que le ministre de la guerre donnera des ordres en conséquence dans le plus court délai.

Mandons & ordonnons à tous les tribunaux, corps administratifs & municipalités, que ces présentes ils fassent transcrire sur leurs registres, lire, publier & afficher dans leurs ressorts & départemens respectifs, & exécuter comme loi du Royaume. Mandons & ordonnons pareillement à tous les officiers généraux qui commandent les troupes de ligne dans les différens départemens du Royaume : comme aussi à tous les officiers, sous-officiers & gendarmes de la Gendarmerie nationale de se conformer à ces présentes, & de tenir la main à leur exécution.

1751.

L O I

Relative aux troubles qui ont lieu dans plusieurs districts du département de la Vendée.

Donnée à Paris le 23 juillet 1791.

Louis, par la grace de Dieu, &c.

Décret du 16 *juillet* 1791.

L'Assemblée Nationale décrète ce qui suit :

ARTICLE PREMIER.

Les procédures commencées dans les tribunaux des districts de la Roche-sur-Yon, les Sables & Chalans, pour raison des troubles qui ont eu lieu dans l'étendue de ces districts dans les mois d'avril, mai & juin derniers, y seront continuées jusqu'à jugement définitif, sauf l'appel ainsi que de droit ; & cependant copie des procédures sera envoyée à l'Assemblée nationale, sans que ce renvoi puisse retarder les jugemens.

I I.

Il sera envoyé incessamment dans le département de la Vendée deux commissaires civils, qui prendront tous les éclaircissemens qu'ils pourront se procurer sur les causes des troubles, & se concerteront avec les corps administratifs sur les moyens de rétablir l'ordre & d'assurer la tranquillité publique ; lesdits commissaires seront autorisés à requérir, toutes les fois qu'ils le jugeront convenable, les secours des gardes nationales & des troupes de ligne, tant dans le département de la Vendée que dans les départemens voisins.

Mandons & ordonnons à tous les tribunaux, corps administratifs & municipalités, &c.

1752.

L O I

Relative à la marche des courriers & voyageurs dans l'intérieur du Royaume.

Donnée à Paris le 24 juillet 1791.

Louis, par la grace de Dieu, &c.

Décret du 24 juin 1791.

L'Assemblée nationale décrète que la libre circulation des personnes & des choses dans l'intérieur du Royaume, & la marche des courriers & voyageurs ne pourront être arrêtées ni suspendues, mais devront être protégées par tous les corps administratifs & municipaux, ainsi que par la gendarmerie & les gardes nationales ; que néanmoins, dans les cinq lieues de la frontière, les corps administratifs & municipaux surveilleront exactement, & feront vérifier la marche des courriers voyageurs, & les transports d'effets, pour empêcher qu'il n'en passe à l'étranger ; jusqu'à ce qu'il en ait été autrement ordonné ; sans que, sous aucun prétexte, il puisse être apporté aucun obstacle à l'exécution des transactions ordinaires du commerce.

Mandons & ordonnons à tous les tribunaux, corps administratifs & municipalités, &c.

K 2

1753.

L O I

Relative aux fonds à fournir provisoirement par la caisse
de l'extraordinaire, pour les besoins des différens hôpitaux
du Royaume.

Donnée à Paris le 25 juillet 1791.

Louis, par la grace de Dieu, &c.

Décret du 8 juillet 1791.

L'Assemblée nationale, sur le rapport qui lui a été fait
par ses comités des finances & de mendicité, réunis, décrète ce qui suit :

ARTICLE PREMIER.

Il sera destiné sur les fonds de la caisse de l'extraordinaire, une somme de trois millions pour les secours provisoires que pourront exiger les besoins pressans & momen-
tanés des hôpitaux du Royaume, laquelle sera avancée
successivement à titre de prêt sur la demande des directoires
de district & de département, & des municipalités du
Royaume, en faveur des hôpitaux qui y sont situés, ainsi
qu'il sera déterminé par les articles suivans.

I I.

Les différentes municipalités qui réclameront ces avances
en faveur de leurs hôpitaux, ne pourront le faire sans
l'avis des directoires de district & de département où elles

font fituées, & feront tenues de fe procurer l'acquiefcement des confeils-généraux de leurs communes, avec obligation de rétablir ces avances dans la caiffe de l'extraordinaire, dans les fix premiers mois de l'année 1792, par le pro-duit des fous additionnels aux contributions foncière & mobiliaire, & fur les droits des patentes à impofer en 1791.

I I I.

Ces municipalités feront tenues en outre de préfenter le confentement du confeil-général de la commune, pour donner, en garantie de ces avances & de la reftitution des deniers à la caiffe de l'extraordinaire, le feizième qui leur revient dans le produit de la vente des biens nationaux dont elles font foumiffionnaires.

I V.

A défaut de cette garantie du feizième qui revient aux municipalités dans le produit de la vente des biens nationaux, les hôpitaux ou les municipalités feront tenus de préfenter en garantie de ces avances, fur l'avis des directoires de diftrict & de département, les capitaux des rentes appartenant aux hôpitaux fur le tréfor national, ou d'autres créances vérifiées être à la charge dudit tréfor, & liquidées à la caiffe de l'extraordinaire, ou même les biens-fonds que pourroient poffédé les hôpitaux qui font dans le befoin, & en faveur defquels feront faites les avances de la caiffe de l'extraordinaire.

V.

Les fommes qui feront ainfi avancées à titre de prêt aux différens hôpitaux de Paris, en remplacement pro-vifoire des revenus dont ils font privés par la fuppref-fion des droits d'entrée, feront rétablies à la caiffe de

K 3

l'extraordinaire dans les six premiers mois de l'année mil sept cent quatre-vingt-douze, sur les premiers deniers provenant des impositions qui seront ordonnées en remplacement de ces revenus ; & les créances sur le trésor national, dont lesdits hôpitaux sont propriétaires, ainsi que leurs biens-fonds, seront, sur l'avis du directoire du département de Paris, reçus en garantie de la restitution de ces deniers.

V I.

L'état de distribution des avances qui seront faites aux hôpitaux du Royaume, conformément aux dispositions déterminées dans les articles précédens, sera dressé par le ministre de l'intérieur : cet état indiquera pour chaque hôpital une somme déterminée pour chaque mois ; & le commissaire du Roi à la caisse de l'extraordinaire ne pourra ordonner le paiement de ces avances que conformément à cet état, qui lui sera communiqué par le ministre de l'intérieur.

V I I.

Les pièces à produire par les municipalités & les hôpitaux, à l'appui de leurs demandes, ne seront point assujéties au timbre.

Mandons & ordonnons à tous les tribunaux, corps administratifs & municipalités, &c.

1754.

L O I

Relative aux aſſignats de cinq livres.

Donnée à Paris le 25 juillet 1791.

Louis, par la grace de Dieu, &c.

Décret du 9 juillet 1791.

L'Aſſemblée Nationale décrète ce qui ſuit :

ARTICLE PREMIER.

La caiſſe de l'extraordinaire verſera par échange à la tréſorerie les aſſignats de cinq livres, à meſure de leur fabrication ; elle en réſervera ce qui ſera néceſſaire à ſes appoints & à l'échange des coupons d'aſſignats de mille livres, trois cents livres, deux cents livres, & annullera dans la même proportion des aſſignats de deux mille livres & mille livres remis à la caiſſe de geſtion.

I I.

La Tréſorerie nationale, à compter du 11 de ce mois, enverra, autant qu'il ſera poſſible, des aſſignats de cinq livres dans les départemens pour le paiement du culte, partie du prêt des troupes françaiſes, paiement des officiers & autres dépenſes des départemens.

I I I.

La tréſorerie remettra aux différens payeurs qui ſont

K 4

chargés de la dette de l'Etat, les sommes suffisantes en affignats de cinq livres, pour payer les appoints & en fournir dans les paiemens jufqu'à concurrence de cinquante livres, autant qu'il fera poffible.

I V.

Il fera préfenté inceffamment un projet de décret fur les moyens d'échanger de la menue monnoie contre les affignats de cinq livres.

Mandons & ordonnons à tous les tribunaux, corps adminiftratifs & municipalités, &c.

1755.

L O I

Relative aux Nantucquois établis en France, & à ceux qui defireroient y venir dans la fuite.

Donnée à Paris le 25 juillet 1791.

Louis, par la grace de Dieu, &c.

Décret du 9 juillet 1791.

L'Affemblée Nationale décrète ce qui fuit :

A r t i c l e   p r e m i e r.

Les Nantucquois établis en France & y exerçant la pêche de la baleine, font exceptés des difpofitions du décret du 4 mars dernier, & pourront en conféquence continuer à faire venir pour leur compte, des Etats-

Unis de l'Amérique, les bâtimens propres à la pêche
de la baleine, à condition toutefois de les employer à
cette pêche, en remplissant d'ailleurs toutes les charges,
clauses & conditions de leur établissement en France.

I I.

Il sera aussi permis aux habitans de l'île de Nantucket,
qui desireront venir s'établir en France pour se livrer à
la pêche de la baleine, de s'y transporter avec tous
leurs effets & bâtimens propres à ladite pêche; & ils
seront admis à jouir des avantages du pavillon français
& de tous ceux accordés aux pêcheurs Nantucquois déjà
établis dans les ports de France, sans que leursdits navires puissent avoir aucune autre destination que celle
de la pêche de la baleine.

Mandons & ordonnons à tous les tribunaux, corps
administratifs & municipalités, &c.

1756.

L O I

*Relative à la donation faite au cardinal Mazarin des
ci-devant comté de Ferette & seigneuries de Bedfort,
Delle, Thaun, Altkirck & Issenheim.*

Donnée à Paris le 25 juillet 1791.

Louis, par la grace de Dieu, &c.

Décret du 14 juillet 1791.

L'Assemblée Nationale, ouï le rapport de son comité
des domaines, décrète ce qui suit :

ARTICLE PREMIER.

L'affemblée nationale annulle & révoque la donation faite au cardinal Mazarin des ci-devant comté de Ferrette & feigneuries de Bedfort, Delle, Thaun, Altkirck & Iffenheim, par lettres patentes du mois de décembre mil fix cent cinquante-neuf, lfquelles demeurent auffi révoquées, comme tout ce qui s'eft enfuivi.

En conféquence, les domaines corporels & incorporels, droits & objets quelconques dépendant des ci-devant comté & feigneuries fus-mentionnés, feront, en conformité de l'article X du décret du 12 novembre dernier, fur la légiflation domaniale, régis, adminiftrés & perçus fuivant leur nature, par les prépofés des régies & adminiftrations nationales.

II.

Pourront les agens actuellement chargés des foins & de la manutention defdits biens, être confervés provifoirement dans leur place par l'adminiftration; & ils feront fufceptibles d'obtenir un remplacement dans les nouvelles régies en concurrence avec les anciens employés des fermes & régies fupprimées, & avec les prépofés à la perception des droits jadis levés au profit des apanagiftes.

III.

Pourront les titulaires d'offices de judicature, officiers municipaux, greffiers, huiffiers, dans l'étendue des ci-devant comté & feigneuries, qui ont acquis lefdits offices des fucceffeurs & ayant-caufe du cardinal Mazarin, préfenter leurs titres & quittances de finances au commiffaire du Roi, directeur de la liquidation; & le remboursement leur en fera fait par le tréfor public.

dans la même forme & au taux décrétés pour les offices de même nature étant à la charge de l'Etat.

Mandons & ordonnons à tous les tribunaux, corps administratifs & municipalités, &c.

1757.

L O I

Relative aux bâtimens nécessaires pour les directoires des districts de Meaux, Chaumont & Forcalquier.

Donnée à Paris le 25 juillet 1791.

Louis, par la grace de Dieu, &c.

Décret du 14 juillet 1791.

L'Assemblée nationale, ouï le rapport de son comité d'emplacement, autorise,

1°. Le directoire du district de Meaux, département de Seine-&-Marne, à acquérir aux frais des administrés, & dans les formes prescrites par les décrets pour la vente des biens nationaux, la maison des Cordeliers de la ville de Meaux & bâtimens en dépendant, renfermés & circonscrits dans les lignes tracées en jaune sur le plan qui sera joint à la minute du présent décret, pour y placer le corps administratif du district.

L'autorise également à faire procéder à l'adjudication au rabais, des ouvrages & arrangemens intérieurs nécessaires audit emplacement, sur le devis estimatif qui en a été dressé par le sieur Cligot, architecte, le 14 mars dernier & jours suivans; le montant de laquelle adjudication sera supporté par lesdits administrés.

Excepte de la présente permission d'acquérir, l'église, les jardin, verger, potager, luzernes, vignes & autres terreins non renfermés dans la fufdite ligne jaune tracée fur ledit plan, pour être tous ces objets exceptés, vendus féparément dans les formes ci-deffus prefcrites, & le prix verfé dans la caiffe du diftrict.

2°. Autorife le directoire du diftrict de Chaumont en Vexin, département de l'Oife, à acquérir aux frais des adminiftrés, & dans les formes prefcrites par les décrets de l'Affemblée nationale, la maifon des Recollets de cette ville, pour y placer le corps adminiftratif du diftrict & le bureau de paix; l'autorife également à faire procéder à l'adjudication au rabais, des réparations & arrangemens intérieurs néceffaires, fur le devis eftimatif qui en fera dreffé, le montant de laquelle adjudication fera fupporté par lefdits adminiftrés.

Excepte de la préfente permiffion d'acquérir les terres, la petite chapelle & le jardin marqués *A*, *B*, *C* & *D* fur le plan qui fera joint à la minute du préfent décret, pour être vendus féparément en la manière accoutumée, à la charge par l'adjudicataire dudit jardin & terrain marqué *C* & *D*, de laiffer quarante pieds le long des bâtimens pour la confervation des jours.

3°. Autorife le directoire du diftrict de Forcalquier, département des Baffes-Alpes, à louer aux frais des adminiftrés, & à dire d'experts, l'aîle du côté du fauxbourg de la maifon de la Vifitation de la ville de Forcalquier, telle qu'elle eft défignée au plan qui fera joint à la minute du préfent décret, pour y placer le corps adminiftratif du diftrict.

L'autorife également à faire procéder à l'adjudication au rabais, des réparations & arrangemens intérieurs néceffaires à fon établiffement, fur le devis eftimatif qui en a été dreffé par le fieur Aubert le 7 mai dernier; le montant de laquelle adjudication fera fupporté par lefdits adminiftrés.

Mandons & ordonnons à tous les tribunaux, corps adminiftratifs & municipalités, &c.

1758.

L O I

Relative aux employés des hôtels de la guerre de Paris, Versailles, Compiègne & Fontainebleau.

Donnée à Paris le 25 juillet 1791.

Louis, par la grace de Dieu, &c.

Décret du 16 juillet 1791.

L'Assemblée nationale, après avoir entendu son comité militaire sur une des parties des dépenses du département de la guerre, décrète que celle des employés des hôtels de la guerre de Paris, Versailles, Compiègne & Fontainebleau attachés à ce département, sera réduite de la somme de soixante-deux mille huit cent six livres, à celle de vingt-cinq mille livres, à compter du 25 juillet prochain.

L'état des employés conservés avec la répartition des fonds assignés à leur traitement, sera communiqué à l'Assemblée nationale, & l'état des employés qui seront supprimés, sera remis par le ministre de la guerre au comité des pensions.

Mandons & ordonnons à tous les tribunaux, corps administratifs & municipalités, &c.

1759.

L O I

Relative aux reconnoiſſances définitives de liquidation qui ſe trouvent grevées d'oppoſitions.

Donnée à Paris le 25 juillet 1791.

Louis, par la grace de Dieu, &c.

Décret du 16 juillet 1791.

L'Aſſemblée Nationale décrète ce qui ſuit:

ARTICLE PREMIER.

Les reconnoiſſances définitives de liquidation qui, ſe trouvant grevées d'oppoſitions, ne pourront être payées comptant à la caiſſe de l'extraordinaire, ſeront ſuſceptibles d'être employées en acquiſition de domaines nationaux, en conformité des articles XI & XII du décret du 30 octobre, & des articles V & X de celui des 6 & 7 novembre.

II.

Elles ne ſeront expédiées qu'après que les parties prenantes auront juſtifié des acquiſitions par elles faites, qui ſeront viſées dans leſdites reconnoiſſances, dans leſquelles il ſera en outre fait mention des noms des oppoſans & de la date des oppoſitions.

I I I.

Les intérêts dont les créances liquidées seront susceptibles, aux termes des décrets, seront calculés & compris dans lesdites reconnoissances.

I V.

Lesdites reconnoissances ne pourront être reçues au paiement des domaines nationaux, qu'après que le porteur aura notifié aux créanciers opposans l'acquisition par lui faite, avec sommation à comparoître à jours & heures fixes chez le trésorier du district, pour y assister, par eux ou leurs procureurs fondés, à l'emploi de ladite reconnoissance, & au transport de leurs droits, privilèges & hypothèques.

V.

Le trésorier du district qui recevra lesdites reconnoissances en paiement, les retirera quittancées par le propriétaire ou son fondé de procuration, & sera tenu de les viser dans la quittance qu'il délivrera, & d'y faire mention du nom des créanciers opposans, de la sommation qui leur aura été faite, & de leur présence ou défaut de comparution; & se conformera en outre à ce qui lui est prescrit par l'article VII du décret du 30 décembre.

V I.

Lesdites reconnoissances ne pourront être employées qu'à la charge de payer la totalité d'un ou de plusieurs domaines nationaux, afin qu'en aucun cas l'hypothèque des créanciers ne soit atténuée par le privilège de la nation sur les biens vendus.

V I I.

Les droits, privilèges & hypothèques des créanciers, passeront sur le domaine acquis sans novation, en conformité de l'article XII du décret du 30 octobre.

Mandons & ordonnons à tous les tribunaux, corps administratifs & municipalités, &c.

1760.

L O I

Relative à la libre circulation des caisses expédiées en exécution des décrets de l'Assemblée nationale.

Donnée à Paris le 25 juillet 1791.

Louis, par la grace de Dieu, &c.

Décret du 16 juillet 1791.

L'Assemblée nationale décrète que le directoire du département de Paris est chargé de donner tous les ordres nécessaires pour que les caisses expédiées en exécution des décrets de l'Assemblée nationale, n'éprouvent aucun obstacle, & puissent être envoyées au lieu de leur destination.

Mandons & ordonnons à tous les tribunaux, corps administratifs & municipalités, &c.

1761.

L O I

Qui ordonne que la trésorerie nationale fournira au département des ponts & chaussées une somme de trois millions, & que la caisse de l'extraordinaire remplacera les sommes prises sur les fonds de 1791.

Donnée à Paris le 25 juillet 1791.

Louis, par la grace de Dieu, &c.

Décret du 17 juillet 1791.

L'Assemblée Nationale décrète ce qui suit :

ARTICLE PREMIER.

Sur les ordonnances & sous la responsabilité du ministre de l'intérieur, il sera fourni par la trésorerie nationale au département des ponts & chaussées, aux époques successives qui seront déterminées entre le ministre & les commissaires de la trésorerie, la somme de trois millions, pour les travaux publics, appointemens, salaires & frais de conduite qui sont à la charge de la Nation.

I I.

La caisse de l'extraordinaire remplacera à la trésorerie nationale les sommes qui, sur les ordres du département, ont été prises sur les fonds de 1791, pour être employées au paiement de ce qui étoit dû aux divers

Collec. des Lois. Tome XI.   L

entrepreneurs des travaux publics, pour les ouvrages exécutés en mil sept cent quatre-vingt-dix, après toutefois que le montant desdits paiemens aura été vérifié par le commissaire-général de la liquidation, & fixé par un décret de l'Assemblée nationale.

Mandons & ordonnons à tous les tribunaux, corps administratifs & municipalités, &c.

1762.

L O I

Relative à l'emplacement des districts de Louhans, de Reims & de Clamecy.

Donnée à Paris le 25 juillet 1791.

Louis, par la grace de Dieu, &c.

Décret du 19 juillet 1791.

L'Assemblée nationale, ouï le rapport de son comité d'emplacement, autorise, 1°. le directoire du district de Louhans, département de Saone-&-Loire, à acquérir aux frais des administrés & dans les formes prescrites, la partie du jardin de l'hôpital de cette ville, énoncée dans l'avis du directoire du district, du 30 juin dernier, pour y faire les constructions nécessaires à l'établissement du corps administratif du district, du tribunal & du bureau de conciliation.

L'autorise également à employer aux frais de cette construction, les deniers provenant de la contribution volontaire des citoyens du district de Louhans, dont l'Assemblée loue le zèle & le patriotisme.

2°. Autorise le directoire du district de Reims, département de la Marne, à acquérir aux frais des administrés & dans les formes prescrites, la maison de l'abba de Saint-Denys & terreins en dépendant, renfermés dans les limites figurées sur le tracé du local qui sera joint à la minute du présent décret, pour y placer le corps administratif du district, le tribunal, les prisons, le bureau de conciliation & la Gendarmerie nationale.

L'autorise pareillement à faire faire auxdits bâtimens toutes les réparations & arrangemens intérieurs nécessaires, à l'adjudication au rabais desquels il sera procédé sur le devis estimatif qui en a été dressé par le sieur *Hurault*, inspecteur des ponts & chauffées, pour être le montant de l'adjudication supporté par lesdits administrés.

3°. Considérant qu'il n'existe d'autres édifices nationaux dans la ville de Clamecy que la maison des Récollets, jugée nécessaire pour y transférer l'hôtel-Dieu,

Autorise le directoire du district de Clamecy, département de la Nièvre, à acquérir, aux frais des administrés, de M. *de Nivernois*, moyennant la somme de 15,000 livres, prix convenu entre lui & le directoire, l'ancien auditoire de la ci-devant justice seigneuriale de Clamecy, & bâtimens en dépendant, pour y placer le corps administratif du district & le tribunal.

L'autorise pareillement à faire procéder à l'adjudication au rabais des ouvrages & arrangemens intérieurs nécessaires à ces établissemens, sur les devis estimatifs qui en ont été dressés par le sieur *Pailiard*, les 13 & 18 février dernier, pour le montant de ladite adjudication être aussi supporté par lesdits administrés.

Mandons & ordonnons à tous les tribunaux, corps administratifs & municipalités, &c.

1763.

L O I

Relative aux troubles survenus dans le pays de Caux.

Donnée à Paris le 25 juillet 1791.

Louis, par la grace de Dieu, &c.

Décret du 23 juillet 1791.

L'Assemblée nationale, après avoir entendu le compte qui lui a été rendu par son comité des rapports, des événemens qui viennent d'avoir lieu dans le pays ci-devant de Caux ;

Déclare qu'elle approuve la conduite des administrateurs composant le directoire du département de la Seine-Inferieure, & de ceux du directoire du district de Dieppe ; leur enjoint d'user de tous les moyens que la loi met à leur disposition pour l'exécution des décrets précédemment rendus sur la libre circulation des grains dans l'intérieur du Royaume.

Décrète, 1°. qu'il sera informé, à la diligence des accusateurs publics, & sur leur responsabilité, contre les auteurs des troubles qui ont eu lieu dans le pays de Caux, leurs fauteurs, adhérens & complices; & que les administrateurs du directoire du département, du district de Dieppe, & les officiers municipaux requerront, si besoin est, la force militaire, pour faire exécuter les décrets déja prononcés contre quelques prévenus par le tribunal du district de Dieppe.

2°. Que les administrateurs du directoire du département prendront toutes les informations nécessaires sur la conduite tenue par les officiers municipaux des paroisses & communautés dont les habitans ont participé à la rebellion à la loi, & en rendront inceſſamment compte à l'Aſſemblée nationale; ſauf auxdits adminiſtrateurs à prendre proviſoirement, à l'égard deſdits officiers municipaux, toutes les meſures preſcrites par les décrets pour le rétabliſſement de la paix & le bien de l'adminiſtration.

3°. Que les troupes de ligne & gardes nationales ſe conformeront aux ordres & requiſitions des corps adminiſtratifs & municipalités, & que proviſoirement aucune garde nationale ne ſortira de ſon territoire, ſans une réquiſition formelle des corps adminiſtratifs ou de leurs propres municipalités, provoquée par la municipalité qui a beſoin d'aſſiſtance.

4°. L'Aſſemblée nationale autoriſe les adminiſtrateurs du directoire du département de la Seine-Inférieure, à indiquer proviſoirement aux ci-devant fonctionnaires publics eccléſiaſtiques, ſéculiers & réguliers, & aux ci-devant religieux, même non fonctionnaires, qui n'ont pas prêté ferment, les lieux que le département jugera convenables pour la réſidence deſdits prêtres & religieux, ſauf à rendre compte à l'Aſſemblée nationale des meſures qu'ils auront priſes à cet égard, & à être ſtatué par elle ce qu'il appartiendra.

5°. L'Aſſemblée nationale, d'après le témoignage du département, approuve la conduite du ſieur Dauvers, qui s'eſt efficacement entremis pour empêcher les effets de la rebellion.

Mandons & ordonnons à tous les tribunaux, corps adminiſtratifs & municipalités, &c.

1764.

L O I

Relative aux maîtres papetiers & à leurs ouvriers.

Donnée à Paris le 26 juillet 1791.

Louis, par la grace de Dieu, &c.

Décret du 26 juillet 1791.

L'Assemblée nationale, ouï le rapport de son comité des finances & des assignats, décrète provisoirement ce qui suit :

Les compagnons & ouvriers papetiers ne pourront quitter leurs maîtres pour aller chez d'autres, qu'ils ne les aient avertis six semaines auparavant, en présence de deux témoins, à peine de cent livres d'amende payables par corps contre les compagnons & ouvriers, & de trois cents livres également payables par corps contre les maîtres-fabricans qui recevroient à leur service & engageroient aucuns compagnons & ouvriers, qu'ils ne leur aient représenté le congé par écrit du dernier maître chez lequel ils ont travaillé, ou du juge des lieux, en cas de refus mal fondé de la part du maître. Seront aussi tenus les maîtres d'avertir lesdits compagnons & ouvriers en présence de deux témoins, six semaines avant de les renvoyer, à peine de leur payer, & même par corps, leurs gages & nourriture, ou le prix de leurs journées pendant lesdites six semaines. Charge le pouvoir exécutif d'enjoindre aux corps administratifs de faire exécuter le présent décret, autorise les commissaires de l'Assemblée nationale dans les manufactures de Courtalin

& du Marais, où se fabrique le papier des assignats, à veiller à son exécution, & même à requérir au besoin la force publique.

Mandons & ordonnons à tous les tribunaux, corps administratifs & municipalités, &c.

1765.

L O I

Relative aux religieux des différentes maisons situées dans le département du Bas-Rhin.

Donnée à Paris le 27 juillet 1791.

Louis, par la grace de Dieu, &c.

Décret du 17 juillet 1791.

L'Assemblée nationale confirme en son entier l'arrêté du directoire du département du Bas-Rhin, du 12 juillet présent mois, & dont la teneur suit :

ARTICLE PREMIER.

Tous les religieux, de quelqu'ordre qu'ils soient ; tant ceux qui ont déclaré vouloir vivre en commun, que ceux qui ont annoncé la résolution de rentrer dans le monde, & ceux qui n'ont fait aucune déclaration, seront réunis dans la ville de Strasbourg, où ils seront tenus de se rendre dans la huitaine qui suivra la publication du présent arrêté.

L 4

I I.

Chacun defdits religieux qui aura déclaré vouloir continuer la vie commune, fe préfentera à fon arrivée devant la municipalité, & déclarera de nouveau s'il entend perfifter dans la même réfolution.

I I I.

Il fera fourni à ceux qui préféreront de vivre en commun, des maifons propres à les loger, & où ils pourront continuer leurs exercices religieux.

I V.

Tous ceux qui auront préféré la vie privée, feront libres de fe loger dans la ville, à leurs frais, de telle manière qu'ils jugeront convenable.

V.

Le mobilier des maifons que les religieux quitteront, fera transféré à Strasbourg, pour en être fait tel emploi que les circonftances pourront exiger.

V I.

Les religieux vivant dans le monde, ainfi que ceux qui auront adopté la vie commune, ne pourront quitter ladite ville de Strasbourg fans un paffe-port fpécial.

V I I.

Ceux qui ont prêté le ferment prefcrit par la loi fur

la conftitution civile du clergé, pour remplir des fonctions publiques eccléfiaftiques, feront exceptés des difpofitions de l'article premier.

V I I I.

Ceux qui prêteront le ferment après s'être rendus à
Strasbourg, feront libres d'aller où bon leur femblera.

I X.

Tous les curés & vicaires qui n'ont pas encore prêté
le ferment, ainfi que les fupérieurs, directeurs, préfets,
procureurs, profeffeurs & régens des colléges & fémi-
naires de Strasbourg & Molsheim, au remplacement
defquels il aura déja été pourvu, ainfi que les ci-devant
chanoines, prébendés, foumiffaires, prémiffaires, & tous
autres eccléfiaftiques, tant féculiers que réguliers, feront
tenus de fe rendre également dans la ville de Strasbourg,
dans le même délai de huitaine ci-deffus fixé, & les
difpofitions des articles IV, VI, VII & VIII, leur
feront communes.

X.

Ceux defdits religieux, fonctionnaires publics &
autres mentionnés dans les articles précédens, qui ne fe
rendront point à Strasbourg dans le délai de huitaine,
à compter de la publication du préfent arrêté, y feront
transférés par la force publique, à la diligence du procureur-général-fyndic & des procureurs-fyndics de diftrict.

X I.

Seront tenues les municipalités des lieux du domicile,
defdits religieux & fonctionnaires publics, de veiller à

la fûreté de leurs perfonnes & de leurs effets, ainfi qu'au tranfport qui devra en être fait à Strasbourg.

X I I.

M. l'évêque du Bas-Rhin remplacera par _interim_, fur les réquifitions des corps adminiftratifs ou des munici-palités, par des prêtres à fon choix, à titre de deffervans provifoires, ceux des fonctionnaires publics eccléfiaftiques au remplacement defquels il n'auroit pas encore été pourvu, & qui ont refufé de prêter le ferment prefcrit par la loi.

X I I I.

Auffitôt après leur remplacement, lefdits fonction-naires publics feront tenus de fe rendre à Strasbourg, conformément aux difpofitions des articles précédens, qui leur feront également appliquées.

X I V.

Pourront néanmoins ceux defdits eccléfiaftiques, tant féculiers que réguliers, qui ne voudront pas fe rendre à Strasbourg, fe retirer dans l'intérieur du Royaume, à quinze lieues des frontières, à défaut de quoi ils fe-ront conduits à Strasbourg, aux termes des articles précédens.

X V.

Et fera le préfent arrêté imprimé dans les deux langues, adreffé aux directoires des diftricts, & par ceux-ci en-voyé à toutes les municipalités du département, pour être lu, publié & affiché par-tout où befoin fera, pour que perfonne n'en puiffe prétendre caufe d'ignorance.

Et ont les corps adminiftratifs arrêté que la délibération ci-deſſus ſera adreſſée à l'Aſſemblée nationale, en la ſuppliant de rendre, le plus tôt poſſible, un décret par lequel,

1°. Elle approuvera les meſures proviſoirement priſes par ſes commiſſaires, de concert avec les corps adminiſtratifs du département du Bas-Rhin, relativement au tranſport à Strasbourg, des moines & religieux vivant en communauté ; des curés, vicaires & profeſſeurs non-aſſermentés, au remplacement deſquels il a été pourvu ; comme auſſi celle concernant les moines & religieux qui auront opté la vie commune ; les chanoines, chapelains & autres prêtres généralement quelconques qui auront un domicile dans le département ; ordonnera qu'elles recevront leur pleine & entière exécution ; enjoindra aux municipalités d'y tenir la main, à peine d'en être reſponſables ;

2°. Ordonnera que tous les moines & religieux du département du Bas-Rhin, tenant à Strasbourg la vie commune, ſeront transférés, dans le délai de quinzaine, dans la ci-devant abbaye de Clairvaux, ou dans telle autre maiſon qu'il plaira au corps légiſlatif de déſigner ; qu'à cet effet, il ſera expédié aux départemens reſpectifs les ordres néceſſaires pour leur tranſlation, leur réception & leur établiſſement ;

3°. Que les eccléſiaſtiques, tant réguliers que ſéculiers, qui n'auront pas prêté le ſerment preſcrit par le décret ſur la conſtitution civile du clergé, ſeront tenus dans la huitaine de ſe retirer dans l'intérieur de la France, à quinze lieues des frontières, à peine de déſobéiſſance à la loi. Et ont tous les membres préſens ſigné ſur les regiſtres.

L'Aſſemblée nationale décrète :

1°. Le comité eccléſiaſtique propoſera aux religieux qui auront préféré la vie commune, des maiſons dans l'intérieur du Royaume, dans leſquelles ils ſeront tenus de ſe retirer définitivement.

2°. Ceux des religieux qui auront préféré la vie particulière, seront tenus de quitter le costume de leur ci-devant ordre, & de se retirer dans l'intérieur du Royaume, à la distance de trente lieues des frontières. Ceux des ecclésiastiques qui n'ont pas prêté le serment, seront pareillement tenus de se retirer à trente lieues des frontières.

3°. Ils seront tenus de déclarer avant leur départ, à la municipalité du lieu dans lequel ils sont actuellement résidens, le lieu dans lequel ils entendent se retirer, & de faire à leur arrivée audit lieu, leur déclaration à la municipalité.

Mandons & ordonnons à tous les tribunaux, corps administratifs & municipalités, &c.

1766.

L O I

Relative aux mines.

Donnée à Paris, le 28 juillet 1791.

Louis, par la grace de Dieu, &c.

Décret des 27 mars, 15 juin & 12 juillet 1791.

L'Assemblée nationale, après avoir entendu le rapport qui lui a été fait au nom de ses comités réunis, des finances, d'agriculture & de commerce, des domaines & des impositions, décrète comme article constitutionnel ce qui suit :

TITRE PREMIER.

Des mines en général.

ARTICLE PREMIER.

Les mines & minières, tant métalliques que non mé-

talliques, ainfi que les bitumes, charbons de terre ou
de pierre & pyrites, font à la difpofition de la nation,
en ce fens feulement, que ces fubftances ne pourront
être exploitées que de fon confentement & fous fa furveillance, à la charge d'indemnifer, d'après les règles
qui feront prefcrites, les propriétaires de la furface qui
jouiront en outre de celles de ces mines qui pourront
être exploitées, ou à tranchée ouverte, ou avec foffe
& lumière, jufqu'à cent pieds de profondeur feulement.

I I.

Il n'eft rien innové à l'extraction des fables, craies,
argiles, marnes, pierres à bâtir, marbre, ardoifes,
pierres à chaux & à p[â]tre, tourbes, terres vitrioliques,
ni de celles contenues fous le nom de cendres, &
généralement de toutes fubftances, autres que celles exprimées dans l'article précédent, qui continueront d'être
exploitées par les propriétaires, fans qu'il foit néceffaire
d'obtenir aucune permiffion.

Mais à défaut d'exploitation, de la part des propriétaires, des objets énoncés ci-deffus, & dans le cas feulement de néceffité pour les grandes routes, ou pour
des travaux d'une utilité publique, tels que ponts,
chauffées, canaux de navigation, monumens publics,
ou tous autres etabliffemens & manufactures d'utilité générale, lefdites fubftances pourront être exploitées, d'a-
près la permiffion du directoire du département, donnée
fur l'avis du directoire du diftrict, par tous entrepreneurs ou propriétaires defdites manufactures, en indem-
nifant le propriétaire, tant du dommage fait à la furface, que de la valeur des matières extraites, le tout
de gré-à-gré, ou à dire d'experts.

I I I.

Les propriétaires de la furface auront toujours la préférence & la liberté d'exploiter les mines qui pourroient se trouver dans leurs fonds, & la permission ne pourra leur en être refusée, lorsqu'ils la demanderont.

I V.

Les concessionnaires actuels, ou leurs cessionnaires qui ont découvert les mines qu'ils exploitent, seront maintenus jusqu'au terme de leur concession, qui ne pourra excéder cinquante années, à compter du jour de la publication du présent décret.

En conséquence, les propriétaires de la surface, sous prétexte d'aucune des dispositions contenues aux articles premier & second, ne pourront troubler les concessionnaires actuels dans la jouissance des concessions, lesquelles subsisteront dans toute leur étendue si elles n'excèdent pas celle qui sera fixée par l'article suivant; & dans le cas où elles excéderoient cette étendue, elles y seront réduites par les directoires des départemens, en retranchant sur la désignation des concessionnaires, les parties les moins essentielles aux exploitations.

V.

L'étendue de chaque concession sera réglée, suivant les localités & la nature des mines, par les départemens, sur l'avis des directoires de district; mais elle ne pourra excéder six lieues quarrées. La lieue qui servira de mesure, sera celle de vingt-cinq au degré de deux mille deux cent quatre-vingt-deux toises.

V I.

Les concessionnaires dont la concession a eu pour objet des mines découvertes & exploitées par des propriétaires, seront déchus de leurs concessions, à moins

qu'il n'y ait eu de la part defdits propriétaires confentement libre, légal, & par écrit formellement confirmatif
de la conceffion ; fans quoi lefdites mines retourneront
aux propriétaires qui les exploitoient avant lefdites co-.
ceffions, à la charge par ces derniers de rembourfer,
de gré-à-gré ou à dire d'experts, aux concessionnaires
actuels, la valeur des ouvrages & travaux dont ils profiteront. Quand le conceffionnaire aura rétrocédé au propriétaire, le propriétaire ne fera tenu envers le conceffionnaire, qu'au rembourfement des travaux faits par le
ceffionnaire, defquels le propriétaire pourra profiter.

V I I.

Les prorogations de conceffions feront maintenues
pour le terme fixé par l'art. IV, ou annullées, felon que
les mines qui en font l'objet, fe trouveront de la nature
de celles mentionnées aux articles IV & VI du préfent
décret.

V I I I.

Toute conceffion ou permiffion d'exploiter une mine,
fera accordée par le département, fur l'avis du directoire du diftrict dans l'étendue duquel elle fe trouvera
fituée, & ladite permiffion ou conceffion ne fera exécutée
qu'après avoir été approuvée par le Roi, conformément
à l'art. V de la fection troifième du décret du 22 décembre 1789, fur les affemblées adminiftratives.

I X.

Tous demandeurs en conceffions ou en permiffions
feront tenus de juftifier de leurs facultés, des moyens
qu'ils emploieront pour affurer l'exploitation, & de quels
combuftibles ils prétendront fe fervir, lorfqu'il s'agira
de l'exploitation d'une mine métallique.

X.

Nulle concession ne pourra être accordée qu'auparavant le propriétaire de la surface n'ait été requis de s'expliquer, dans le délai de six mois, s'il entend ou non procéder à l'exploitation, aux mêmes clauses & conditions imposées aux concessionnaires. Cette réquisition fera faite à la diligence du procureur-syndic du département où se trouvera la mine à exploiter.

Dans le cas d'acceptation par le propriétaire de la surface, il aura la préférence, pourvu toutefois que sa propriété seule, ou réunie à celle de ses associés, soit d'une étendue propre à former une exploitation. Auront également la préférence sur tous autres, excepté les propriétaires, les entrepreneurs qui auront découvert des mines, en vertu de permission à eux accordée par l'ancienne administration, en se conformant aux dispositions contenues au présent décret.

X I.

Toutes demandes en concessions ou permissions, qui feront faites par la suite, feront affichées dans le chef-lieu du département, proclamées & affichées dans le lieu du domicile du demandeur, ainsi que dans les municipalités que cette demande pourra intéresser; & lesdites affiches & proclamations tiendront lieu d'interpellation à tous les propriétaires.

X I I.

Lorsque les concessions ou permissions auront été accordées, elles feront de même rendues publiques par affiches & proclamations, à la diligence du procureur-syndic du département.

XIII.

XIII.

Les limites de chaque concession accordée seront tracées sur une carte ou plan levé aux frais du concessionnaire, & il en sera déposé deux exemplaires aux archives du département.

XIV.

Tout concessionnaire sera tenu de commencer son exploitation au plus tard six mois après qu'il aura obtenu la concession, passé lequel temps elle sera regardée comme non-avenue, & pourra être faite à un autre, à moins que ce retard n'ait une cause légitime, vérifiée par le directoire du district, & approuvée par celui du département.

XV.

Une concession sera annullée par une cessation de travaux pendant un an, à moins que cette cessation n'ait eu des causes légitimes, & ne soit approuvée par le directoire du département, sur l'avis du directoire du district auquel le concessionnaire sera tenu d'en justifier. Il en sera de même des anciennes concessions maintenues, dont l'exploitation n'aura pas été suivie pendant un an sans cause légitime, également constatée.

XVI.

Pourront les concessionnaires renoncer à la concession qui leur aura été faite, en donnant, trois mois d'avance, avis de cette renonciation au directoire du département

X V I I.

A la fin de chaque conceffion, ou dans le cas d'a-
bandon, le conceffionnaire ne pourra détériorer fes travaux ; en conféquence, il ne pourra vendre que les minéraux extraits, les machines, bâtimens & matériaux
exiftant fur l'exploitation, mais jamais enlever les échelles,
étaies, charpentes ou matériaux néceffaires à la vifite &
à l'exiftence des travaux intérieurs de la mine, dont alors
il fera fait un état double, qui fera dépofé aux archives
du département.

X V I I I.

S'il fe préfente de nouvaux demandeurs en conceffions ou permiffions, pour continuer l'exploitation d'une
mine abandonnée, ils feront tenus de rembourfer aux
anciens conceffionnaires la valeur des échelles, étaies,
charpentes, matériaux, & de toutes machines qui auront été reconnues néceffaires pour l'exploitation de la
mine, fuivant l'eftimation qui en fera faite de gré-à-gré,
finon par experts, gens de l'art, qui auront été choifis
par les parties ou nommés d'office.

X I X.

Le droit d'exploiter une mine, accordé pour cinquante
ans au moins, expirant, les mêmes entrepreneurs qui
auront fait exploiter par eux-mêmes ou par ouvriers à
forfaits, feront, fur leurs demandes, admis de préférence à tous autres, excepté cependant les propriétaires
qui feront dans le cas prévu par l'article X, au renouvellement de la conceffion, pourvu toutefois qu'il foit
reconnu que lefdits conceffionnaires ont bien fait valoir
l'intérêt public qui leur étoit confié ; ce qui aura lieu

tant pour les anciennes conceſſions maintenues que pour les nouvelles.

X X.

Les conceſſionnaires actuels, ou leurs ceſſionnaires qui ont découvert les mines qu'ils exploitent & qui ſont maintenus, aux termes de l'article IV, ainſi que ceux qui le feront conformément à l'article VI, feront obligés d'indemniſer les propriétaires de la ſurface, ſi fait n'a été, & ce, dans le délai de ſix mois, à compter du jour de la publication du préſent décret.

X X I.

L'indemnité dont il vient d'être parlé, ainſi que celle mentionnée dans l'article premier du préſent décret, s'entend ſeulement des non-jouiſſances & dégâts occaſionnés dans les propriétés par l'exploitation des mines, tant à raiſon des chemins que des lavoirs, fuite des eaux & tout autre établiſſement, de quelque nature qu'il ſoit, dépendant de l'exploitation, ſans cependant que ladite indemnité puiſſe avoir lieu lorſque les eaux feront parvenues aux ruiſſeaux, fleuves & rivières.

X X I I.

Cette indemnité aura pour baſe le double de la valeur intrinsèque de la ſurface du ſol qui ſera l'objet deſdits dégâts & non-jouiſſances. L'eſtimation en ſera faite de gré-à-gré, ou à dire d'experts, ſi mieux n'aiment les propriétaires recevoir en entier le prix de leur propriété, dans le cas où elle n'excéderoit pas dix arpens, meſure de Paris, & ce, ſur l'eſtimation qui en ſera faite à l'amiable, ou à dire d'experts.

X X I I I.

Les conceſſionnaires ne pourront ouvrir leurs fouilles

dans les enclos murés, ni dans les cours, jardins, prés, vergers & vignes attenant aux habitations dans la distance de deux cents toises, que du consentement des propriétaires de ces fonds, qui ne pourront dans aucun cas être forcés à le donner.

X X I V.

Les concessionnaires demeureront civilement responsables des dégâts, dommages & désordres occasionnés par leurs ouvriers, conducteurs & employés.

X X V.

Lorsqu'il sera nécessaire à une exploitation d'ouvrir des travaux de secours dans un canton ou exploitation du voisinage, l'entrepreneur en demandera la permission au directoire du département, pourvu que ce ne soit pas pour extraire des minéraux provenant de ce nouveau canton, mais pour y étendre des travaux nécessaires, tels que galerie d'écoulement, chemins, prise d'eau, ou passage des eaux & autres de ce genre, à la charge de ne point gêner les exploitations y existant, & d'indemniser les propriétaires de la surface.

X X V I.

Seront tenus les anciens concessionnaires maintenus & ceux qui obtiendront à l'avenir des concessions ou permissions, savoir : les premiers dans six mois pour tout délai, à compter du jour de la publication du présent décret ; & les derniers dans les trois premiers mois de l'année, qui suivront celle où leur exploitation aura commencé, de remettre aux archives de leur département respectif un état double détaillé & certifié véritable, contenant la désignation des lieux où sont situées les mines qu'ils font exploiter, la nature de la mine, le nombre d'ouvriers qu'ils emploient à l'exploitation, les quantités de matières extraites; & si ce font des charbons de terre, ce qu'ils en font tirer par mois, enfemble les lieux où s'en fait la principale confommation & le prix defdits charbons; & de continuer à faire ladite remife avant le premier décembre de chaque année, & de joindre audit état un plan des ouvrages exiftans & des travaux faits dans l'année.

X X V I I.

Toutes conteftations relatives aux mines, demandes en réglement d'indemnité, & toutes autres fur l'exécution du préfent décret, feront portées par-devant les juges-de-paix ou les tribunaux de diftrict, fuivant l'ordre de compétence, & d'après les formalités prefcrites par les décrets fur l'ordre judiciaire, fans que cependant il puiffe être donné aucune fuite aux procédures criminelles, commencées depuis le 14 juillet 1789, contre les auteurs des dégâts commis dans des conceffions de mines, lefquelles procédures feront civilifées & les informations converties en enquête, à l'effet par les entrepreneurs de pourfuivre, par la voie civile, la réparation des dommages faits à leur conceffion, & la réintégration en icelle, s'il y a lieu, aux termes des articles IV & VI du préfent décret.

T I T R E I I.

Des mines de fer.

A R T I C L E P R E M I E R.

Le droit accordé aux propriétaires par l'article premier du titre premier du préfent décret, d'exploiter à tranchée ouverte, ou avec fosse & lumière jusqu'à cent pieds de profondeur, les mines qui se trouveront dans l'étendue de leurs propriétés, devant être subordonné à l'utilité générale, ne pourra s'exercer pour les mines de fer que sous les modifications suivantes.

I I.

Il ne pourra à l'avenir être établi aucune usine pour la fonte des minérais, qu'ensuite d'une permission qui sera accordée par le corps légiflatif, sur l'avis du département dans l'étendue duquel cet établissement sera projeté.

I I I.

Toutes les formalités prescrites par les articles XII & XIII du titre premier, pour la concession des mines à exploiter, feront exécutées pour la permission d'établir de nouvelles usines.

I V.

Tout demandeur en permission d'établir un ou plusieurs fourneaux où usines, sera tenu de défigner le lieu où il prétend former son établissement, les moyens qu'il a de se procurer les minérais, & l'espèce de combustibles dont il prétend se servir pour alimenter ses fourneaux.

V.

S'il y a concurrence entre les demandeurs, la préférence fera accordée aux propriétaires ayant dans leurs possessions des minérais & des combustibles; au défaut de ces propriétaires, & à moyens égaux d'ailleurs, la permission d'établir l'usine fera accordée au premier demandeur en date.

V I.

La permiffion d'établir une ufine pour la fonte des minérais, emportera avec elle le droit d'en faire des recherches, foit avec des fondes à ce deftinées, foit par tout autre moyen praticable, fauf dans les lieux exceptés par l'article XXII du titre premier, ainfi que dans les champs & héritages enfemencés ou couverts de fruits.

V I I.

Les maîtres de forges ou ufines avertiront, un mois d'avance, les propriétaires des terreins qu'ils voudront fonder, & leur paieront de gré-à-gré, ou à dire d'experts, les dommages que cette opération pourroit caufer.

V I I I.

D'après la connoiffance acquife du minérai, les maîtres d'ufine en donneront légalement avis aux propriétaires.

I X.

Lorfque le maître de forge aura befoin, pour le fervice de fes ufines, des minérais qu'il aura reconnus précédemment, il en préviendra les propriétaires, qui, dans le délai d'un mois à compter du jour de la notification pour les terres incultes ou en jachère, & dans le même délai à compter du jour de la récolte, pour celles qui feront enfemencées ou difpofées à l'être dans l'année, feront tenus de faire eux-mêmes l'extraction defdits minérais.

X.

Si après l'expiration de ce délai, les propriétaires

M 4

ne font pas l'extraction dudit minérai, ou s'ils l'inter-
rompent ou ne la fuivent pas avec l'activité qu'elle exige,
les maîtres d'ufine fe feront autorifer à y faire procéder
eux-mêmes; & à cet effet, ils fe pourvoiront pardevant
les tribunaux, ainfi qu'il eft prefcrit par l'article XXVI
du titre premier.

X I.

Lorfque les propriétaires feront l'extraction du minérai
pour le vendre aux maîtres d'ufine, le prix en fera réglé
entre eux de gré-à-gré, ou par experts choifis ou nommés
d'office, lefquels auront égard aux localités & aux frais
d'extraction, ainfi qu'aux dégâts qu'elle a occafionnés.

X I I.

Lorfque, fur le refus des propriétaires, les maîtres
d'ufine auront fait extraire le minérai, le prix en fera
déterminé ainfi qu'il eft annoncé en l'article précédent.

X I I I.

Indépendamment du prix du minérai lavé, qui fera
payé aux propriétaires par le maître de forge, celui-ci
fera tenu d'indemnifer lefdits propriétaires, foit à raifon
de la non-jouiffance des terreins, foit pour les dégâts
qui feront faits à la fuperficie, de gré-à-gré ou à dire
d'experts.

X I V.

Le maître d'ufine ceffant de jouir de la faculté qui
lui aura été accordée d'extraire du minérai, fera tenu
de remettre les terreins en état de culture, avec la
charrue deftinée au labourage; & dans le cas où l'extraction fe feroit faite dans des vignes ou prés, il fera

également tenu de les remettre en état de culture & de production , & l'indemnité fera réglée en conféquence par les experts, fi les parties ne l'ont déterminée entre elles.

X V.

Ne pourront les maîtres de forges faire aucune exploitation ou fouille dans les bois & forêts, fans avoir , indépendamment des formalités prefcrites par les articles VII, VIII & IX du préfent titre, indemnifé préalablement les propriétaires, de gré-à-gré, ou à dire d'experts choifis ou nommés d'office, lefquels experts feront obligés, dans leur eftimation, d'avoir égard à la valeur fuperficielle defdits bois & forêts, & au retard qu'éprouvera le recrû ; & lefdits maîtres de forges feront tenus de laiffer au moins vingt arbres ou baliveaux de la meilleure venue, par arpent, & de ne leur caufer aucun dommage ni dégradation, fous les peines portées par les ordonnances. Ne pourront au furplus lefdits maîtres de forges faire des fouilles dans l'étendue de plus d'un arpent , par chaque année ; & l'exploitation finie, ils nivelleront le terrein le plus que faire fe pourra, & repiqueront de glands ou femis les places endommagées par l'extraction de la mine.

X V I.

S'il étoit reconnu par experts qu'il fût impoffible de remettre en culture certaines places de terrein où les fouilles & extractions des minérais auroient été faites, l'entrepreneur dédommagera le propriétaire, à proportion de la moins-value de fon terrein, occafionnée par l'extraction, foit de gré-à-gré, foit à dire d'experts.

X V I I.

La mine extraite de la terre pourra être lavée &

tranfportée en toute faifon, à charge par les maîtres de forges, de dédommager ceux fur la propriété defquels ils établiront des patouillets ou lavoirs, des chemins pour le tranfport ou charrois, ainfi qu'il eft prefcrit par l'article XX du titre premier, fans cependant que le tranfport puiffe s'en faire à travers les héritages enfemencés.

X V I I I.

Les maîtres de forges fe concerteront avec les propriétaires, le plus que faire fe pourra, pour établir leurs patouillets & lavoirs de manière à ne caufer aucun préjudice aux propriétés voifines ou inférieures ; & s'il réfultoit quelques dommages de ces établiffemens, les maîtres d'ufine feront tenus d'indemnifer les propriétaires, foit de gré-à-gré, foit à dire d'experts ; mais lefdits lavoirs ne pourront être établis dans des champs & héritages couverts de fruits.

X I X.

Les maîtres de forges actuellement exiftans feront tenus de fe conformer, à compter du jour de la publication du préfent décret, à toutes fes difpofitions en ce qui les concerne.

X X.

Dans le cas où les propriétaires voudroient continuer les fouilles ou extractions des mines de fer, qui s'exploitent avec foffe & lumière jufqu'à cent pieds de profondeur, déja commencées par les maîtres de forge, ils feront tenus de rembourfer à ces derniers les dépenfes qu'ils juftifieront légalement avoir faites pour parvenir auxdites extractions.

X X I.

Sera le préfent décret adreffé inceffamment aux départemens, pour être exécuté comme loi du Royaume.

Mandons & ordonnons à tous les tribunaux, corps adminiftratifs & municipalités, &c.

1767.

L O I

Contenant une adreffe aux Français fur les contributions publiques.

Donnée à Paris le 28 juillet 1791.

Décret du 24 juin 1791.

L'ASSEMBLÉE NATIONALE AUX FRANÇAIS.

CITOYINS,

Après le devoir de vous donner une Conftitution libre, la plus importante obligation que vous ayez impofée à vos repréfentans, étoit de pourvoir à vos befoins publics avec la moindre dépenfe & la moindre gêne qu'il feroit poffible.

En effet, chacun de vous a l'intérêt, le droit & la volonté de trouver dans le bon emploi de la force commune, & dans un fyftême de finance, fage, humain, clair, économique, peu fufceptible d'abus, une fuffifante, une puiffante garantie pour la liberté de fes actions, pour la fûreté de fa perfonne, pour la propriété de fes biens, & des moyens abondans pour l'amélioration des propriétés nationales indivifes; telles que les routes, les forteresses, les ports, & pour l'institution & la conser-, vation de tous les établissemens d'une utilité générale.

Considérées sous cet aspect, & dirigées vers ce but salutaire, les contributions publiques, loin de vous être onéreuses, sont le moyen le plus efficace de ménager votre temps & vos richesses, le seul qui puisse vous assurer le loisir, la faculté de vous livrer en paix & avec succès au travail, à l'administration de vos biens, à la direction de vos affaires, à l'augmentation de votre fortune.

Sans elles, vous ne pourriez tirer aucun revenu de vos terres, aucun profit de vos manufactures ni de votre commerce ; car il n'y auroit aucune sûreté pour vos propriétés, aucune force à l'appui de la justice & de la raison, pour faire respecter la Constitution & les Lois. Nous n'aurions ni armée de terre, ni armée de mer : nos frontières seroient exposées aux incursions de l'ennemi ; & quand la valeur des gardes nationales le repousseroit du point qu'il auroit attaqué, leurs frères d'armes des autres départemens ne pourroient pas arriver à leur secours, parce qu'on seroit dénué de fonds & d'approvisionnemens pour préparer leur subsistance, & les entretenir en campagne loin de leurs foyers.

Calculez, citoyens, à combien de dangers de toutes espèces vous seriez exposés, & à quelles dépenses énormes vous seriez entraînés, par l'impuissance de conserver & d'améliorer ce qui vous appartient, à laquelle vous réduiroit le défaut d'assistance mutuelle & de communication réciproque. La nation ne peut y pourvoir pour tous, qu'aux frais de tous : il faut donc faire ces frais ; rien ne seroit plus ruineux pour vous que leur cessation. Votre subsistance, votre aisance, votre bonheur, votre gloire, votre existence politique tiennent à ce que chaque citoyen, par la quote-part qu'il y fournit proportionnellement à ses revenus, se procure un partage utile dans les bons effets de tous les services publics, payés par

les contributions pareilles que tous ſes concitoyens mettent
en commun avec lui.

Pourquoi les anciennes impoſitions , dont une partie ,
au moins , ſervoit à procurer la ſûreté publique & le
bon ordre de la ſociété , étoient-elles devenues odieuſes ?
c'eſt qu'elles étoient des impoſitions établies par un
pouvoir arbitraire, & non pas des contributions déterminées par la volonté générale ; c'eſt qu'elles excédoient
les véritables beſoins publics ; c'eſt qu'elles étoient réparties
avec injuſtice ; c'eſt qu'elles étoient perçues ou avec
cruauté , ou avec un inſolent dédain des droits & de
la liberté des hommes ; c'eſt que vous aviez une mauvaiſe Conſtitution.

Nul de vous ne ſe refuſe , ni ne ſe refuſera jamais
à payer ſa juſte part des dépenſes publiques, faites à
ſon profit, ſans déprédation, avec une ſage économie ,
que vos repréſentans ont ſévèrement jugées , dont ils
vous rendent & vous font rendre compte , & qui ne
ſont pas trop à charge à perſonne, lorſque tout le monde
y concourt à raiſon de ſes facultés, dans une équitable
proportion.

Il n'y a que vos ennemis & ceux de la révolution ,
qui puiſſent ſuppoſer contre l'entretien à frais communs
de la puiſſance nationale , une mauvaiſe volonté qui
n'exiſte pas, qui n'eſt pas dans la nature de l'homme
raiſonnable , moins encore dans le caractère noble &
généreux du Français.

Depuis que la nouvelle Conſtitution vous a donné
une véritable patrie , dont tous les intérêts ſont préſentés ſans voile à vos yeux ; depuis qu'il ne peut plus
y avoir de dépenſes arbitraires ; que des miniſtres reſponſables ſont, & ſeront perpétuellement ſurveillés par
une légiſlature dont vous renouvellerez les membres
tous les deux ans ; & que , par la liberté de la preſſe,
tous les hommes éclairés pourront ſans ceſſe appeler
l'inſpection générale ſur toutes les opérations publiques,

vous n'avez point à craindre que les contributions aient aucun autre objet ni aucun autre emploi, que votre plus grande utilité.

Vous avez la certitude que dès aujourd'hui, & chaque année, elles font & feront limitées à ce que commandent & commanderont impérieusement le service & les intérêts de la nation, & qu'elles ne pourroient être diminuées davantage, sans vous priver de quelque service public qui vous vaut plus que ne vous coûte la portion de votre contribution qu'on y applique.

Déja les dépenses ont été restreintes & les ressources multipliées, au point que l'Assemblée nationale a pu vous soulager de la dîme & de plusieurs autres charges très-pesantes, & trouver dans des contributions inférieures à la somme des impositions anciennes, & dans les revenus des biens nationaux, de quoi suffire à toutes les dépenses de la société, aux intérêts de la dette nationale, aux frais du culte, considérablement augmentés en faveur de la plupart des curés & des vicaires, aux pensions des religieux, à celles des autres ecclésiastiques dont les fonctions ne subsistent plus.

Pour asseoir ces contributions modérées, vos représentans se sont prescrit plusieurs lois de justice, d'intérêt public, de respect pour vos droits & votre liberté.

C'est leur devoir que de vous exposer ces principes de leur conduite, ces bases des résolutions qu'ils ont prises & dû prendre en votre nom.

Ils ont trouvé les impositions divisées en cinq classes principales.

Premièrement, les impositions directes qui comprenoient les dîmes, la taille réelle, les vingtièmes, la taille personnelle & la capitation.

Secondement, les impositions de monopole & de privilége exclusif, qui étoient la gabelle dans les deux tiers du Royaume, le tabac qui s'étendoit presque sur sa totalité, la vente de l'eau-de-vie & d'autres boiſſons dans un petit nombre de provinces.

On pourroit ranger auſſi dans cette claſſe ce que le tréſor public retiroit des jurandes & des maîtriſes d'arts & métiers, par leſquelles l'Etat ne faiſoit pas directe-ment le monopole, mais vendoit celui de chaque pro-feſſion.

Troiſièmement, les impoſitions qu'on appeloit à l'exercice ſur différentes eſpèces de conſommation & d'induſtrie, telles que les droits d'aides ſur les boiſſons dans un tiers du Royaume ; ceux de même nature, nommés *équivalent* en Languedoc, *impôts billots & de-voirs* en Bretagne, & des *quatre membres* en Flandre ; ceux d'inſpecteurs aux boucheries, qui embraſſoient en effet, ou par abonnement, preſque toutes les provinces ; ceux de marque des cuirs & à la fabrication des cartes & des amidons, qui ſe percevoient avec une rigueur extrême chez tous les fabricans & les débitans de ces marchandiſes, dans toute l'étendue de l'empire ; ceux de marque des fers & à la fabrication des huiles, qui n'avoient lieu que ſur environ la moitié du territoire de l'Etat.

Quatrièmement, les impoſitions ſur le tranſport des marchandiſes, qui comprenoient les droits à l'entrée & à la ſortie du Royaume, les péages ; une multitude in-croyable de droits de traite de toute dénomination, au paſſage d'une province à l'autre, & ceux d'entrée dans les villes.

Cinquièmement enfin, les impoſitions ſur les actes, droits de contrôle, inſinuation, centième denier, formule, greffes, conſignations, lettres de ratifica-tion, &c., &c.

L'Aſſemblée nationale n'a conſervé d'impoſitions qui portaſſent ſur les capitaux, dans l'intérieur du Royaume, que celles qui correſpondent à cette cinquième claſſe, les droits d'enregiſtrement, de timbre & d'hypothèque.

Elle les a préférées aux autres impoſitions indirectes ;
& quoiqu'ils ne ſoient en proportion qu'avec la circulation des capitaux, au lieu de l'être avec les revenus,
elle a cru pouvoir les admettre dans le nouveau ſyſtême
de finance à côté des contributions régulières, parce
qu'ils n'exigent pas que le percepteur aille troubler la
paix du citoyen, & qu'ils donnent, au contraire, au
citoyen motif & intérêt d'aller chercher le percepteur
dont il reçoit un ſervice public, utile pour aſſurer la
date des actes qui conſtatent ſes propriétés, & pour donner
à ces actes une authenticité plus grande ; de ſorte que
ces droits uniſſent à une impoſition, une fonction de
magiſtrature, que l'on paie ſeulement plus qu'elle ne
vaudroit par elle-même, afin d'établir, ſur l'excédant
du ſalaire de ſes agens, une recette nationale qui at-
teigne les capitaliſtes, qui ne porte preſque pas ſur les
citoyens les plus indigens, & qui diminue d'autant les
autres contributions publiques.

Mais en adoptant cette eſpèce d'impoſition ſur les
actes, vos repréſentans ſe ſont appliqués à en ſimplifier
le plan & la légiſlation.

Seize droits différens, établis par ſeize lois différentes
ſous autant de dénominations, étoient aggravés par une
foule de lettres-patentes, d'arrêts du conſeil, d'ordonnances & de déciſions contradictoires qui s'obſcurciſſoient,
ſe compliquoient mutuellement, & formoient un grand
nombre de gros volumes dont l'étude ſurpaſſoit les forces
de l'entendement même des hommes habiles : leur in-
terprétation étoit livrée à tous juges d'attribution devant
leſquels le redevable n'avoit point d'accès, & qui écri-
voient leurs jugemens ſous la dictée du percepteur
même.

Tout ce qu'il y avoit de clair dans ces lois étoit au
déſavantage du pauvre ; les cent premières livres d'un
acte payoit en double droit ; on payoit le droit ſimple depuis
cent francs juſqu'à dix mille francs ; & de droit acquitté,

toutes

toutes les fommes qui excédoient les premiers dix mille
francs, n'étoient affujetties qu'à un droit léger. Ainfi
les riches qui contractoient pour de groffes fommes,
payoient dans une proportion foible ; & les pauvres qui
ne faifoient que de petites affaires, dans une forte
proportion avec leur capital.

Ces abus font ceffés ; les feize droits anciens ont été
réunis en un feul, fous le titre de droit d'enregiftrement réglé par une feule loi, claire & de peu d'étendüe ;
& par un feul tarif dont l'application eft foumife au
jugement des magiftrats qui, choifis par le peuple,
exercent la juftice nationale fur tous les intérêts & fur
toutes les têtes. La taxe étant à raifon des fommes qui
font l'objet des actes, on a pu baiffer le tarif pour
les actes de peu de valeur & pour ceux qui font les
plus ordinaires, comme les baux & les contrats de
mariage ; ce qui rejette avec équité fur les actes plus
rares & plus particuliers aux riches, le fardeau de l'impôt
que les riches peüvent mieux fupporter.

Le droit de timbre a été joint à celui de l'enregiftrement, dans l'unique vue de profiter de fes formes,
de fes adminiftrateurs, de fes employés, des dépenfes
de fa régie, pour procurer fans perquifition contre les
citoyens, & prefque fans frais de perception, un revenu
public fur des richeffes fugitives qui échappoient aux
autres contributions ; & de mettre ainfi en deux ma-
nières, par le produit de celle-ci & par le peu que coûtera
fa levée, à portée de rendre les autres contributions
moins pefantes.

Le droit d'hypothèque eft relatif, comme celui d'enregiftrement, à un fervice public d'une grande importance ; il a pour objet d'empêcher les créanciers d'être
fruftrés par leurs débiteurs, & d'affurer fans conteftation
l'ordre dans lequel ils doivent être payés. Ce droit avoit
lieu fur les biens-fonds feulement, & s'exerçoit lors de
leur vente, par les oppofitions que les créanciers pou-

voient mettre à l'expédition des lettres de ratification
données au nom de l'Etat, pour consolider les ventes
& préserver les acquéreurs de toute répétition. Mais il
falloit, pour prendre rang parmi les créanciers, avoir
stipulation d'hypothèque : cette stipulation se faisoit
par des actes ignorés de chacun de ceux qui en avoient
de pareils ; elle étoit toujours générale ; & les créanciers ne sachant pas toujours en quelle province leurs
débiteurs possédoient des biens, ces biens pouvoient être
vendus & les lettres de ratification accordées sans qu'ils
en eussent connoissance. Il arrivoit souvent encore que
lorsqu'ils se présentoient, ils se trouvoient primés par
d'autres créanciers dont le titre étoit antérieur au leur,
ou dans une forme plus favorable ; il en résultoit des
procès très-dispendieux pour le règlement d'ordre entre
les créanciers dont les actes étoient passés en différentes
provinces, ou à différentes conditions.

L'Assemblée nationale voulant que toute créance légitime puisse prétendre à l'hypothèque, & que l'ordre
entre les hypothèques soit invariablement réglé, s'occupe
de la législation propre à remplir une vue si utile, &
la publiera incessamment.

Dans des temps plus heureux on pourra, si on le
croit avantageux, réduire successivement & par grada-
tion le salaire du service public des hypothèques &
de celui de l'enregistrement, au simple remboursement de
leurs frais ; mais lorsque les besoins de la nation sont
très-considérables, & que l'opinion la plus générale demande qu'on ait des impôts de diverse nature, afin que
leur poids paroisse moins sensible, on est obligé de
joindre quelques-uns d'entre eux à des services publics que
les citoyens vont réclamer d'eux-mêmes ; ce qui donne
l'avantage si précieux d'intéresser les contribuables à venir
sans contrainte payer l'impôt.

C'est pour la même raison qu'on a conservé le revenu
de la poste aux lettres, seule partie de l'ancienne finance

qui ait paru ne devoir souffrir aucune altération. Certainement les lettres coûtent bien plus cher à ceux qui les reçoivent, qu'il n'est nécessaire pour payer les couriers, les voitures & les chevaux qui les portent, puisque, ces frais acquittés, l'Etat en retire un revenu de douze millions. Cependant le voyage se faisant pour une multitude de lettres, il n'y a pas un citoyen qui ne profite extrêmement de cette institution, & qui ne doive être surpris & reconnoissant, lorsqu'il compare le peu que lui coûte une lettre, avec ce qu'elle lui coûteroit s'il falloit l'envoyer par un exprès. Telle est en général & sur tous les points la grande utilité que nous retirons tous de cette heureuse union de force & d'intérêt qui constitue la société politique ; nous aimons la patrie comme ses enfans, mais c'est qu'elle est pour nous une véritable mère.

Le droit de patentes correspond aux jurandes, aux maîtrises, aux vingtièmes d'industrie, à la portion de taille personnelle qu'on faisoit payer aux artisans & aux marchands de plus qu'aux autres citoyens, & aux droits d'entrée des villes.

Il est bien plus modéré ; car les droits d'entrée des villes seuls rendoient à l'ancien gouvernement quarante-cinq millions de revenu, & les patentes ne doivent en produire que vingt ou vingt quatre. Elles sont jointes à un grand avantage bien long-temps desiré, celui d'établir pour tout le monde la liberté de toute espèce d'industrie & de commerce, & de proportionner l'impôt qu'on se voit dans la nécessité d'y attacher, à la durée du temps pendant lequel on s'y livre, comme à l'importance des capitaux qu'on y emploie & des profits qu'on en retire, qui se manifeste par l'étendue, la beauté & le prix du logement, de l'entreprise & de l'entrepreneur.

Anciennement, lorsqu'un homme vouloit faire un métier dans une ville, il étoit obligé de débourser pour fa maîtrife, une fomme confidérable qui lui auroit été très-utile pour fon commerce. Si, faute de cette fomme retirée de fon commerce, ou par toute autre caufe, il ne réuffiffoit pas, s'il étoit obligé de quitter ou bien s'il venoit à mourir, le capital employé à fa maîtrife étoit perdu pour lui & pour fes enfans.

Si, croyant trouver plus de reffources, efpérant plus de fuccès dans un autre métier ou un autre commerce, il fe déterminoit à les embraffer; fi, étendant fes combinaifons, il vouloit en cumuler plufieurs, il falloit pour chacun d'eux payer une nouvelle maîtrife.

Il ne pouvoit exercer cette maîtrife que dans la ville où il avoit été reçu : s'il paffoit dans une autre ville, il lui falloit une maîtrife nouvelle; & dans chacune de ces villes il étoit foumis pour fa propré confommation, pour celle de fes ouvriers, commis ou compagnons, & pour plufieurs marchandifes de fon commerce, à payer des droits d'entrée.

Aujourd'hui, ni lui, ni fes ouvriers, ni fes marchandifes ne paient de droits d'entrée dans aucune ville; il peut changer de féjour & de métier comme il lui plaît; il peut réunir autant de profeffions qu'il juge convenable. Au lieu d'une avance en pure perte, il n'acquitte qu'une redevance annuelle, foible fi fon commerce eft de peu d'importance; qui augmente ou qui diminue avec le fuccès de fon établiffement, qui ceffe le jour où il veut fe retirer.

Les droits de traite dans l'intérieur du Royaume & des péages font fupprimés purement & fimplement; & les droits d'entrée des villes l'étant de même, au lieu des vifites & des taxes auxquelles on étoit précédemment affujetti; un citoyen, une voiture de marchandifes peuvent traverfer la France dans tous les fens, aller de Bordeaux à Strasboug, de Calais à Perpignan, d'Antibes à Breft, fans éprouver la moindre vifite, fans acquitter la moindre taxe.

Le profit de cette franchife n'eft pas feulement pour les

commerçans: ils y gagnent, il eft vrai, de faire leurs affaires plus vîte, de n'être pas foumis à des traitemens arb traires & défagréables de la part des employés, & d'effuyer moins d'avaries; mais, forcés par la concurrence les uns des autres que la liberté du commerce rendra chaque jour plus active, de fe contenter d'un bénéfice modéré, ils prennent le parti, afin de mériter la préférence dans chaque marché qu'ils font, d'acheter plus cher & de vendre à plus bas prix; de forte que le foulagement occafionné par la fuppreffion de l'impôt, fe partage entre le producteur qui fournit la marchandife, & le confommateur qui en fait ufage.

Il ne refte plus de droits de douane qu'à l'entrée du royaume, principalement fur quelques marchandifes manu- facturées; & à la fortie, fur quelques matières premières. L'opinion la plus générale a demandé que nous fuiviffions fur ce point l'exemple des autres peuples.

On ne peut favoir avec une entière exactitude quel fera le produit des droits de douane, de patentes, d'hypothèques, de timbre & d'enregiftrement. S'ils rendent plus qu'on ne l'a préfumé, on baiffera l'année prochaine quelque-uns de leurs tarifs, ou bien l'on diminuera le taux de la contribution foncière & de la contribution mobiliaire; car fous le nouvau gouvernement que vous avez inftitué, avec la conftitution que vos repréfentans ont décrétée en votre nom, aucune augmentation de revenu public ne pourra être ignorée, & toutes celles qui auront lieu amèneront le foulagement du peuple.

Vous voyez, citoyens, que toutes les contributions nou- velles dont l'Affemblée nationale vient de vous expofer les motifs & les principes, comparées aux anciennes impofitions de la même nature, préfentent de grands foulagemens pour les contribuables & un refpect attentif pour la liberté. L'un & l'autre avantage font plus marqués encore dans la contribution foncière & la contribution mobiliaire, qui ont été fubftituées aux dîmes, à la taille réelle, à la taille de propriété, aux fouages & autres impofitions analogues, aux vingtièmes,

N 3

aux décimes, à la taille mixte, à la taille d'exploitation, à la taille personnelle, à la capitation, à la gabelle, au tabac, aux droits d'aides sur les boissons, sur les bestiaux, sur la marée, au droit de marque des cuirs, à celui de marque des fers, à celui de fabrication sur les huiles & les savons, ou à quelques autres semblables.

Vos représentans regardant comme leur premier devoir d'établir & de consolider votre liberté, sachant par leur expérience & par les instructions que vous leur aviez données, que les visites domiciliaires & les vexations qu'elles entraînent, sont insupportables à des hommes libres, se sont crus religieusement obligés de repousser toute idée, tout projet d'impositions dont la perception auroit exigé que l'on pût violer l'asyle sacré que chaque citoyen a droit de trouver dans sa maison, lorsqu'il n'est prévenu d'aucun crime. Vous leur aviez dit unanimement combien vous étiez indignés de pouvoir être injuriés chez vous par le soupçon réel ou simulé d'une fraude que vous n'aviez pas commise ; de pouvoir être poursuivis de jour & de nuit, troublés dans votre travail, troublés dans les plus intimes douceurs de votre vie domestique, forcés d'ouvrir votre porte à des inconnus qui venoient chez vous, quelquefois sur la dénonciation calomnieuse d'un ennemi, mais toujours avec intérêt de vous trouver coupables de quelque usage de votre liberté, transmué par des lois absurdes en délit fiscal, & qui devenoit contre vous le sujet d'un procès ruineux ou d'un accommodement coûteux & perfide.

Les droits d'aides & tous ceux de marque & de fabrication, ont été proscrits par cette sainte loi de la liberté domiciliaire.

L'Assemblée nationale ne pouvoit pas laisser subsister davantage les impôts de monopole ou de privilége exclusif, tels que la gabelle, le tabac, la vente de l'eau-de-vie, &c. L'ancien gouvernement regardoit ces impôts comme d'admirables institutions financières, parce que la perception s'y confondant avec le prix de la marchandise, le produit en

ét it difficile à fupputer d'avance, qu'il excédoit ordinairement la fpéculation, & qu'il donnoit ainfi au fifc & à fes
agens un plus gros revenu, moins connu du peuple, plus
applicable à des dépenfes de fantaifie. Mais indépendamment
de ce que ces impôts exigeoient, comme les aides, la viola-
tion du domicile, ils portoient atteinte au droit que vous avez
tous d'être fournis au feul cours fixé par la liberté du commerce, & par conféquent au meilleur marché poffible, des
denrées qui vous font utiles, & au droit que vous avez tous
encore de vous livrer aux fpéculations de commerce pour
lefquelles vous vous fentez des difpofitions & des lumières.
Les principes de la nature & de la raifon, ceux qui ont
fervi de règle à vos repréfentans, défendent de laiffer fub-
fifter aucun autre privilége exclufif que ceux qui font des
dépendances néceffaires de la fouveraineté nationale, parce
qu'ils portent fur des objets qui demandent la garantie
publique de la fociété.

L'Affemblée nationale n'en a réfervé que deux à la Nation:
celui de frapper monnoie, parce qu'il faut que l'autorité
publique en conftate & en certifie le titre & le poids; &
celui de la fabrication & des magafins de poudre à tirer,
parce que l'adminiftration de cette munition de guerre,
qu'on a foumife à l'infpection locale des municipalités &
autres corps adminiftratifs, intéreffe effentiellement la fûreté
fociale & publique. Il eft fage de combiner ces deux branches
d'adminiftration, de manière qu'elles donnent plutôt du
profit que de la perte aux finances; mais elles doivent
être principalement confidérées comme des devoirs de
politque & de police.

Quant aux anciennes impofitions territoriales & perfonnelles, l'Affemblée nationale n'a pas cru pouvoir en conferver
aucune; car aucune d'elles n'étoit générale, & aucune
d'elles n'avoit une bonne règle d'affiette & de répartition.

Les dîmes ne portoient pas fur toutes les productions; elles
pefoient inégalement fur celles qu'on y avoit affujetties: inégalement, à raifon de ce que le taux de la dîme varioit dans

N 4

le royaume, & felon les localités, depuis le feptième jufqu'au trente-deuxième : inégalement encore, en ce que la
dîme étant prélevée fur le produit total avant qu'on en eût
défalqué les frais de culture, fa proportion avec le produit
net, ou revenu, varioit dans la même paroiffe, d'un champ
à l'autre, felon que ces divers champs font plus ou moins
fertiles.

Dans une bonne terre, où deux cent quarante livres de
récolte ne coûtent que cent vingt livres de frais de culture,
la dîme au quinzième prenant feize livres, ce n'étoit que le
huitième du revenu.

Dans une terre médiocre, où deux cent quarante livres
de récolte coûtent cent foixante livres, la dîme de feize livres
étoit au cinquième du revenu, qui n'étoit alors que de
quatre vingt-livres.

Dans les mauvaifes terres, où deux cent quarante livres
de récolte coûtent jufqu'à cent quatre-vingt-douze livres
à faire naître, la dîme, toujours au quinzième, toujours de
feize livres, prenoit le tiers du revenu.

Les repréfentans du peuple ne pouvoient conferver un
impôt qui pefoit fur les uns au huitième & fur les autres au
tiers, lors même qu'il paroiffoit égal; & qui d'ailleurs en-
levant à tous les cultivateurs les pailles que les riches feuls
pouvoient racheter, tendoit à porter toujours les engrais
fur les terres des riches, à en priver toujours celles des
pauvres, à augmenter, fans ceffe, ainfi l'inégalité de la
culture, celle des fortunes, celle de la proportion de la
dîme elle-même.

La taille réelle n'avoit lieu que dans quelques provinces.
Dans celles où elle étoit connue, elle ne frappoit que
fur certains héritages; d'autres héritages en étoient exempts.

La taille perfonnelle ou mixte étoit divifée en taille
de propriété que les privilégiés ne payoient jamais, & en
taille d'exploitation qu'ils ne payoient point pour leurs prés,
leurs vignes, leurs bois, ni pour quatre charrues de terre
labourable, lorfqu'ils les faifoient valoir par eux-mêmes;

qu'ils ne payoient qu'indirectement, lorsqu'il donnoient leurs terres à loyer.

Les autres citoyens qui sembloient soumis à cette imposition avec un principe d'égalité entre eux, ne l'étoient au contraire qu'avec beaucoup d'inégalité.

Plusieurs villes en étoient exemptes; & leurs habitans, en faisant dans ces villes leurs pâques & quelques autres actes publics de domicile, étendoient leur exemption à la campagne, au moins pour la taille de propriété, & même ordinairement pour l'exploitation de leurs prés & de leurs bois, quand ils la faisoient par leurs mains.

Les habitans mêmes des autres villes, & en général les riches qui avoient des biens-fonds éloignés du lieu de leur domicile, n'en acquittoient presque jamais la taille de propriété, parce que l'imposition suivant les personnes, on ne faisoit payer dans le lieu de la situation des biens, que la taille de leur exploitation; & quoique les propriétaires dussent être imposés à leur domicile pour la taille des facultés que leur procuroient leurs domaines quelque part qu'ils fussent situés, comme on ignoroit quelles étoient leurs propriétés lointaines, on ne pouvoit leur en demander la légitime imposition. Ainsi les pauvres qui n'avoient de terre que dans une seule communauté où toutes leurs facultés étoient connues, portoient rigoureusement la taille de propriété & celle d'exploitation; & les riches ne payoient, le plus souvent, que cette dernière, pour toute la portion de leurs biens dont on n'avoit pas connoissance dans la communauté qu'ils habitoient.

La taille personnelle étoit arbitraire, & les citoyens craignoient de se livrer à quelques jouissances, parce que tout signe d'aisance attiroit sur eux une augmentation désordonnée d'imposition.

Il en résultoit, dans la plupart des habitations champêtres, une négligence, un dénuement, une insalubrité très-nuisible au bonheur & à la conservation des cultivateurs.

La capitation étoit divisée en trois branches. Celle des

taillables, dans les pays de taille personnelle & mixte, étoit
répartie au marc la livre de la taille, & en partageoit toutes
les injustices. Celle des villes franches étoit, pour les artisans, une addition aux frais de jurandes ; pour les autres
citoyens, une taxe purement arbitraire. Celle des officiers
publics & des privilégiés, au lieu de suivre l'échelle des
fortunes, seule base équitable de toute imposition, étoit
réglée par des titres. Enfin les ecclésiastiques formant
ce qu'on appeloit le clergé de France, en étoient entièrement exempts, quoiqu'ils y eussent été soumis dans
son origine, & qu'aucune loi n'eût formellement prononcé leur exemption.

Les vingtièmes mêmes, qui étoient la moins imparfaite &
la moins vexatoire des anciennes impositions, puisqu'elle
présentoit une borne qui ne pouvoit pas être excédée, étoient
encore très-inégalement répartis. Les ecclésiastiques du
clergé de France ne les payoient pas ; quelques pays, quelques villes, quelques corporations, & même quelques
particuliers puissans, avoient obtenu des abonnemens tout-
à-fait disproportionnés avec leurs revenus, & avec la
charge que supportoient les autres citoyens. Enfin cette
imposition étant individuelle, sans aucun rapport avec
la totalité des contribuables de chaque province ni de
chaque communauté, personne n'avoit intérêt de vérifier
si son voisin étoit, ou non, taxé comme il auroit dû
l'être, personne ne se trouvoit offensé qu'un autre
échappât en tout ou en partie à l'imposition, chacun avoit
la tentation & la facilité de cacher sa fortune & de
tromper le percepteur.

Les riches sur-tout y parvenoient : plusieurs parlemens
n'avoient pas eu honte de prétendre que c'étoit un délit
que de perfectionner la répartition ; qu'un vingtième
ne devoit pas être un vingtième pour tout le monde ;
que ce ne devoit être qu'un moyen de lever une certaine
somme, dans lequel les erreurs de la première assiette
devoient être éternelles. Ils avoient effrayé les directeurs
& les contrôleurs ; & il en résultoit que les pauvres

fans protection acquittoient les vingtièmes avec exactitude, mais qu'aucun noble, qu'aucun magiſtrat, qu'aucun officier public, même qu'aucun riche que l'on pût fuppoſer en liaiſon avec quelques magiſtrats, ne payoit plus de moitié ou des deux tiers de ce qu'il auroit dû.

Tels étoient les inconvéniens de nos moins mauvaiſes impoſitions. L'Aſſemblée nationale a dû les bannir de celles qu'elle y ſubſtitue.

Elle a cru que le ſyſtême des finances d'une nation telle que la nôtre, devoit avoir trois grands caractères; l'équité, l'égalité, l'uniformité.

La contribution foncière embraſſera tous les biens-fonds toujours cotiſés dans la communauté où ils ſont ſitués; aucune propriété ne pourra échapper à ſa juſte taxe. On impoſera ſur l'héritage, les champarts ou rentes foncières dont il pourroit être grevé, ſauf au propriétaire le droit de faire à ſon créancier la retenue de la contribution qu'il aura été obligé d'avancer; de ſorte que les rembourſemens ne dérangeront point les rôles, que le titre de perception ſera toujours clair & localement connu, & que la nation ne pourra être fruſtrée de ſes droits: ſes agens ne pourront non plus les appeſantir ſur perſonne, ni accorder à perſonne une faveur illicite. La contribution étant une ſomme fixe & déterminée d'avance pour chaque département, chaque diſtrict, chaque communauté, il eſt ſenſible que tous les contribuables auront intérêt à ce qu'aucun d'eux ne ſe procure une diminution qui augmenteroit la charge de tous les autres. Néanmoins cette contribution ne portera ſur aucun bien qu'en proportion de ſon revenu, puiſque chaque propriétaire pourra réclamer, lorſque ſa coté montera en principal au-deſſus du ſixième du produit net ou de la valeur locative de ſes biens, & obtenir en conſéquence une modération dont les autres feront les frais, juſqu'à ce qu'ils ſoient tous taxés pareillement au ſixième.

Ainſi l'on réunira & l'on perfectionnera l'un par

l'autre les avantages des impofitions en fommes fixes & ceux des impofitions proportionnelles ; & la contribution foncière arrivera en peu de temps à un degré de fageffe & d'équité qui n'a jufqu'à-préfent été atteint dans aucune impofition, à celui que vous avez droit de prétendte.

L'Affemblée nationale a voulu, elle a dû appliquer autant qu'il étoit poffible, les mêmes principes aux revenus que tirent de leurs fonds mobiliers les capitaliftes qui, au lieu d'acheter des terres, prêtent leur argent, où font des entreprifes de commerce & d'induftrie.

En effet, tout homme qui par fon économie, celle de fes ancêtres, ou de tout autre manière, eft devenu propriétaire d'un capital, peut, en le louant on l'aliénant pour favorifer un travail utile, fe procurer un partage dans le profit de ce travail. Il n'en eft aucun qui n'exige des avances & une manipulation ; il n'en eft aucun pour lequel il ne fe faffe une fociété entre les capitaliftes & les travailleurs, ou, fi le capitalifte travaille lui-même, une forte de décompte entre ce qui eft dû au falaire du travail, & ce qui doit être donné à l'intérêt des avances.

C'eft cette feconde portion qu'on appelle les revenus capitaux mobiliers, & que l'opinion publique a demandé qu'on foumît à une contribution. L'Affemblée nationale a voulu que ce fût avec plus d'équité que ne le faifoit la taille perfonnelle arbitraire, & d'une manière plus fpéciale, comme auffi dans une plus jufte proportion que ne le faifoient les droits de confommation qui, pour tâcher d'obtenir quelque contribution des poffeffeurs des capitaux mobiliers, arrachoient une contribution toute pareille aux propriétaires des terres qui avoient déja payé l'impôt foncier, & les furchargeoient ainfi doublement.

Les profits des capitaux mobiliers ne font point faciles à connoître, fur-tout dans un pays où la conftitution, les principes, les droits, les lois, les mœurs profcrivent toute efpèce d'inquifition.

Cependant ils ont une indication, finon parfaitement

exacte, du moins affez régulièrement approximative : cette indication eft le logement deftiné à l'habitation perfonnelle. Il eft fi naturel à l'homme de chercher à embellir le féjour où il paffe la plus grande partie de fa vie, que prefque perfonne n'eft arrêté dans ce penchant que par l'impuiffance de le fatisfaire, & qu'à très - peu d'exceptions près, le prix des logemens d'habitation indique la graduation des richeffes.

On obferve néanmoins que plus les hommes font pauvres, plus leur logement abforbe une portion confidérable de leur petite fortune; car le befoin de fe loger étant indifpenfable, & le prix du loyer ne pouvant être reftreint au-deffous de ce qui eft moyennement néceffaire pour rembourfer aux propriétaires l'intérêt du capital de leurs maifons, les citoyens très-pauvres font obligés de partager leur dépenfe entre leur fubfiftance & leur logement.

On a examiné quelle étoit la proportion la plus ordinaire du loyer avec les différens degrés de richeffes, & l'Affemblée nationale a fait dreffer une table qui, à partir des citoyens qui n'ont que cent francs de loyer & au-deffous, & qui font fuppofés n'avoir en revenu que le double du prix annuel de leur logement, s'élève par dix-huit gradations jufqu'à ceux qui ont plus de douze mille francs de loyer ou de valeur locative d'habitation, & dont on eftime que le revenu eft de douze fois & demie cette valeur.

L'Affemblée nationale, en adoptant cette table qui a paru l'expreffion des faits les plus communs, & qu'elle a placée comme règle à l'article XVIII de fon décret fur la contribution mobiliaire, n'a cru devoir l'appliquer qu'au prix des logemens d'habitation, qu'elle a entendu qui fuffent diftingués de ceux qui fervent au travail ou au commerce. Ceux-ci font foumis au droit de patentes, plus particulièrement relatif au *travail* : l'Affemblée nationale a jugé convenable de les exempter de la contribution qui a pour objet le revenu des *capitaux mobiliers*, à quelque usage qu'on les employe.

C'est ce revenu, jusqu'à présent fugitif, & qui n'avoit encore pu être spécialement imposé, que l'Assemblée nationale a voulu atteindre par la cote de contribution relative aux facultés mobiliaires; elle a voulu que cette cote ne portât précisément que sur cette espèce de revenu, comme la contribution foncière ne porte que sur les revenus territoriaux : c'est la loi qu'avoit clairement dictée le vœu public. On y a satisfait avec une entière exactitude, en autorisant les propriétaires fonciers dont les facultés mobiliaires auroient été présumées par le prix de leur logement, à prouver par la quittance de leur contribution foncière, que ces facultés leur viennent en tout ou en partie de leurs biens-fonds, & à obtenir en conséquence déduction proportionnelle. Il en résulte que *les facultés mobiliaires qui proviennent de capitaux fonciers*, ne font assujetties qu'à la contribution foncière, & que celles qui viennent de *capitaux mobiliers* ne pouvant prouver leur origine, restent exclusivement soumises à la cote de contribution pour facultés mobiliaires.

S'il paroissoit juste de porter sur les revenus des capitaux mobiliers une contribution qui leur fût spéciale, il ne l'auroit pas été d'élever cette contribution au même taux, sur la simple apparence de ces revenus, que la contribution foncière a pu l'être sur les revenus très-clairs & très-connus des biens-fonds.

Les terres se louent en raison de leur produit net. On ne compte pour leur revenu que leur valeur locative, & cette valeur n'existe qu'après qu'on a prélevé sur les récoltes le paiement de tous les frais & l'intérêt de toutes les avances de la culture.

Le propriétaire foncier touche, ou est le maître de toucher son revenu chez lui sans peine. S'il loue sa terre, ce qu'il y a de casuel dans les récoltes est estimé, abonné & payé dans les conventions de son bail; &

lorsqu'il cultive lui-même, il cumule deux professions dans lesquelles on peut encore distinguer ce qui lui appartient à raison du capital de la terre, comme propriétaire, de ce qui lui est dû pour ses avances rurales, & pour son travail, comme cultivateur. Le profit au contraire, de la plupart des capitaux mobiliers est nécessairement lié à un exercice de facultés industrielles qui ne présentent point de valeur locative. Le possesseur de ces capitaux les fait valoir par son esprit, son labeur, ses dépenses, ses soins ; toutes choses variables qui exigent une rétribution & qui rendent casuel le produit du capital. Cette casualité est encore augmentée, parce que le possesseur de capitaux mobiliers n'a pas de la conservation de son capital une caution aussi solide que la terre. Il ne travaille qu'avec des hommes qui peuvent éprouver des accidens, & qui de plus peuvent se tromper, ou le tromper. Il est donc indispensable de retrancher du produit apparent d'un capital mobilier, la rétribution due à son possesseur, pour les peines qu'il se donne, & une prime d'assurance pour le risque qu'il court ; prime qui paroît hausser le revenu des capitaux mobiliers, mais qui n'en est que la garantie, & qu'un calcul équitable doit à ce titre comprendre dans les frais d'exploitation.

Il résulte de ces observations, que l'Assemblée national n'a pu considérer le revenu des capitaux mobiliers soumis à des hasards inévitables & liés à un emploi nécessaire de peine & d'industrie, que comme on feroit une récolte avant que les frais de culture eussent été payés : or, à prendre les récoltes en masse, elle ne donnent guères qu'un tiers de leur produit brut en produit net.

Il a paru à l'Assemblée nationale que cette proportion devoit avoir lieu entre la contribution sur le revenu apparent des capitaux mobiliers chargés de ses frais & de son assurance, & celle qui porte sur le revenu net & liquide des biens-fonds.

Elle a jugé qu'il y auroit d'autant plus de danger

d'excéder cette proportion, que le revenu des capitaux mobiliers n'eſt indiqué que d'une manière approximative par le ſeul ſigne qu'il ait été poſſible de ſaiſir, celui de la valeur des logemens ; & que ſi l'on abuſoit de ce ſigne fugitif & conjectural pour élever trop haut la cote des facultés mobiliaires, on riſqueroit d'exciter à la fraude, de faire diſparoître une partie du ſigne & d'enlever à à la nation le produit le plus important de la principale branche de la contribution mobiliaire ; ce qui ſeroit encore plus onéreux aux propriétaires des terres, qui ſe trouveroient à la fin obligés de couvrir le déficit, puiſque leurs biens toujours oſtenſibles, ſont les ſeuls qui ne puiſſent jamais éviter les contributions néceſſaires aux beſoins publics.

La contribution foncière a été fixée au ſixième du revenu.

Toutes les raiſons qui viennent de vous être expoſées & qui ont déterminé l'Aſſemblée nationale, ne permettoient donc pas d'élever celle ſur les facultés mobiliaires au-deſſus du dix-huitième ; mais comme, par les mêmes raiſons & dans le doute, il vaut mieux impoſer moins que d'impoſer trop, l'Aſſemblée nationale a décrété que l'on commenceroit par n'impoſer que le vingtième des facultés mobiliaires indiquées par le prix des logemens, & qu'on n'iroit au dix-huitième que dans le cas où il ſe trouveroit un déficit dans la ſomme à fournir pour la contribution mobiliaire.

L'Aſſemblée nationale auroit voulu pouvoir excepter de cette cote de facultés mobiliaires, les capitaux prêtés ſur des biens-fonds & dont le revenu eſt ſoumis à la retenue de la contribution foncière à laquelle les débiteurs ſont autoriſés, comme en ayant fait l'avance à la Nation ; mais elle a craint de porter atteinte aux mœurs, en faiſant naître la tentation de mentir à la patrie & de ſe procurer de prétendues quittances de *rente foncière*, pour échapper à la contribution des capitaux mobiliers ;

mobiliers ; & confidérant de plus que les capitaux prêtés fur les terres qui participent à la nature des capitaux fonciers , ayant été follicités par les emprunteurs qui ont acheté , outre l'ufage de ces capitaux , la complaifance du prêteur , produifent toujours à celui-ci un intérêt fupérieur de plus d'un vingtième, même de plus d'un dix-huitième, à celui procuré par les terres à leurs propriétaires véritables, elle a cru ne devoir pas héfiter à foumettre le revenu de ces capitaux, comme celui des autres capitaux mobiliers , à la contribution du vingtième ou du dix-huitième, felon la néceffité.

On ne peut pas favoir d'avance laquelle des deux proportions fera définitive : car on n'a pas de notions affez précifes fur la valeur totale des logemens d'habitation & fur la fomme à laquelle pourront monter les défalcations que les revenus fonciers occafionneront dans le produit apparent des capitaux de toute efpèce indiqués par la valeur locative de ces logemens. Il a donc fallu réferver quelque latitude ; il a fallu même préparer encore au-delà une reffource, afin d'affurer dans tous les cas le complément de la contribution néceffaire aux befoins publics. Trois branches de contribution mobiliaire, dont deux certaines & une éventuelle, y ont été confacrées.

Les deux branches certaines ont quelque rapport avec la capitation ; mais elles ont fur elle l'avantage de n'être aucunement arbitraires.

La première eft la taxe équivalente à trois journées de travail, qui doit porter uniformément fur tous les citoyens actifs, quelle que foit leur fortune, indépendamment des autres contributions relatives à leurs richeffes, & qui doivent s'étendre auffi fur les femmes jouiffant de leurs droits & fur les mineurs contribuables, quoiqu'ils ne foient pas citoyens actifs.

La feconde eft la taxe progreffive fur les domeftiques, & fur les chevaux qui ne font pas employés aux exploitations rurales. On a regardé cette taxe comme un furcroît de contribution qui ne feroit pas regretté par la richeffe, & qui tendroit d'autant au foulagement de la pauvreté.

Ainfi l'on impofera comme contribution mobiliaire :

1°. La valeur de trois journées de travail fur tous ceux qui font dans le cas de fupporter cette taxe ;

2°. Les fommes prefcrites à raifon du nombre de domeftiques & de chevaux fur ceux qui en ont ;

3°. Le vingtième du revenu des capitaux préfumés par la valeur des logemens.

Si, après qu'on aura retranché fur la troifième cote ce qui devra l'être à raifon des revenus fonciers qui auront acquitté la contribution foncière, les trois cotes de contributions mobiliaires réunies produifent la fomme principale demandée par les befoins généraux de la fociété, on n'impofera rien de plus. Si le total eft au-deffus de ce principal, on pouffera la cote, à raifon des facultés mobiliaires, au dix-neuvième, & même, s'il eft néceffaire, jufqu'au dix-huitième. Si, par cette opération, le principal de la contribution n'étoit point encore complété, on auroit recours, pour opérer ce complément, à la reffource éventuelle, qui eft la cote d'habitation également impofée dans ce cas fur les propriétaires des biens-fonds & fur ceux des capitaux mobiliers.

En effet, la principale charge fociale ayant été égalifée autant qu'elle pouvoit l'être entre ces deux efpèces de propriétaires, par la contribution foncière, fur ceux qui ont des terres ou des maifons, & par la cote à raifon des facultés mobiliaires, fur ceux qui n'ont que des capitaux mobiliers, il eft jufte que tout furcroît de taxe néceffaire pour affurer le fervice public, porte également & dans les mêmes proportions, fur les uns & les autres.

Il a paru certain à l'Affemblée nationale que ce complément, s'il faut y recourir, n'obligera pas à porter la cote générale d'habitation au-deffus du quarantième de la valeur des revenus qu'indiquent les logemens. Elle a mis à l'impôt cette borne rassurante contre les inquiétudes que les ennemis du bien public pourroient chercher à répandre parmi vous ; elle lui a prescrit cette règle pour arriver à une répartition parfaite, à laquelle on ne peut manquer d'atteindre par degrés, lorsqu'il y a une limite inflexible qui renvoie sur les contribuables dont la cote ne s'y seroit point élevée, tout l'excès des cotes pour lesquelles on l'auroit outre-passée.

Vous voyez, citoyens, que vous ne pourrez pas être imposés en principal pour vos biens-fonds au dessus du sixième de leur valeur locative ;

Pour votre contribution personnelle, au dessus de votre cote de citoyen actif, & de ce que vous devrez à raison de vos domestiques, de vos chevaux ou de vos autres animaux de trait ou de selle ;

Pour vos facultés mobiliaires, au-dessus du dix-huitième de leur revenu, calculé d'après votre logement d'habitation ;

Pour le complément des besoins du trésor public, au-dessus du quarantième de tous vos revenus évalués par le même élément.

Comparez cet état régulier, clair, sans arbitraire & sans vexations, avec les anciennes impositions de toute espèce qui vous accabloient.

Ces anciennes impositions, dont la plupart violoient outrageusement votre liberté, coûtoient cent treize millions de frais de perception ou de régie, & une somme incalculable de frais litigieux ; tandis que celles qui auront lieu à l'avenir, n'occasionneront que trente-trois millions de frais : encore sera-ce à cause des douanes nationales & des loteries, qui seules obligent à plus d'un tiers de cette dépense, dont les secondes ne sont qu'une imposition supplémentaire, & dont les premières existent moins comme impositions levées pour le trésor public, que comme primes qu'on a cru néceffaires à vos manufactures.

Vos repréfentans ne fe font permis aucun arbitraire dans la diftribution des deux contributions foncière & mobiliaire entre les départemens. Ils les ont foulagés tous dans la même proportion, par un même marc la livre des impofitions de toute efpèce, que l'ancien gouvernement avoit mifes fur chacun d'eux, dans le temps où il avoit quelques lumières, & lorfqu'à loifir, après une longue paix, il s'étoit appliqué à égalifer, autant qu'il l'avoit pu, leurs charges, pour leur faire fupporter toute la fomme d'impôt qu'il leur étoit poffible d'acquitter.

C'eft le taux indiqué par cette fomme, & par celles qu'auroient produites les mêmes impofitions étendues aux privilégiés, que l'Affemblée nationale a modéré proportionnellement pour vous tous, avec l'impartialité que vous aviez droit d'attendre d'hommes qui, chargés par vous des fonctions légiflatives, n'ont vu dans leurs concitoyens que des frères égaux, qui avec une égale confiance leur ont remis le foin de leurs intérêts.

S'il y a des erreurs, comme on peut le croire, du moins aucune d'elles ne fauroit être imputée à vos repréfentans : ils n'auroient pu vouloir faire mieux fans tomber dans l'arbitraire, & fans s'expofer à commettre d'autres erreurs qui vous auroient été plus préjudiciables.

Celles qu'il ne leur a pas été poffible d'éviter, ne fauroient être très-grandes; elles font bornées par la règle du fixième du revenu pour la contribution foncière, & du quarantième pour la côte d'habitation; elles feront réparées par un fonds de dix-huit millions applicables aux décharges & aux modérations dont la juftice fera reconnue.

Jamais l'ancien gouvernement n'a confacré plus de onze à douze millions à cet acte de raifon & de bienfaifance.

. Il n'y a donc pas un seul point sur lequel la position dans laquelle vous laissera l'Assemblée nationale, ne soit préférable à celle dans laquelle elle vous a trouvés.

Vous êtes soulagés de la dîme en entier, de la milice en entier ; de quatre-vingts millions, sur les cent treize qu'il falloit acquitter pour les frais de perception & de régie des anciennes impositions, de tous les procès dispendieux qu'occasionnoit leur perception compliquée, de tout le temps perdu, de toutes les vexations qu'entraînoient leurs formes inquisitoriales ;

De toute la portion des droits féodaux supprimés sans indemnité, & de tous les procès qui en étoient la suite ; de la charge qu'imposoit à votre commisération la mendicité des moines aujourd'hui pensionnés, jusqu'à leur décès, sur les fonds publics.

Ces soulagemens se montent en impositions dont le calcul est certain, à cent cinq millions ; en autres perceptions dont la pesanteur ne peut être qu'estimée, à soixante-dix-huit millions.

Le tréfor national vous demande donc cent quatre-vingt-trois millions de moins que vous ne payiez, il y a trois ans, au tréfor royal, ou aux particuliers qui partageoient avec lui les contributions du peuple. Mais outre la participation à ce soulagement général, les contribuables les plus indigens, & la majeure partie de la Nation, celle qui a fait la constitution, celle qui a conquis la liberté, celle qui n'avoit point de priviléges, éprouveront deux autres soulagemens particuliers.

D'une part, les fonds pour les décharges & modérations dues aux contribuables qui ont essuyé quelque calamité, ou qui auroient été lésés dans la répartition, sont augmentés de six millions & demi ; c'est un secours assuré par l'aisance des bons patriotes, à leurs concitoyens accablés par des malheurs imprévus, ou opprimés par une erreur involontaire. D'un autre côté, la perfection de la répartition rejetté sur les citoyens ci-devant

O 3

privilégiés, trente-six millions qu'ils n'acquittoient point autrefois, & qui tournent au foulagement de ceux des anciens contribuables qui n'étoient pas privilégiés.

Il n'y avoit pas plus de deux cent mille privilégiés de tout âge, de tout fexe & de toute fonction. C'eft donc véritablement la Nation, prefque en fa totalité, qui eft foulagée de deux cent vingt cinq millions.

Le tableau détaillé en eft joint à cette adreffe. Les ci-devant privilégiés ne font cependant pas furchargés; car, s'ils paient trente-six millions dont ils étoient précédemment exempts, ils en retrouvent l'indemnité, & au-delà, dans la fuppreffion de la dîme, & dans celle des procès auxquels l'ancienne nature de leurs biens les expofoit plus que perfonne.

Ainfi le nouvel ordre de chofes fera bon pour tout le monde, auffitôt que l'union des efprits & des cœurs & la paix fociale feront rétablies.

Vous defirez tous d'y concourir : l'Affemblée nationale eft donc certaine que les contributions feront payées, & que le fervice public fera fait. Vous êtes également certains que, par les mefures qu'elle a prifes, ces contributions, ce fervice, fans lefquels il n'y auroit point de fociété, ne feront pas plus onéreux pour aucun de vous, que pour les autres. Cette fûreté réciproque eft le gage de la profpérité publique.

C'eft une grande confolation pour l'Affemblée nationale; c'étoit le but de fes travaux, que l'état où elle va vous laiffer, femblable à celui d'une famille libre, unie par la raifon & par un intérêt vifiblement commun, tandis qu'elle a trouvé la plupart d'entre vous opprimés, comme par une conquête, & dans une forte de guerre avec votre propre patrie.

Les impôts étoient arbitraires, exceffifs & infuffifans; leurs formes tyranniques révoltoient les ames libres; leurs frais étoient énormes, & leurs vexations également odieufes & ruineufes.

Les nouvelles contributions, modérées au-delà de vos espérances, suffiront : leurs règles sont simples ; vous voyez à chaque article un profond sentiment d'équité, d'égalité, d'amour pour la liberté de tous & de chacun. Aux exactions du despotisme succèdent les conventions amiables d'une société véritablement fraternelle.

Vos représentans qui vont rentrer dans votre sein, acquitteront comme vous, comme de bons & fidèles Français, les contributions qu'ils ont proposées & décrétées en votre nom.

Ils se sont interdit tout objet d'ambition ; ils se sont interdit même l'honneur de votre choix pour continuer de vous représenter dans la prochaine législature.

Ils ne se sont réservé que le spectacle & le partage de votre liberté, de votre bonheur & de votre gloire.

Les événemens récens dont vous êtes témoins, & pendant lesquels vous avez montré une si profonde & si honorable sagesse ; le nouvel ébranlement qu'a éprouvé le corps politique par la suite des conseils pernicieux qui ont entraîné le Roi jusqu'à lui faire abandonner le soin de la chose publique, & le séjour où l'appeloit la constitution ; les mesures qu'une résolution si extraordinaire, même avortée, peuvent forcer de prendre, les dangers que vous pouvez avoir à repousser, vous montrent la nécessité d'être inviolablement unis, afin que peu d'efforts de chacun de vous, mais bien d'accord, produisent la plus imposante puissance publique.

La conservation de la liberté & celle de la patrie sont dans vos mains : leur salut est donc assuré, car les Français ont toujours fait ce qu'ils ont dû ; ils ont été l'admiration du monde, lorsqu'un intérêt manifestement général & une circonstance périlleuse ont exigé de leur honneur le déploiement d'une grande vertu, d'un grand courage, d'un éminent patriotisme.

L'Assemblée nationale n'est donc point inquiète du zèle avec lequel vous soutiendrez par vos contributions,

O 4

comme par votre valeur, l'exiſtence de l'État & la dignité du nom français.

Elle compte que ceux d'entre vous qui pourroient avoir laiſſé en arrière le paiement de leurs impoſitions, feront les plus grands efforts pour s'acquitter ; & quand vous voyez que le retard des rôles de la préſente année n'a eu d'autre cauſe que le deſir de vous rendre juſtice à tous, en perfectionnant la répartition, elle eſpère que vous vous porterez à l'envi à offrir ſur la contribution fonciere & ſur la contribution mobiliaire, tous les à-comptes qui ſeront en votre pouvoir. Elle donnera pour les à-comptes que réclame le ſervice public, une règle géné-rale, & ne ſera point ſurpriſe que la plupart d'entre vous faſſent pour la patrie encore plus qu'il ne vous ſera preſcrit.

L'Aſſemblée nationale connoît vos ſentimens, parce qu'ils ſont les ſiens, parce que vos repréſentans ſont vos freres, une partie de vous-mêmes, parceque le noble amour du bien public qui élève vos ames, brûle également dans leurs cœurs.

L'Aſſemblée nationale, ouï le rapport de ſon comité de contributions publiques, décrète l'adreſſe aux Français ci-deſſus tranſcrite ; elle en ordonne l'impreſſion & l'envoi dans les quatre-vingt-trois départemens.

Mandons & ordonnons à tous les tribunaux, corps adminiſtratifs & municipalités, &c.

1768.

L O I

Relative à l'avancement des lieutenans-colonels des troupes provinciales.

Donnée à Paris le 28 juillet 1791.

Louis, par la grace de Dieu, &c.

Décret du 2 juillet 1791.

L'Assemblée Nationale décrète ce qui suit :

Les lieutenans-colonels qui commandoient depuis dix ans des bataillons de garnison de troupes provinciales, réformés par les précédens décrets, seront susceptibles d'être faits maréchaux-de-camp, & d'obtenir ce grade conformément aux décrets des 15 février & 3 mars derniers.

Mandons & ordonnons à tous les tribunaux, corps administratifs & municipalités, &c.

1769.

L O I

Relative au fieur Dupré, nommé graveur-général des monnoies de France.

Donnée à Paris le 28 juillet 1791.

Louis, par la grace de Dieu, &c.

Décret du 11 *juillet* 1791.

L'Affemblée nationale, fur le rapport de fon comité des monnoies, & après avoir entendu la lecture du procès-verbal de l'académie de peinture & de fculpture, en date du 9 de ce mois, duquel il réfulte qu'à la majorité abfolue des voix, le fieur Dupré a été jugé par cette compagnie le plus digne de la place de graveur-général des monnoies, ordonne que ledit fieur Dupré fe retirera auprès du pouvoir exécutif pour fe faire expédier une commiffion de graveur-général des monnoies de France.

Mandons & ordonnons à tous les tribunaux, corps adminiftratifs & municipalités, &c.

1770.

LOI

Relative à la menue monnoie d'argent, décrétée le 11 janvier dernier.

Donnée à Paris le 28 juillet 1791.

Louis, par la grace de Dieu, &c.

Décret du 11 *juillet* 1791.

L'Affemblée nationale, confidérant que l'exécution de fon décret du 11 janvier, relativement à l'émiffion d'une menue monnoie d'argent, feroit, dans les circonftances actuelles, fufceptible d'inconvéniens, s'il n'y étoit apporté quelque modification, après avoir entendu fon comité des monnoies, décrète ce qui fuit :

ARTICLE PREMIER.

Conformément au décret du 11 janvier, les pièces de trente fous contiendront en grains de fin la moitié de l'écu, & celles de quinze fous le quart de l'écu.

II.

Néanmoins chacune defdites pièces fera alliée dans la proportion de huit deniers d'argent fin, avec quatre deniers de cuivre.

I I I.

Le graveur-général préparera fans délai les poinçons néceffaires à cette fabrication, aux types décrétés le 11 avril dernier ; de forte que dans trois femaines au plus tard de la publication du préfent décret, la fabrication foit en activité.

I V.

L'argenterie des églifes fupprimées, & dépofée dans les hôtels des monnoies, fera d'abord employée à cette fabrication ; elle fera continuée enfuite avec les matières que fe procure le tréfor public pour la fabrication des écus, dont il ne fera fabriqué que pour les befoins indifpenfables, jufqu'à ce que l'émiffion de la menue monnoie foit déclarée fuffifante par un décret du corps légiflatif.

V.

Toute perfonne qui apportera à la monnoie des matières d'argent, recevra fans aucune retenue la même quantité de grains de fin en monnoie fabriquée.

Mandons & ordonnons à tous les tribunaux, corps adminiftratifs & municipalités, &c.

1771.

L O I

Relative aux pensions.

Donnée à Paris le 28 juillet 1791.

Louis, par la grace de Dieu, &c.

Décret du 14 juillet 1791.

L'Assemblée nationale, ouï le rapport de son comité des pensions, qui lui a rendu compte des états dressés par le directeur-général de la liquidation, annexés au présent décret, & des vérifications relatives auxdits états, faites par le directeur-général, décrète ce qui suit :

ARTICLE PREMIER.

Les pensions énoncées au premier état, montant à la somme de 48,768 liv. pour les personnes nées en 1716, & à 48,104 liv. 8 f. pour les personnes nées en 1717, seront rétablies & payées sur les fonds ordonnés par l'art. XVIII du titre III du décret du 3 août 1790, concernant les pensions en général, à compter du premier janvier 1790, à la charge par les pensionnaires de faire compensation, sur ce qui leur sera dû, avec ce qu'ils auroient reçu à titre de secours.

I I.

Les pensions énoncées au second état, montant à la somme de 126,248 liv. 10 f. pour les personnes nées

en 1716, & à 83,760 liv 5 f. pour les personnes nées
en 1717, seront recréées & payées sur le fonds ordonné
par l'art. XIV du titre I du décret du 3 août 1790,
à compter du premier janvier 1790, à la charge par
les pensionnaires de faire compensation, sur ce qui
leur sera dû, avec ce qu'ils auroient reçu à titre de secours.

I I I.

Lesdites pensions rétablies & recréées seront payées par
les payeurs des rentes, dits de l'Hôtel-de-ville, auxquels
il sera remis à cet effet, avec les fonds nécessaires, un
état des secours que lesdits pensionnaires auront reçus, &
en satisfaisant d'ailleurs, par les pensionnaires, aux conditions requises par les décrets de l'Assemblée nationale
pour recevoir leur paiement.

I V.

A l'égard des personnes comprises au troisième état
joint au présent décret, & dont les pensions montoient,
pour les personnes nées en 1716, à la somme de 41,
264 livres 6 den., & pour les personnes nées en 1717,
à la somme de 84,507 liv. 15 f. 3 den., l'Assemblée
déclare qu'il n'y a lieu a rétablir ni recréer lesdites pensions sur la trésorerie nationale, sauf auxdits pensionnaires à se pourvoir ainsi qu'ils aviseront.

Mandons & ordonnons à tous les tribunaux, corps
administratifs & municipalités, &c.

1772.

L O I

Relative aux frais des estimations des domaines nationaux.

Donnée à Paris le 28 juillet 1791.

Louis, par la grace de Dieu, &c.

Décret du 18 *juillet* 1791.

L'Assemblée nationale, ouï le rapport de ses comités d'aliénation & des finances réunis, décrète :

ARTICLE PREMIER.

Les administrateurs des districts feront dresser des états des frais causés par les estimations & ventes des domaines nationaux, autres que ceux dont l'Assemblée nationale a décrété l'aliénation en faveur des municipalités. Lesdits états porteront distinction des frais des ventes déja consommées, & de celles qui ne le sont pas encore, la date & le prix des adjudications des ventes consommées.

Les états ainsi dressés seront envoyés aux directoires de département, qui seront tenus d'y mettre leur vu, & d'y joindre les observations détaillées dont ils seront susceptibles, de les adresser ensuite au comité d'aliénation, sur le rapport duquel l'Assemblée nationale décrétera le paiement des sommes qui seront légitimement dues.

En conséquence, & en conformité du décret de l'Assemblée, les commissaires de la trésorerie feront passer aux receveurs de district les sommes nécessaires pour le

paiement des frais, & le remboursement desdites sommes
sera fait à la tréforerie nationale, par la caisse de l'extraordinaire, sur une ordonnance du commissaire-administrateur de ladite caisse.

A l'avenir, les administrateurs de district enverront
aux directoires de département, & ceux-ci au comité
d'aliénation, avec les procès-verbaux d'adjudication qu'ils
lui feront passer, aux termes du décret du 3 novembre
1790, les états des frais desdites ventes; à la fin de
chaque mois, il sera fait un relevé desdits frais, & ils
feront payés de la même manière qu'il vient d'être dit
pour les frais faits jusqu'à ce jour.

I I.

Les directoires de district dresseront pareillement des
états de tous les frais & avances qu'ils ont été nécessités
de faire pour l'administration des domaines nationaux,
frais de culture, & autres de tout genre; ils enverront
lesdits états aux directoires de leurs départemens, qui y
mettront leur vu, & y joindront les observations détaillées dont ils leur paroîtront susceptibles; les directoires
des départemens adresseront les états qu'ils auront reçus
des districts & les observations qu'ils y auront faites,
au comité d'aliénation, qui en rendra compte à l'Af-
semblée nationale; & sur le décret qu'elle prononcera,
les commissaires de la tréforerie nationale feront passer
aux receveurs des districts les sommes nécessaires pour
le remboursement des frais & dépenses légitimement
dues. La caisse de l'extraordinaire fera le remplacement
des sommes fournies par la tréforerie nationale, de la
manière qu'il a été ordonné par l'article précédent.

I I I.

En attendant l'exécution des dispositions portées par
les articles précédens, les commissaires de la tréforerie
feront,

feront, par provifion, verfer entre les mains des receveurs des diftricts, un à-compte d'un pour cent des
eftimations faites dans les différens diftricts, & comprifes dans l'état imprimé par l'ordre de l'Affemblée,
d'après les bordereaux envoyés au comité d'aliénation,
jufqu'au 15 mai dernier, & ce, dans la même proportion pour laquelle chaque diftrict eft employé dans
ledit état. Les fonds envoyés par la tréforerie nationale,
en exécution du préfent article, feront remplacés par la
caiffe de l'extraordinaire, ainfi qu'il a été dit dans l'article premier.

I V.

L'Affemblée nationale, renouvelant les défenfes portée
par le décret du 3 décembre 1790, contre tout emploi
des affignats & autres fonds qui rentrent dans les caiffes
de diftrict, autre que celui qui eft réglé par les décrets
de l'Affemblée, décrète que lefdits affignats feront envoyés, foit au tréforier de l'extraordinaire, foit à la
tréforerie nationale, felon la deftination qui en eft faite
par les différens décrets de l'Affemblée, à peine, contre
les adminiftrateurs, ou tous autres qui intervertiroient
la deftination & l'envoi des affignats & fonds publics,
d'en répondre en leur propre nom.

Mandons & ordonnons à tous les tribunaux, corps
adminiftratifs & municipalités, &c.

1773.

L O I.

Relative aux évènemens de la journée du 17 juillet.

Donnée à Paris le 28 juillet 1791.

Louis, par la grace de Dieu, &c.

Décret du 18 juillet 1791.

L'Assemblée nationale ordonne l'impression du procès-verbal de la municipalité de Paris, qui a été lu à la barre par le maire ; décrète que le discours adressé par son président à la municipalité, & qui renferme l'expression de ses sentimens, sera pareillement imprimé & affiché dans toutes les rues de la capitale ; ordonne aux accusateurs publics auprès des tribunaux de Paris de poursuivre avec la plus grande promptitude la punition des auteurs des délits, & des chefs des émeutes qui ont eu lieu dans la journée d'hier.

Mandons & ordonnons à tous les tribunaux, corps administratifs & municipalités, &c.

1774.

L O I

Relative à la fabrication de la nouvelle monnoie de cuivre.

Donnée à Paris le 28 juillet 1791.

Louis, par la grace de Dieu, &c.

Décret du 18 *juillet* 1791.

L'Assemblée nationale décrète ce qui suit :

ARTICLE PREMIER.

Le cuivre résultant des expériences faites sur le métal des cloches en présence des commissaires des comités des monnoies & des finances, sera incessamment porté à l'Hôtel des monnoies pour y être fabriqué & réduit en monnoie.

I I.

Il sera procédé à de nouveaux travaux de dépuration du métal des cloches, sous la surveillance des mêmes comités, lesquels tiendront note exacte des dépenses & résultats.

I I I.

Le département de Paris délivrera les cloches nécessaires à ces opérations.

Mandons & ordonnons à tous les tribunaux, corps administratifs & municipalités; &c.

1775.

L O I

Relative à la Gendarmerie nationale.

Donnée à Paris le 28 juillet 1791.

Louis, par la grace de Dieu, &c.

Décret du 22 juillet 1791.

L'Assemblée Nationale décrète ce qui suit :

ARTICLE PREMIER.

Il sera fourni par le ci-devant commandant de la compagnie de Robe-courte, un état des surnuméraires employés dans ladite compagnie à la date du premier janvier 1791, & cet état sera certifié par le commissaire des guerres, inspecteur de ladite compagnie. Le directoire du département de Paris inscrira lesdits surnuméraires sur le registre ordonné par l'art. II du titre II, afin qu'ils soient remplacés, de préférence à tous autres sujets, dans les deux compagnies de Gendarmerie nationale attachées au service des tribunaux, sans qu'aucun desdits surnuméraires puisse être recherché sur le temps de service qui lui manqueroit pour y être admis.

II.

Les gendarmes de la ci-devant Robe-courte, ne recevant plus d'extraordinaire, font rappelés de leur traitement, à compter du premier janvier 1791, sur le pied fixé par l'article IV du titre VI de la loi fur la Gendarmerie nationale. L'Affemblée nationale amendant en ce point l'article VII de fon décret du 22 juin 1791, le miniftre de l'intérieur eft autorifé à donner pour leur paiement des mandats fur le tréfor public.

I I I.

Il fera attaché un commis du fecrétaire-greffier au fervice des deux compagnies de Gendarmerie nationale fervant auprès des tribunaux de Paris ; fon traitement fera de fix cents livres, conformément à l'article II du titre V.

I V.

Les commis au fecrétariat feront choifis par le fecrétaire-greffier, qui en répondra. Le fecrétaire-greffier & les commis feront pourvus de commiffions par le miniftre de l'intérieur, fur la préfentation du colonel, qui recevra leur ferment.

V.

Dans la formation actuelle, la diftribution des brigades, & les réfidences des officiers, fous-officiers & gendarmes nationaux, feront faites ainfi qu'il eft prefcrit par les articles VIII & XVI du titre premier; mais le placement des officiers, fous-officiers & gendarmes fera fait par le miniftre de la guerre.

V I.

Les officiers, fous-officiers & gendarmes de la Gendarmerie nationale, faifant leur fervice à cheval, ne pourront réfter plus de quinze jours fans être montés; & cependant le colonel, fur les raifons qui lui feront alléguées, pourra étendre ce terme jufqu'à un mois, & non au-delà.

Dans le cas où aucun officier, fous-officier, ou gendarme, ne fe conformeroit pas à cette loi, il fera défalqué; favoir, aux officiers de tout grade, quarante fous par jour, & aux fous-officiers & gendarmes, trente-cinq fous, à compter du jour où il aura ceffé d'être monté.

Enfin, s'il négligeoit de fe monter dans le cours du fecond mois, il fera cenfé avoir renoncé à fon état, & le colonel fera tenu d'en rendre compte au miniftre de la guerre, lequel deftituera le délinquant fans préjudice de la retenue : lefdites retenues tourneront au profit de la maffe.

V I I.

Les lettres de paffe dans le corps de la Gendarmerie nationale auront lieu comme par le paffé, d'une réfidence à une autre, toutes les fois que les circonftances l'exigeront ; les fous-officiers & gendarmes feront tenus de s'y conformer fous peine de deftitution.

Mandons & ordonnons à tous les tribunaux, corps adminiftratifs & municipalités, &c.

1776.

L O I

Qui règle la couleur des affiches.

Donnée à Paris le 28 juillet 1791.

Louis, par la grace de Dieu, &c.

Décret du 22 juillet 1791.

L'Assemblée nationale décrète que les affiches des actes émanés de l'autorité publique feront seules imprimées fur papier blanc ordinaire ; & celles faites par des particuliers ne pourront l'être que fur papier de couleur, fous peine de l'amende ordinaire de police municipale.

Mandons & ordonnons à tous les tribunaux, corps administratifs & municipalités, &c.

1777.

L O I

Qui autorife les directoires du diftrict de Mortain & des départemens de l'Ardèche & du Morbihan, à acquérir les bâtimens néceffaires à leur établiffement.

Donnée à Paris le 28 juillet 1791.

Louis, par la grace de Dieu, &c.

Décret du 22 juillet 1791.

L'Affemblée nationale, ouï le rapport de fon comité d'emplacement, confidérant qu'il n'exifte point d'édifices nationaux dans la ville de Mortain, propres à y établir le corps adminiftratif du diftrict & le tribunal, autorife le directoire du diftrict à acquérir, aux frais des adminiftrés, du fieur de Vaufleury, moyennant la fomme de vingt-un mille quatre cent quarante livres, prix convenu avec lui, la maifon qui lui appartient, fife audit Mortain, avec les terreins en dépendans, pour y placer le corps adminiftratif dudit diftrict & le tribunal.

L'autorife également à faire procéder à l'adjudication au rabais des ouvrages & arrangemens intérieurs néceffaires, fur le devis eftimatif qui en a été dreffé par le fieur Diffauzais, ingénieur des ponts & chauffées, le 22 avril dernier, pour le montant de ladite adjudication être fupporté par lefdits adminiftrés.

L'Affemblée nationale réferve de prononcer fur la revente de tout ou partie des trente-fix perches de jardin, dépendant de la maifon dont il s'agit, jufqu'à ce que le directoire du département de la Manche fe foit fait rendre un nouveau compte de l'état des lieux, & en ait donné son avis.

Autorise le directoire du département du Morbihan à acquérir aux frais des administrés, & dans les formes prescrites par les décrets de l'Assemblée nationale pour la vente des biens nationaux, 1°. la partie du couvent ci-devant aux Cordeliers de la ville de Vannes, où le directoire tient actuellement ses séances, contenant cette partie deux cent quatre-vingts toises & telle qu'elle est désignée en la délibération du 29 novembre 1790, & au procès verbal du sieur Ulliac, architecte, du 13 décembre suivant ; 2°. le long du bâtiment, du côté du jardin, cent vingt toises quarrées environ de terrein, pour y former une terrasse de trente-six pieds de large, avec un droit de passage à travers le surplus du jardin, pour arriver à l'hôtel du département par l'escalier placé vers la rue de Saint François.

Excepte de la présente permission d'acquérir, le surplus du terrein de la ci-devant maison des Cordeliers, sur lequel l'église & le cloître sont édifiés, ainsi que la partie qui est en jardin ou clos.

L'Assemblée nationale autorise pareillement le directoire du département à faire procéder à l'adjudication au rabais des réparations dont il s'agit au procès-verbal de devis du sieur Ulliac, architecte, du 14 décembre 1790 & jours suivans, montant à la somme de treize mille neuf cent quarante-quatre livres dix-sept sous cinq deniers rabais, par adjudication publique en la forme, pour le montant en être également supporté par les administrés.

Autorise le directoire du département de l'Ardèche à acquérir, aux frais des administrés, la maison du sieur Marie-Cesar de Fay de la Tour-Maubourg, occupée présentement par le directoire, & dont le sieur Guérin, son procureur fondé, lui a passé promesse de vente, sous le bon plaisir de l'Assemblée, le 17 juin dernier, moyennant la somme de vingt-deux mille livres, &

fous les autres charges & conditions requifes en ladite promeffe de vente, que l'Affemblée approuve.

Elle autorife pareillement le directoire à faire procéder à l'adjudication au rabais des réparations relatives à l'adminiftration feulement, montant, fuivant le devis du fieur Periolas fils, ingénieur des ponts & chauffées, des 20 au 24 juin dernier, à fix mille cent quatre-vingt-feize livres, pour le montant en être également fupporté par les adminiftrés.

L'Affemblée réferve de prononcer fur les réparations à faire pour la perfection des ca5ernes, jufqu'à ce que la prochaine affemblée du confeil d'adminiftration du département de l'Ardèche en ait ultérieurement délibéré, & lui ait préfenté de nouveau fa demande à cet égard.

Mandons & ordonnons à tous les tribunaux, corps adminiftratifs & municipalités, &c.

1778.

L O I

Relative à un verfement de fonds à la tréforerie nationale par la caiffe de l'extraordinaire.

Donnée à Paris le 28 juillet 1791.

Louis, par la grace de Dieu, &c.

Décret du 18 juillet 1791.

L'Affemblée nationale décrète que la caiffe de l'extraordinaire verfera à la tréforerie la fomme de cinq millions fix cent trente-deux mille neuf cent cinquante-huit livres, en remplacement de pareille fomme par elle acquittée dans le mois de mai dernier, pour les

dépenses particulières de l'année mil sept cent quatre-
vingt-onze.

Mandons & ordonnons à tous les tribunaux, corps
administratifs & municipalités, &c.

1779.

L O I

Relative à l'inféodation du sol de la forêt de Beaufort.

Donnée à Paris le 28 juillet 1791.

Louis, par la grace de Dieu, &c.

Décret du 19 juillet 1791.

L'Assemblée nationale décrète ce qui suit:

ARTICLE PREMIER.

L'Assemblée nationale, ouï le rapport de son comité
des domaines, déclare nulle l'inféodation du sol de la
forêt de Beaufort, faite au sieur Baraudier-Dessuile par
arrêt du conseil du 9 août 1771.

I I.

Les ventes faites par ledit sieur Dessuile aux sieurs Bo-
reau de la Bernardière & Guichard, les 7 janvier 1783,
& 16 février 1786, ainsi que toutes autres ventes qu'il
auroit pu faire des redevances & droits de directe sur
les portions de terres dépendantes de ladite forêt de
Beaufort, font révoquées & regardées comme non-avenues.

I I I.

L'Assemblée maintient dans leur propriété les divers particuliers à qui le fieur Deffuile a donné à cens partie du fol de ladite forêt de Beaufort, à la charge par eux de tenir directement leurs portions de terre du domaine, de payer au tréfor public, entre les mains du prépofé de l'adminiftration, la redevance fixée par l'arrê du confeil du 9 août 1771, ainfi que les rentes foncières que le fieur Deffuile s'étoit réfervées en fus de ladite re- devance, par chaque arpent dudit terrein ; comme auffi de payer au domaine les lods, ventes & autres droits cafuels, les cas échéant, jufqu'à ce qu'ils aient fait le rachat defdites redevances & droits cafuels, en la forme & au taux réglés par les précédens décrets.

I V.

Le fieur Guichard eft pareillement autorifé à conferver la propriété des quinze arpens du même terrein qu'il a acquis du fieur Deffuile, en fe foumettant à les tenir di- rectement du domaine, & à payer la redevance de quatorze livres feize fous par arpent, outre celle d'un fetier de blé, conformément à ce qui a été réglé par l'article pré- cédent pour les autres détenteurs ; ce qu'il fera tenu de déclarer dans le délai de trois mois, à compter de la publication du préfent décret : paffé lequel il demeurera déchu de tout droit de propriété, & lefdits quinze ar- pens de terre feront vendus au profit de la Nation en la manière prefcrite pour les autres biens nationaux.

Mandons & ordonnons à tous les tribunaux, corps adminiftratifs & municipalités, &c.

1780.

L O I

Relative aux fers & autres objets venant du village des Hayons, principauté de Sedan.

Donnée à Paris le 28 juillet 1791.

Louis, par la grace de Dieu, &c.

Décret du 25 *juillet* 1791.

L'Assemblée nationale, après avoir entendu le rapport de son comité d'agriculture & de commerce, décrète que les fers & autres objets qui passeront du village des Hayons, situé à trois lieues des frontières de la ci-devant principauté de Sedan, dans l'enceinte des barrières, & tout ce qui sortira du Royaume par ledit village, seront soumis aux droits & aux prohibitions réglés par la loi du 15 mars dernier, sans rien préjuger relativement à la souveraineté sur ledit village.

Permet cependant de faire sortir en exemption de droits jusqu'au premier janvier mil sept cent quatre-vingt-treize, pour les fabriques dudit village, une quantité de vieux fers proportionnée à celle des fers platinés qui seront apportés desdites fabriques dans le Royaume.

Mandons & ordonnons à tous les tribunaux, corps administratifs & municipalités, &c.

1781.

L O I

Relative aux dépenfes municipales de la ville de Paris.

Donnée à Paris le 28 juillet 1791.

Louis, par la grace de Dieu, &c.

Décret du 23 juillet 1791.

L'Affemblée nationale, fur le rapport du comité des contributions publiques, décrète,

Qu'à compter du premier juillet préfent mois, les dépenfes municipales de la ville de Paris cefferont d'être à la charge du trefor public.

Se réferve de ftatuer inceffamment fur la dépenfe de la Garde nationale foldée de la ville de Paris, & fur le mode de paiement des rentes & dettes arriérées de la même ville.

Mandons & ordonnons à tous les tribunaux, corps adminiftratifs & municipalités, &c.

1782.

LOI

Relative à la liquidation de différentes sommes faisant partie de l'arriéré.

Donnée à Paris le 29 juillet 1791.

Louis, par la grace de Dieu, &c.

Décret du 16 juillet 1791.

L'Affemblée Nationale ; ouï le rapport de fon comité central de liquidation ; qui lui a rendu compte des vérifications & rapports faits par le commiffaire du roi ; directeur général de la liquidition , décrère qu'en conformité de fes précédens décrets fur l'acquit de la dette de l'État, il fera payé fur les fonds deftinés à l'acquit de ladite dette , aux perfonnes ci-après nommées & pour les caufes qui feront pareillement exprimées , les fommes fuivantes :

Réfultat des différentes parties de ladite liquidation.

1e. Arriéré du département de la maifon du roi.

Bâtimens.

Département de Saint-Hubert.

Seize parties prenantes, total. . . . . 27,741 l. 7 f. 4 d.

Département de Paris.

Onze parties prenantes. 242,876 6 5

Département de Fontainebleau.

Seize parties prenantes. 232,916 17 8

Département de Compiègne.

Sept parties prenantes . . . . . . 851,541 l. 17 f. 10 d.

2°. Arriéré du département de la marine, entrepreneurs, ouvriers & fournisseurs de la marine pour les années 1779 à 1789.

Onze parties prenantes, total . . . 365,860   15   5

3°. Arriéré du département des finances, ponts & chaussées.

Une partie prenante, total 30,714   19   »

4°. Domaines & féodalité.

Deux parties prenantes, total . . . 179,136   »   »

5°. Jurandes & maîtrises.

Cent soixante dix-huit parties prenantes, total. 60,495   »   »

6°. Remboursemens de charges & offices, brevets de retenues & remboursement aux anciens officiers du régiment des Gardes-Françaises.

Trente-neuf parties prenantes . . . 2,837,200   »   »

7°. Créances sur le ci-devant clergé.

Quinze parties prenantes, total exigible. 8,100   18   9

Total général, deux cents quatre-vingt-seize parties prenantes, ci . 4,070,584   16   1

Seront au surplus les personnes dénommées au présent état tenues de se conformer au décret de l'Assemblée, tant pour l'obtention de leurs reconnoissances définitives que des mandats de paiement qui leur seront délivrés à l'administration & à la caisse de l'extraordinaire.

Mandons & ordonnons à tous les tribunaux, corps administratifs & municipalités, &c.

1783.

L O I

Relative au commerce du Levant & de Barbarie.

Donnée à Paris le 29 juillet 1791.

Louis, par la grace de Dieu, &c.

Décret du 21 juillet 1791.

L'Assemblée Nationale, après avoir entendu le rapport de son comité d'agriculture & de commerce, décrète ce qui suit :

ARTICLE PREMIER.

Le commerce des Echelles du Levant & de Barbarie est libre à tous les Français.

I I.

Il est libre d'envoyer de tous les ports du royaume, des vaisseaux & des marchandises dans toutes les Echelles.

I I I.

Tout négociant français peut faire des établissemens dans toutes les parties du Levant & de la Barbarie, en fournissant dans la forme usitée, & jusqu'au règlement qui sera incessamment présenté à l'Assemblée nationale sur le mode d'organisation de l'administration du Levant, un cautionnement qui garantisse les autres établissemens français, des actions qui pourroient être exercées contre eux par son fait, ou celui de ses agens.

I V.

Les cautionnemens qui seront fournis par les habitans des départemens, autres que celui des Bouches-du-Rhône, pourront être reçus par les directoires de leurs départemens, qui en feront remettre un extrait à la chambre de commerce de Marseille.

V.

Les retours du commerce du Levant & de Barbarie pourront se faire dans tous les ports du royaume, après avoir fait quarantaine à Marseille, en avoir acquitté les frais & les droits imposés pour l'administration du Levant, à la charge de rapporter un certificat de santé.

V I.

Les marchandises provenant desdits retours, à l'exception des tabacs qui y seront traités comme dans les autres ports du royaume, pourront entrer à Marseille, s'y consommer, & en être réexportées par mer en franchise de tout autre droit que celui imposé pour l'administration des Echelles.

V I I.

Lesdites marchandises paieront, à leur introduction dans le royaume, les droits auxquels sont assujéties par le tarif général celles de même espèce qui viennent de l'étranger; à l'exception cependant des toiles de coton blanches & des cotons filés, qui ne seront soumis qu'à un droit de vingt livres du cent pesant, & du café moka dont le droit sera réduit à douze livres aussi par quintal.

V I I I.

Le tranfit par terre defdites marchandifes de Marfeille pour Genève, la Suiffe, le Piémont, la Savoie, l'Allemagne, & les Pays-Bas de la domination étrangère, fera affranchi de tous droits, à la charge que lefdites marchandifes feront expédiées fous plomb, & par acquit-à-caution portant foumiffion de les faire fortir, dans le délai de trois mois, par l'un des bureaux de Chaparillan, Pont-de-Beauvoifin, Seyffel, Meyrin, Verreries-de-Joux, Jougnes, Héricourt, Strasbourg, Saint-Louis, Saarlouis, Thionville, Givet, Valenciennes & Lille.

I X.

Dans le cas où les retours du Levant s'effectueroient dans d'autres ports que celui de Marfeille, après y avoir fait quarantaine, les marchandifes importées feront, à leur arrivée, entrepofées fous la clé de la régie. Celles defdites marchandifes qui feront tirées de l'entrepôt pour être réexportées par mer, ou pour paffer à l'étranger en tranfit, ne feront fujètes à aucun droit. Celles qui entreront dans la confommation du royaume, paieront les droits mentionnés en l'article VII.

X.

Pour favorifer le commerce direct des Français au Levant, les marchandifes du Levant & de Barbarie, comprifes dans l'état annexé au préfent décret, importées de l'étranger, même fur bâtimens français, ou directement du Levant fur navires étrangers, ou fur navires français ayant relâché a l'étranger & y ayant fait quelque chargement, feront affujéties, tant à Marfeille

Q 2

que dans les autres ports du royaume, au droit de vingt
pour cent de la valeur portée par ledit état. Ce droit
fera indépendant de celui du tarif général, & fera perçu
par les prépofés de la régie nationale des douanes, &
au profit de la Nation.

X I.

Les marchandifes importées directement du Levant par
navires français, quoique pour le compte des étrangers,
jouiront de la même franchife que celles importées pour
le compte des Français.

X I I.

Le droit de vingt pour cent fera perçu également par
addition à celui d'entrée, fur les marchandifes dénommées
dans l'état n°. 11, annexé au préfent décret, importées
de l'étranger dans le royaume, tant par terre que par
mer, fans être accompagnées de certificats juftificatifs
d'une origine autre que celle du Levant, délivrés par
les confuls ou agens de la nation françaife où il y en aura
d'établis, &, à leur défaut, par les magiftrats des lieux
d'envoi. Dans le cas où les certificats n'accompagneroient
pas les marchandifes, le droit fera configné, & la reftitution n'en fera faite qu'autant que le certificat fera
rapporté dans le délai de trois mois.

NUMÉRO PREMIER.

ETAT des marchandises du Levant qui devront le droit de vingt pour cent de la valeur à l'entrée de Marseille, lorsqu'elles y seront apportées par vaisseaux étrangers, ou par vaisseaux français qui auront relâché en pays étranger, & qui y auront fait quelques chargemens, & de la quotité de ce droit d'après les valeurs déterminées.

A.

	tt	s	d
Aloës, le cent pesant estimé quatre-vingt-cinq livres, paiera dix-sept livres, ci	17	0	0
Alun, le cent pesant estimé quatorze livres, paiera deux livres seize sous, ci	2	16	0
Aglu, le cent pesant estimé cent dix liv., paiera vingt-deux livres, ci	22	0	0
Assa fœtida, le cent pesant estimé cent dix liv., paiera vingt-deux livres, ci	22	0	0

B.

Bois de cerf ou de buis, le cent pesant estimé vingt-deux livres, paiera quatre livres huit sous, ci	4	8	0
Bourdes de Barbarie, le cent pesant estimé huit livres, paiera une livre douze sous, ci	1	12	0
Bdelium, le cent pesant estimé quatre-vingt-dix livres, paiera dix-huit livres, ci	18	0	0

C.

Café, le cent pesant estimé cent soixante-dix liv., paiera trente-quatre liv., ci	34	0	0
Cendres de Tripoli ou de Rome, le cent pesant estimé neuf livres, paiera une livre seize sous, ci	1	16	0

Cire jaune de toute efpèce, le cent pefant eſtimé cent quatre-vingts livres, paiera trente-ſix livres, ci ·· 36 0 0

Coque du Levant, le cent pefant eſtimé quatre-vingt-dix livres, paiera dix-huit livres, ci ·········· 18 0 0

Corcomme, le cent pefant eſtimé quarante-cinq livres, paiera neuf livres, ci ····················· 9 0 0

Cordouans, la douzaine eſtimée vingt-quatre livres, paiera quatre livres ſeize ſous, ci ··············· 4 16 0

Coton filé blanc, le cent pefant eſtimé deux cents livres, paiera quarante livres, ci ················· 40 0 0

Coton filé rouge, le cent pefant eſtimé quatre cent cinquante livres, paiera quatre-vingt-dix livres, ci ·· 90 0 0

Coton en laine, le cent pefant eſtimé cent vingt livres, paiera vingt-quatre livres, ci ············· 24 0 0

Couvertures, la pièce eſtimée neuf livres, paiera une livre ſeize ſous, ci ·························· 1 16 0

Crin, le cent pefant eſtimé cent livres, paiera vingt livres, ci ······························· 20 0 0

Cuirs, baffles & chimbalis, le cent pefant eſtimé vingt livres, paiera quatre livres, ci ·············· 4 0 0

Cuirs eſcarts, le cent pefant eſtimé douze livres, paiera deux livres huit ſous, ci ················· 2 8 0

Cuirs d'Alger & de Tunis, le cent pefant eſtimé cinquante-cinq livres, paiera onze livres, ci ····· 11 0 0

Cuivre en pain, le cent pefant eſtimé quatre-vingts livres, paiera ſeize livres, ci ················ 16 0 0

Cuivre vieux, le cent pefant eſtimé quatre-vingt-cinq livres, paiera dix-ſept livres, ci············ 17 0 0

D.

Dattes, le cent pefant eſtimé vingt-ſept livres, paiera cinq livres huit ſous, ci ················· 5 8 0

Dents d'éléphant, le cent pefant eſtimé deux cent vingt livres, paiera quarante-quatre livres, ci ···· 44 0 0

E.

Encens en larme, le cent pefant eſtimé cinquante livres, paiera dix livres, ci ······················ 10 0 0

Encens en forte, le cent pefant eftimé quarante-deux livres, paiera huit livres huit fous, ci 8 8 0

Encens en pouffière, le cent pefant eftimé dix liv., paiera deux livres, ci 2 0 0

Eponges fines, le cent pefant eftimé deux cent quatre-vingts livres, paiera cinquante fix livres, ci. 56 0 0

Eponges communes, le cent pefant eftimé cinquante-cinq livres, paiera onze livres, ci.......... 11 0 0

Efcayoles, le cent pefant eftimé dix livres, paiera deux livres, ci.............................. 2 0 0

Etoupes de foie, le cent pefant eftimé trente-trois livres, paiera fix livres douze fous, ci 6 12 0

F.

Follicules de féné, le cent pefant eftimé cent foixante livres, paiera trente-deux livres, ci 32 0 0

Fourrures de foie, le cent pefant eftimé vingt-fept livres, paiera cinq livres huit fous, ci 5 0 0

Figues feches, le cent pefant eftimé quinze livres, paiera trois livres, ci........................ 3 0 0

Fil de chêvre, le cent pefant eftimé quatre cent cinquante livres, paiera quatre-vingt-dix livres, ci · 90 0 0

G.

Galbanum, le cent pefant eftimé cent dix livres, paiera vingt-deux livres, ci 22 0 0

Galle de toutes fortes, le cent pefant eftimé cent livres, paiera vingt livres, ci 20 0 0

Gomme de toutes fortes, le cent pefant eftimé cent livres, paiera vingt livres, ci................. 20 0 0

Grainette, le cent pefant eftimé vingt-cinq livres, paiera cinq livres, ci 5 0 0

H.

Huile d'olive, la millerolle eftimée foixante livres, paiera douze livres, ci 12 0 0

Hermodates, le cent pefant eftimé foixante-huit livres, paiera treize livres douze fous, ci 13 12 0

L.

Laine de chevron noire, le cent pesant estimé trois cents livres, paiera soixante livres, ci ············· 60　0　0

Laine de chevron grise, rousse on blanche, le cent pesant estimé deux cent cinquante livres, paiera cinquante livres, ci ····························· 50　0　0

Les autres espèces sans distinction, le cent pesant estimé quarante livres, paiera huit livres, ci ······ 8　0　0

M.

Mastic en larme ou en sorte, le cent pesant estimé deux cent vingt livres, paiera quarante-quatre liv., ci ································· 44　0　0

Mirabolans, le cent pesant estimé vingt-huit liv., paiera cinq livres douze sous, ci ·············· 5　12　0

Mirrhe, le cent pesant estimé cent quarante liv., paiera vingt-huit liv., ci ····················· 28　0　0

Maroquins, la douzaine estimée trente livres, paiera six livres, ci ···························· 6　0　0

N.

Nacre de perles, le cent pesant estimé cent liv., paiera vingt livres, ci ························· 20　0　0

Noix vomiques, le cent pesant estimé vingt-cinq livres, paiera cinq liv., ci ···················· 5　0　0

O.

Opium, la livre estimée six livres, paiera une livre quatre sous, ci ······························· 1　4　0

Oppopanax, la livre estimée quatre liv. dix sous, paiera dix-huit sous, ci ······················· 0　18　0

Orpiment, le cent pesant estimé quarante livres, paiera huit liv., ci ····························· 8　0　0

P.

Peaux de chèvres d'Angora, la pièce estimée vingt-sept livres, paiera cinq livres huit sous, ci ········ 5　8　0

Pignons-Inde, la livre eftimée dix fous, paiera deux fous, ci · 2   0   0

Pirètre, la livre eftimée cinq fous, paiera un fou, ci · 0   1   0

Piftaches d'Alep, la livre eftimée une livre, paiera quatre fous, ci · 0   4   0

Poil de chèvre, le cent pefant eftimé deux cent trente livres, paiera quarante-fix livres, ci · · · · · · · 46   0   0

Q.

Queues de ʒerdara, la pièce eftimée dix-huit livres, paiera trois livres douze fous, ci · · · · · · · · · · · · · · 3   12   0

R.

Racine de liʒari, le cent pefant eftimé foixante-dix livres, paiera quatorze livres, ci · · · · · · · · · · · · · 14   0   0

Raifins de Corinthe ou *autres*, le cent pefant eftimé quinze livres, paiera trois livres, ci · · · · · · · · · · · · 3   0   0

Rhubarbe, le cent pefant eftimé fix cents livres, paiera cent vingt livres, ci · · · · · · · · · · · · · · · · · · · 120   0   0

S.

Safranum, le cent pefant eftimé cent dix livres, paiera vingt-deux livres, ci · · · · · · · · · · · · · · · · · · · 22   0   0

Sandarac, le cent pefant eftimé deux liv. dix fous, paiera dix fous, ci · 0   10   0

Scamonée d'Alep, la livre eftimée vingt-cinq liv., paiera cinq livres, ci · 5   0   0

Scamonée de Smyrne, la livre eftimée onze livres, paiera deux livres quatre fous, ci · · · · · · · · · · · · · · 2   4   0

Sebeftes, le cent pefant eftimé vingt-cinq livres, paiera cinq liv., ci · 5   0   0

Sel ammoniac, le cent pefant eftimé cent foixante-dix livres, paiera trente-quatre liv., ci · · · · · · · · · · · 34   0   0

Sel natron, le cent pefant eftimé neuf liv., paiera une livre feize fous, ci · 1   16   0

Semen-Cartami, la livre eftimée trente fous, paiera fix fous, ci · 0   6   0

Semencine, le cent pefant eftimé une livre trois f., paiera quatre fous fept deniers, ci · · · · · · · · · · · · · 0   4   7

	₶	ſ	d
Semen-contra, le cent pefant eſtimé dix-ſept ſous, paiera trois ſous cinq deniers, ci ·················	0	3	5
Semence de ben, la livre eſtimée cinq ſous, paiera un ſou, ci ·································	0	1	0
Séné de la Plate, la livre eſtimée deux liv. cinq ſ., paiera neuf ſous, ci ························	0	9	0
Séné en grabeau, la livre eſtimée dix ſous, paiera deux ſous, ci ···························	0	2	0
Séné d'Alep, la livre eſtimée vingt-deux ſous, paiera quatre ſous cinq deniers, ci ·············	0	4	5
Séné de Tripoli & de Barbarie, la livre eſtimée douze ſous, paiera deux ſous cinq deniers, ci ····	0	2	5
Soie non filée, la livre eſtimée neuf livres, paiera trente-ſix ſous, ci ························	1	16	0
Spicanardi, la livre eſtimée trois livres cinq ſous, paiera treize ſous, ci ·····················	0	13	0
Storax en larme, la livre eſtimée quatre livres, paiera ſeize ſous, ci ··························	0	16	0
Storax en pain, la livre eſtimée vingt-deux ſous, paiera quatre ſous cinq deniers, ci ············	0	4	5
Storax liquide, la livre eſtimée treize ſ., paiera deux ſous ſept deniers, ci ····················	0	2	7

T.

	₶	ſ	d
Tamarin, le cent peſant eſtimé cinquante livres, paiera dix livres, ci ··························	10	0	0
Terre d'ambre, le cent peſant eſtimé trente-cinq ſous, paiera ſept ſous, ci ····················	0	7	0
Térébenthine de Chio, la livre eſtimée dix-ſept ſ., paiera trois ſous cinq deniers, ci ·············	0	3	5
Turbit, la livre eſtimée neuf ſous, paiera un ſou dix deniers, ci ·························	0	1	10

V.

	₶	ſ	d
Vermillon, la livre eſtimée ſix liv., paiera vingt-quatre ſous, ci ·······························	1	4	0
Vin de Chypre, la millerolle eſtimée ſoixante liv., paiera douze liv., ci ·························	12	0	0
Vitriol de Chypre, le cent peſant eſtimé cinquante-cinq livres, paiera onze livres, ci ···············	11	0	0

Z.

Zedoria, la livre eftimée onze fous, paiera deux   tt   ſ   ȝ
fous deux deniers, ci ····························   o   2   2

Etoffes & toileries de foie , fil , coton ou laine.

A.

Allavas, la pièce eftimée fix livres , paiera vingt-   tt   ſ   ȝ
quatre fous, ci ····························   I   4   o
Abats de Salonique, la pièce eftimée quatre livres
dix fous , paiera dix-huit fous, ci ·············   o 18   o

B.

Bourres de foie, la pièce eftimée trente livres,
paiera fix livres, ci ·························   6   o   o
Bourres de foie & coton, la pièce eftimée douze
livres , paiera deux livres huit fous, ci ·········   2   8   o
Bourres de foie du petit tirage, la pièce eftimée
douze livres, paiera deux livres huit fous, ci ·····   2   8   o
Bourres de Manafe, la pièce eftimée fix livres,
paiera vingt-quatre fous, ci ··················   I   4   o
Bourres d'Alexandrie, la pièce eftimée deux liv.
dix fous , paiera dix fous, ci ·················   o 10   o
Bonnets d'Aunis, la douzaine eftimée trente liv.,
paiera fix livres, ci ·························   6   o   o

C.

Canevas, la pièce eftimée douze livres, paiera
deux livres huit fous, ci ·····················   2   8   o
Capots de Salonique, la pièce eftimée huit livres,
paiera trente-deux fous, ci ···················   I 12   o
Capotins, la pièce eftimée fix livres, paiera vingt-
quatre fous, ci ····························   I   4   o
Capicouly, la pièce eftimée feize livres, paiera
trois livres quatre fous, ci ···················   3   4   o
Carmeffon, la pièce eftimée douze livres, paiera
deux livres huit fous, ci ·····················   2   8   o

	#	ſ	a.
Ceintures de laine, la douzaine eſtimée trente - ſix livres, paiera ſept livres quatre ſous, ci········	7	4	0
Cotoni, la pièce eſtimée ſept liv., paiera vingt-huit ſous, ci····· ·························	1	8	0

D.

Demittes en ſoie, la pièce eſtimée douze livres, paiera deux livres huit ſous, ci··············	2	8	0

H.

Herbage, la pièce eſtimée vingt - cinq livres, paiera cinq livres, ci···· ··············	5	0	0
Herbages (*petits*), la pièce eſtimée ſeize livres, paiera trois livres quatre ſous, ci·············	3	4	0

M.

Mouchoirs de ſoie, la pièce eſtimée quatre livres, paiera ſeize ſous, ci····· ········ ····	0	16	0
Mouchoirs d'Alep, la pièce eſtimée quatre livres, paiera ſeize ſous, ci······· ··········	0	16	0

S.

Satin Fleury, la pièce eſtimée trente livres, paiera ſix livres, ci····· ·············	6	0	0
Satin de Chypre, la pièce eſtimée neuf livres, paiera trente-ſix ſous, ci··············· ····	1	16	0
Sirſaka, la pièce eſtimée douze livres, paiera deux livres huit ſous, ci················ ···	2	8	0

T.

Toile ajamis, *auquilly*, *boutanonis*, *eſcamiſe*, *madrapar*, *fudales*, *manotiſ*, *mouſſob*, & *autres eſpèces blanches*, la pièce eſtimée ſept livres, paiera vingt-huit ſous, ci·············· ··············	1	8	0
Les bleues, la pièce eſtimée neuf livres, paiera trente-ſix ſous, ci ·······················	1	16	0
Tieres, *garas* & *guinées*, la pièce eſtimée dix-huit livres, paiera trois livres douze ſous, ci·········	3	12	0

N u m é r o I I.

ETAT des marchandises venant de l'étranger, qui devront, à toutes les entrées du Royaume, indépendamment des droits du tarif général, un droit additionnel de vingt pour cent de la valeur, d'après l'évaluation portée par l'état, n°. premier, lorsqu'elles seront du Levant, ou si elles sont de même espèce que celles du Levant, sans être accompagnées du certificat justificatif d'une autre origine.

S a v o i r,

Alun de Smyrne, café du Levant, cendres du Levant, cires jaunes, cordouans ou maroquins, coton du Levant en laine, cuirs, bufles ou buflins, encens, éponges, fólium du Levant, follicule de séné, galle, gomme adragant, arabique, ammoniaque, sérapine & turique, huile du Levant & de Barbarie, laines du Levant & de Barbarie, natron ou soude, opium, plumes d'autruche blanches ou noires, poil de chameau en laine, poil de chevreau ou laine de chevron, poil de chèvre filé, rhubarbe, safranum, séné, soies du Levant, vitriol de Chypre.

Mandons & ordonnons à tous les tribunaux, corps administratifs & municipalités, &c.

1784.

L O I

Relative aux régimens d'infanterie Allemande, Irlandoise, & Liégeoise.

Donnée à Paris le 29 juillet 1791.

Louis, par la grace de Dieu., &c.

Décret du 21 juillet 1791.

L'Assemblée Nationale décrète que le quatre-vingt-seizième régiment d'infanterie, ci-devant Nassau, & tous ceux ci-devant désignés sous le nom de régimens d'infanterie *Allemande, Irlandoise & Liégeoise,* font partie de l'infanterie française ; qu'en conséquence ils ne font avec elle qu'une seule & même arme ; qu'ils prendront l'uniforme français, suivront la même discipline que les autres troupes françaises ; & qu'à compter du premier de ce mois, ils seront traités de la même manière relativement à la solde, aux appointemens & à la fixation des différentes masses.

Mandons & ordonnons à tous les tribunaux, corps administratifs & municipalités, que ces présentes ils fassent transcrire sur leurs registres, lire, publier & afficher dans leurs ressorts & départemens respectifs, & exécuter comme loi du royaume. Mandons & ordonnons pareillement à tous les officiers-généraux & autres qui commandent les troupes de ligne dans les différens départemens du royaume, comme aussi à tous les officiers, sous-officiers, gendarmes de la gendarmerie nationale, & à tous autres qu'il appartiendra, de se conformer ponctuellement à ces présentes.

1785.

L O I

Relative à M. l'abbé de l'Épée, & à son établissement en faveur des sourds & muets.

Donnée à Paris le 29 juillet 1791.

Louis, par la grace de Dieu, &c.

Décret du 21 juillet 1791.

L'Assemblée Nationale, après avoir entendu le rapport fait au nom de ses comités de l'extinction de mendicité, d'aliénation des biens nationaux, des finances & de constitution, croyant devoir accorder une protection spéciale à l'établissement fait en faveur des sourds & muets, décrète ce qui suit :

Article premier.

Le nom de l'abbé de l'Épée, premier fondateur de cet établissement, sera placé au rang de tous les citoyens qui ont le mieux mérité de l'humanité & de la patrie.

I I.

Le local & les bâtimens du couvent des ci-devant Célestins, situés à Paris près l'arsenal, seront, sans distraction, employés à l'établissement des écoles destinées à l'instruction des sourds, muets, & des aveugles-nés.

I I I.

L'établissement de l'école des sourds, muets, occupera

néanmoins provisoirement la partie des bâtimens indiquée par l'arrêté du directoire du département de Paris, du 20 avril dernier.

I V.

Il sera pris sur les fonds de la trésorerie nationale,

1°. Annuellement & à compter du premier janvier dernier, la somme de douze mille sept cents livres pour les honoraires du premier instituteur, du second, des deux adjoints, d'un économe, d'un maître d'écriture, de deux répétiteurs & de deux maîtresses.

2°. Pour cette année seulement, pour vingt-quatre pensions gratuites, à raison de trois cent cinquante livres chacune, qui seront accordées à vingt-quatre élèves sans fortune, suivant actuellement les écoles, celle de huit mille quatre cents livres.

V.

Les douze mille sept cents livres d'honoraires accordées par l'article précédent, seront réparties ainsi qu'il suit :

Au premier instituteur, quatre mille livres, ci . . . . 4,000 l.

Au second instituteur, deux mille quatre cents livres, ci 2,400

A deux adjoints, à raison de douze cents livres chacun, ci 2,400

A l'économe, quinze cents livres, ci . . . 1,500

Au maître d'écriture externe, cinq cents livres, ci 500

Aux deux répétiteurs, à raison de trois cent cinquante livres chacun, ci 700

Aux

Aux deux maîtresses gouvernantes, à raison de six cents livres chacune, ci. . . . . 1,200 l.

Total, douze mille sept cents livres, ci. . . . . 12,700 l.

Tous auront le logement, excepté le maître d'écriture. Nul n'aura la table que l'économe, les deux répétiteurs & les deux maîtresses gouvernantes.

V I.

Le choix des deux instituteurs actuellement occupés à l'instruction des sourds & muets est confirmé.

V I I.

Il leur sera adjoint deux élèves-instituteurs qui seront nommés par le département de Paris, sur la présentation du premier instituteur.

V I I I.

La surveillance de l'établissement est spécialement confiée au département de Paris.

Mandons & ordonnons à tous les tribunaux, corps administratifs & municipalités, &c.

1786.

LOI

Relative à la défense des frontières.

Donnée à Paris le 29 juillet 1791.

Louis, par la grace de Dieu, &c.

Décret du 22 juillet 1791.

L'Assemblée Nationale, ouï le rapport des comités militaire & diplomatique, sur les moyens de pourvoir à la défense extérieure de l'Etat, décrète ce qui suit :

1°. Il sera mis sur-le-champ en activité quatre-vingt-dix-sept mille hommes de gardes nationales, y compris les vingt-six mille qui, par le décret précédent, ont été destinés à la défense des frontières du Nord. Ces gardes nationales seront soldées & organisées conformément aux précédens décrets, & seront distribuées ainsi qu'il suit :

PREMIÈRE DIVISION.

De Dunkerque à Givet.

Huit mille hommes fournis par les départemens de la Somme, de l'Oise, de l'Aisne, du Pas-de-Calais & du Nord.

DEUXIÈME DIVISION.

De Givet à Bitche.

Dix mille hommes fournis par les départemens de

la Marne, les Ardennes, la Meuse, la Meurthe & la Moselle.

TROISIÈME DIVISION.

De Bitche à Huningue & Befort.

Huit mille hommes fournis par les départemens du Haut & Bas-Rhin.

QUATRIÈME DIVISION.

De Befort à Belley.

Dix mille hommes fournis par les départemens des Vofges & de la Haute-Saone, du Doubs, du Jura & de l'Ain. -

CINQUIÈME DIVISION.

De Belley à Entrevaux-fur-le-Var.

Huit mille hommes fournis par les départemens de l'Ifère, les Hautes-Alpes, les Baffes-Alpes & la Drome.

SIXIÈME DIVISION.

De la Méditerranée : depuis l'embouchure du Var jufqu'à celle du Rhône.

Quatre mille hommes fournis par les départemens du Var & des Bouches-du-Rhône.

SEPTIÈME DIVISION.

De l'embouchure du Rhône jufqu'à l'étang de Leucate.

Trois mille hommes fournis par les départemens du Gard, de l'Hérault & de l'Aude.

H u i t i è m e D i v i s i o n.

De Perpignan à Baïonne.

Dix mille hommes fournis par les départemens des Pyrénées orientales, de l'Arriège, de la Haute-Garonne, des Hautes-Pyrénées & des Basses-Pyrénées.

N e u v è m e D i v i s i o n.

De l'Océan : depuis Baïonne jusqu'à l'embouchure de la Gironde.

Quatre mille hommes fournis par les départemens des Landes & de la Gironde.

D i x i è m e D i v i s i o n.

De l'embouchure de la Gironde à celle de la Loire.

Trois mille hommes fournis par les départemens de la Charente-inférieure, de la Vendée, de la Loire-inférieure, des Deux-Sèvres, & Maine-&-Loire.

O n z i è m e D i v i s i o n.

De l'embouchure de la Loire à Saint-Malo.

Cinq mille hommes fournis par les départemens du Morbihan, du Finistère & des Côtes-du-Nord.

D o u z i è m e D i v i s i o n.

De Saint-Malo au Grand-Vay.

Trois mille hommes fournis par les départemens de l'Ille-&-Vilaine, la Manche, & la Mayenne.

T R E I Z I È M E   D I V I S I O N.

Du Grand-Vay à l'embouchure de la Somme.

Quatre mille hommes fournis par les départemens du Calvados, de la Seine -inférieure & de l'Eure.

Q U A T O R Z I È M E   D I V I S I O N.

L'île de Corse.

Deux mille hommes fournis par le département de l'île de Corse.

Q U I N Z I È M E   D I V I S I O N.

Il sera formé une réserve de quinze mille hommes placés sur Senlis, Compiegne, Soissons & lieux circonvoisins. Elle sera fournie par les départemens ci - après dénommés ; savoir,

Paris.	La Sarthe.
Seine & Oise.	Loir & Cher.
Seine & Marne.	La Nièvre.
L'Aube.	Cher.
L'Yonne.	La Côte-d'Or.
Loiret.	La Haute-Marne.
L'Eure & Loire.	L'Indre & Loire.
L'Orne.	L'Indre.

2°. Le ministre de la guerre nommera sur-le-champ une commission composée d'officiers d'artillerie & de génie, lesquels seront chargés de parcourir ensemble ou séparément les principales frontières du royaume, de prendre connoissance de l'état des places, des travaux qui y ont été commencés, & de ceux qui font néceffaires pour compléter leur défenfe ; de donner provifoirement des ordres pour les travaux qu'ils jugeront les plus preffans, d'en rendre compte aux commandans en chef des divifions & au miniftre de la guerre, qui communiquera à l'Affemblée les informations qu'ils lui auront fait parvenir.

Il fera fait un fonds de quatre millions pour pourvoir aux dépenfes les plus inftantes qu'exige la continuation des travaux commencés & la réparation des places. Le miniftre rendra compte de leur emploi, & préfentera l'état des dépenfes ultérieures qui pourroient être néceffaires.

3°. Le nombre des chevaux d'équipage d'artillerie fera porté à trois mille.

4°. Il fera nommé par l'Affemblée nationale, des commiffaires pris dans fon fein, pour aller dans les départemens qui leur feront défignés, furveiller & preffer l'exécution tant du préfent décret que de ceux qui ont été précédemment rendus pour le paiement des contributions publiques, pour la défenfe de l'Etat, pour le rétabliffement de l'ordre & de la difcipline dans l'armée, & rendre compte fur tous ces objets à l'Affemblée nationale.

Il leur fera remis une inftruction relative à ces objets.

Décrète en outre que le miniftre de la guerre eft autorifé à porter la furveillance & l'autorité de M. Rochambeau jufqu'à Bitche.

Mandons & ordonnons à tous les tribunaux, corps adminiftratifs & municipalités, que ces préfentes ils faffent tranfcrire fur leurs regiftres, lire, publier & afficher dans leurs refforts & départemens refpectifs, & exécuter comme loi du royaume. Mandons & ordonnons pareillement à tous les officiers-généraux & autres, qui commandent les troupes de ligne dans les différens départemens du royaume, & à tous autres qu'il appartiendra, de fe conformer à ces préfentes, & de tenir la main, chacun en ce qui le concerne, à ce qu'elles foient ponctuellement exécutées.

1787.

L O I

Relative aux affignats & à la furveillance de leur fabrication.

Donnée à Paris le 29 juillet 1791.

Louis, par la grace de Dieu, &c.

Décret du 24 juillet 1791.

L'Affemblée Nationale décrète ce qui fuit :

ARTICLE PREMIER.

Le tréfor public acquittera ce qui fe trouvera refter dû pour le papier & l'impreffion des huit cents millions d'affignats décrétés les 29 feptembre & 10 octobre 1790, d'après la repréfentation des marchés & des quittances de paiemens faits à compte jufqu'au premier juillet préfent mois.

II.

Il fera nommé par le pouvoir exécutif, fous la ref-ponfabilité du miniftre des contributions publiques, un commiffaire adjoint aux deux commiffaires du roi déja en activité, pour remplir avec eux, feulement pendant trois mois, les mêmes fonctions dans tout ce qui a rap-port à la confection des affignats de cinq livres, & de

R 4

ceux de la création de fix cents millions portée dans le décret du 19 juin dernier.

III.

Le miniftre des contributions publiques vifera toutes conventions arrêtées & fignées par les commiffaires du roi, avec les fabricans & artiftes occupés pour les affignats de la création de fix cents millions, de là même manière qu'il en a été ufé pour ceux de cinq livres, & copie defdites conventions vifées fera dépofée aux archives nationales.

Mandons & ordonnons à tous les tribunaux, corps adminiftratifs & municipalités, &c.

1788.

L O I

Relative à l'indemnité réglée par la loi du 14 mars 1791, en faveur des juges, commiffaires du roi, accufateurs publics, greffiers & commis-greffiers attachés aux tribunaux criminels provifoires établis à Paris, & à la haute-cour-nationale provifoire, établie à Orléans.

Donnée à Paris le 29 juillet 1791.

Louis, par la grace de Dieu, &c.

Décret du 14 juillet 1791.

L'Affemblée Nationale décrète ce qui fuit :

ARTICLE PREMIER.

La dépenfe de l'indemnité réglée par la loi du 14 mars 1791 à chacun des juges, commiffaires du roi,

& greffiers des six tribunaux criminels provisoires, établis à Paris par la même loi, sera acquittée par mois sur le trésor public, à compter du 26 mars dernier, ainsi que le traitement de l'accusateur public & des deux commis-greffiers, à compter du jour de leur nomination, d'après l'état de cette dépense qui sera arrêté par le ministre de l'intérieur, sans préjudice du traitement ordinaire des membres composant lesdits tribunaux, qui continuera d'être acquitté complétement & en totalité sur les caisses de leurs districts respectifs.

II.

La dépense de l'indemnité réglée par l'article VI de la loi du 13 mars 1791, à chacun des juges du tribunal criminel provisoire établi à Orléans pour le jugement des crimes de lèse-nation, ainsi que le traitement de l'accusateur public & celui du greffier, seront aussi acquittés par mois sur le trésor public, à compter du jour de leur installation, d'après l'état de cette dépense qui sera arrêté par le ministre de l'intérieur, sans préjudice du traitement ordinaire des juges & accusateur public composant ledit tribunal, qui continuera d'être a quitté complétement & en totalité sur les caisses de leurs districts respectifs.

III.

Le montant des sommes qui auront été acquittées par le trésor public pour la dépense mentionnée en l'article précédent, sera imputé par les commissaires de la trésorerie nationale sur le fonds qui a été décrété par la loi du 25 février 1791, pour les dépenses de la haute-cour nationale. La dépense de six tribunaux criminels provisoires établis à Paris sera remboursée particulièrement à la trésorerie nationale par la caisse de l'extraordinaire.

Mandons & ordonnons à tous les tribunaux, corps administratifs & municipalités, &c.

1789.

L O I

Relative au rétabliſſement de la diſcipline militaire.

Donnée à Paris le 29 juillet 1791.

Louis, par la grace de Dieu, &c.

Décret des 24 & 25 juillet 1791.

L'Aſſemblée Nationale, inſtruite que pluſieurs régimens de l'armée ſont dépourvus d'un grand nombre de leurs officiers, dont les uns ont été deſtitués illégalement par les ſoldats, tandis que d'autres ont abandonné d'eux-mêmes le poſte où l'honneur leur faiſoit un devoir de mourir pour le maintien de la diſcipline; fortement décidée à la rétablir dans toute ſa vigueur; conſidérant que, par la nature de l'engagement que les militaires contractent envers la nation, le ſacrifice de leur vie n'eſt ni le ſeul, ni même le plus grand qu'elle ſoit en droit d'exiger d'eux, mais qu'ils lui doivent celui d'une portion conſidérable de leur indépendance, à laquelle ils renoncent momentanément pour mieux aſſurer la liberté de leurs concitoyens; qu'ainſi l'honneur d'un brave & loyal ſoldat ne peut pas être plus gravement compromis par une lâcheté, qu'il ne le ſeroit par un acte d'inſubordination ou de licence; voulant que déſormais de ſemblables actes ſoient punis irrémiſſiblement dans toutes les claſſes du militaire, & que pour ôter tout prétexte d'excuſe, les fautes & délits de ce genre qui ſeroient commis à l'avenir, ne puiſſent être confondus avec ceux dont il eſt poſſible de rejeter le blâme ſur les circonſtances dont nous fortons ; après avoir entendu le rapport de fon comité militaire , décrète ce qui fuit :

A R T I C L E　P R E M I E R.

Les officiers qui depuis l'époque du premier mai dernier ont abandonné volontairement leur corps ou leurs drapeaux fans avoir donné leur démiffion , & qui font enfuite paffés à l'étranger, feront inceffamment pourfuivis comme transfuges par les commiffaires-auditeurs des guerres , & jugés par les cours martiales. Il en fera de même à l'égard des officiers qui ayant donné leur démiffion, font enfuite paffés à l'étranger, fi dans le délai de fix femaines, à compter du jour de la publication du préfent décret, ils ne font pas rentrés dans le royaume , où les corps adminiftratifs & les municipalités veilleront à ce que les lois protectrices de la fûreté des perfonnes & des biens foient fpécialement obfervées à leur égard.

I I.

Les officiers qui , fans être paffés à l'étranger, ont abandonné volontairement leur corps ou leurs drapeaux fans permiffion ni congé, feront cenfés avoir renoncé pour toujours au fervice, & ne pourront prétendre à aucun remplacement ni avancement.

I I I.

A l'égard des officiers qui ont été forcés de quitter leur corps en conféquence de foupçons élevés contre eux, mais non légalement vérifiés, ils reprendront leurs places dans leurs régimens ; ou, s'ils l'aiment mieux, ils feront pourvûs de places équivalentes dans d'autres corps, pourvu que ces officiers n'aient pas refufé le ferment prefcrit par

le décret du 22 juin dernier ; & dans le cas où ils n'auroient pas été à porrée de le prêter à leur régiment, qu'ils
l'y fassent sous quinzaine.

I V.

La disposition de l'article V du décret du 24 juin
dernier, par laquelle la moitié des emplois vacans dans
les différens corps a été réservée aux sous-officiers des corps
dans lesquels ils vaqueroient, n'aura pas lieu à l'égard
des régimens qui se font permis des destitutions ; & dans
ces mêmes régimens la nomination aux places d'officiers,
spécialement affectée aux sous-officiers par la loi du 23
septembre 1790, demeurera suspendue jusqu'à ce qu'il
en ait été autrement ordonné d'après le compte qui
pourra être rendu par les officiers-généraux & supérieurs,
de la bonne conduite de ces mêmes corps.

V.

Toute faute ou délit militaire commis avant ce jour (autres
néanmoins que les délits spécifiés dans les deux premiers
articles du présent décret, & les crimes de désertion,
d'embauchage ou de trahison) toutes plaintes portées en
conséquence, mais non encore jugées, toutes condamnations intervenues à l'occasion de ces fautes & délits,
mais non encore exécutées, seront censées & réputées
non avenues. En conséquence la liberté sera rendue aux
accusés ou condamnés qui se trouvent prisonniers, & il
sera expédié à tous ceux qui sont dans les cas du présent
article, des cartouches pures & simples.

V I.

A l'avenir, & à compter de ce jour, tout acte d'insubordination & de désobéissance, toute contravention

aux lois de la discipline militaire, seront punis suivant
l'exigence des cas & la rigueur des ordonnances ; les
commissaires-auditeurs des guerres seront tenus de poursuivre les délinquans, lorfqu'ils leur feront particulièrement
dénoncés ou indiqués par la notoriété publique, & demeureront personnellement responsables de leur négligence
à cet égard.

V I I.

Du jour de la publication du présent décret, les fous-
officiers feront personnellement responsables des mouvemens combinés qui se feront dans les régimens contre
la personne des officiers, lorfque les coupables apparens
de femblables défordres ne feront pas d'abord défignés
ou connus. Dans ce cas, les commissaires-auditeurs des
guerres feront tenus de pourfuivre & faire juger par les
cours martiales lefdits fous - officiers, qui ne pourront
encourir de moindre peine que celle d'être caffés &
déclarés indignes de porter les armes pour le fervice de
la patrie, à moins qu'ils ne prouvent qu'ils n'ont point
eu de part aux mouvemens, qu'ils ont pris toutes les
précautions qui dépendoient d'eux pour les arrêter,
& qu'ils en ont averti les chefs dès qu'ils en ont eu
connoiffance.

V I I I.

En cas de mouvemens combinés dans les régimens
contre l'ordre & la difcipline militaire en général, les
fous-officiers & foldats en feront graduellement refponfables, fuivant l'ordre de leur grade ou de leur ancienneté, lorfque les coupables apparens de femblables défordres ne feront pas d'abord défignés ou connus. Dans
ce cas, les commissaires-auditeurs feront tenus de rendre
plainte contre les fergens-majors ou maréchaux-de-logis
en chef, premiers fergens ou maréchaux - de - logis,

premiers caporaux ou brigadiers, appointés & plus anciens foldats, cavaliers, dragons, huffards, chaffeurs, ou canonniers, par rapport auxquels il en fera ufé ainfi qu'il eft dit en l'article précédent.

I X.

En cas de mouvemens combinés dans les régimens par les officiers contre l'ordre & la difcipline militaire en général, les officiers en feront graduellement refpon-fables, fuivant l'ordre de leur grade ou de leur ancienneté, lorfque les coupables apparens de femblables défordres ne feront pas d'abord défignés ou connus. Dans ce cas, les commiffaires-auditeurs feront tenus de rendre plainte contre les premiers capitaines, premiers lieutenans & premiers fous-lieutenans, par rapport auxquels il en fera ufé ainfi qu'il eft dit dans l'article VII.

X.

Seront confidérés & punis comme mouvemens combinés contre l'ordre & la difcipline en général, toute réunion, foit de militaires de différens grades, foit d'officiers, foit de fous-officiers ou foldats, pour délibérer entr'eux dans d'autres circonftances que celles permifes ou prefcrites par la loi, à plus forte raifon toute délibération formée & toute émiffion de vœu collectif.

X I.

Auffi long-temps que fubfiftera l'autorité provifoire accordée aux généraux d'armée par le décret du 24 juin dernier, de fufpendre les officiers dont la conduite leur paroîtra fufpecte, les commandans en chef des divifions jouiront du même droit, chacun dans fa divifion ; & les confeils de difcipline de chaque régiment auront auffi provisoirement le pouvoir d'ordonner, à la pluralité des cinq septièmes des voix, le renvoi avec une cartouche pure & simple des sous-officiers & soldats dont la conduite sera répréhensible. Néanmoins le conseil de discipline ne pourra jamais user de ce pouvoir que sur une demande expresse & par écrit, qui devra être signée, s'il est question d'un sous-officier, par neuf de ses camarades du même grade & par un officier de sa compagnie; & s'il est question d'un soldat, par tous les sous-officiers de sa compagnie, ou par un sergent ou maréchal-des-logis, un caporal ou brigadier, & par neuf soldats de sa compagnie.

Mandons & ordonnons à tous les tribunaux, corps administratifs & municipalités, que ces présentes ils fassent transcrire sur leurs registres, lire, publier & afficher dans leurs ressorts & départemens respectifs, & exécuter comme loi du royaume. Mandons & ordonnons pareillement à tous les officiers-généraux, & autres qui commandent les troupes de ligne dans les différens départemens du royaume, & à tous autres qu'il appartiendra, de se conformer à ces présentes, & de tenir la main, chacun en ce qui le concerne, à ce qu'elles soient ponctuellement exécutées.

1790.

L O I

Additionnelle au décret du 2 mars, portant suppression de divers droits qui se percevoient dans les ci-devant Pays-d'Etats.

Donnée à Paris le 29 juillet 1791.

Louis, par la grace de Dieu, &c.

Décret du 25 juillet 1791.

L'Assemblée Nationale voulant assurer l'exécution pleine & entière de son décret du 2 mars, portant suppression à l'avenir des droits établis tant à l'exercice qu'à la fabrication, & qui étoient perçus soit par la régie générale, soit par des fermiers particuliers, dans les ci-devant Pays-d'Etats, & en même-temps assurer le recouvrement des droits qui étoient dus & exigibles à l'époque de cette suppression, décrète ce qui suit :

ARTICLE PREMIER.

Le bail passé par les ci-devant Etats de Languedoc, le 15 janvier 1788, à Pierre Bellocq, de la ferme du droit connu sous le nom d'*équivalent*, & perceptible à la vente en détail sur les vins, viande & poissons de mer, frais & salés, pour en jouir par ledit Bellocq pendant le terme de six années consécutives, à compter du premier avril 1788, jusqu'au 31 mars 1794, moyennant le prix d'un million trois cent soixante-seize mille livres par chaque année, est & demeure résilié à compter du

premier

premier avril 1790 ; en conféquence & à dater de cette
époque, ledit Bellocq rendra, d'ici au premier janvier
1792, fon compte de clerc à maître du produit dudit
bail, au directoire du département de la Haute - Garonne.

II.

Tous les fous - baux paffés par ledit Bellocq, & les
arrières-fous-baux paffés par les ceffionnaires, font également réfiliés, à compter dudit jour premier avril 1790,
à la charge par les fous-fermiers qui fe font plaints légalement de leur non - jouiffance, de rendre audit Bellocq
leur compte de clerc à maître, pour la troifième année
de leur bail échue le 31 mars 1791, dans le délai de
trois mois ; lefquels comptes de clerc à maître ne feront
reçus qu'après avoir été vérifiés & vifés par les municipalités & directoires de diftrict, pour faire partie du
compte général de clerc à maître à rendre par ledit
Bellocq devant le directoire du département de la Haute-
Garonne ; & les fommes à recouvrer aujourd'hui pour le
compte de la Nation, feront imputées fur les indemnités
qui pourroient lui être dues après la reddition & apure-
ment de fon compte.

III.

Sur les obfervations du directoire du département de
la Haute-Garonne, qui feront tranfmifes au corps légiflatif, il fera pourvu au traitement dudit Bellocq, depuis
le premier avril 1790 jufqu'à la préfentation de fon
compte de clerc à maître, ainfi qu'à l'indemnité, s'il y
a lieu, pour la non-jouiffance des trois dernières années
de fon bail.

IV.

L'Affemblée nationale autorife ledit Bellocq, ainfi que

fes fous-fermiers, à continuer la perception des reftes à recouvrer jufqu'au premier janvier 1792, terme dans lequel ledit Bellocq fera tenu de rendre fon compte de clerc à maître.

V.

Toutes les procédures commencées pour demandes en indemnités & réfiliement de baux, font & demeurent fupprimées; mais les pourfuites néceffaires à l'acquittement des droits dus, tant par les redevables que par les fous-fermiers & arrières-fous-fermiers, feront faites & continuées jufqu'à parfait paiement.

V I.

Tous les baux des bureaux paffés par ledit Bellocq & les fous-fermiers, pour raifon de leur exploitation, feront réfiliés à compter du premier octobre prochain, & le prix en fera payé aux propriétaires jufqu'à ladite époque, pour leur ténir lieu d'indemnité, attendu qu'ils ont ceffé d'être occupés depuis la ceffation du bail.

V I I.

Dans le compte de clerc à maître que rendra ledit Bellocq, il portera en recette le prix des meubles & uftenfiles de fon exploitation, dont la vente fera faite par l'ordre des corps adminiftratifs, fous l'infpection des municipalités; & diftraction faite du tiers pour les deux années de la jouiffance, il portera en dépenfe le prix de leur acquifition, comme auffi les frais faits tant pour monter les régies que pour opérer les fous-fermes & autres objets y relatifs. Il lui fera également alloué en dépenfe, ainfi qu'à fes fermiers & arrières-fous-fermiers-comptables, les frais des procédures ci-deffus anéanties par l'article V.

V I I I.

Ledit Bellocq se pourvoira pardevant le comité de liquidation, pour le remboursement des six cent mille livres, dont il a fait l'avance à la province, en exécution de son bail.

Mandons & ordonnons à tous les tribunaux, corps administratifs & municipalités, &c.

1791.

L O I

Relative aux dépenses d'impression, confection de cahiers, loyers & frais de bureau des anciens directeurs des vingtièmes.

Donnée à Paris le 29 juillet 1791.

Louis, par la grace de Dieu, &c.

Décret du 25 *juillet* 1791.

L'Assemblée Nationale décrète ce qui suit:

Le ministre des contributions publiques fera payer sur le trésor public, d'après l'état par lui arrêté, la somme de quarante-neuf mille six cent soixante-six livres treize sous quatre deniers, aux anciens directeurs des vingtièmes, pour remboursement des dépenses d'impression & confection des seconds cahiers des vingtièmes de 1790, & pour les loyers & frais de bureaux relatifs à ladite ration.

Mandons & ordonnons à tous les tribunaux, corps administratifs & municipalités, &c,

S 2

1792.

L O I

Portant circonscription des paroisses des villes d'Avranches de la Charité, de la Marche & d'Auray.

Donnée à Paris le 29 juillet 1791.

Louis, par la grace de Dieu, &c.

Décret du 25 juillet 1791.

L'Assemblée Nationale, ouï le rapport qui lui a été fait par son comité ecclésiastique,

1°. De l'arrêté du directoire du département de la Manche, du 11 de ce mois, sur la délibération du directoire du district d'Avranches, du 4 précédent, concernant la circonscription des paroisses de la ville d'Avranches, & de l'avis de l'évêque de ce département;

2°. De l'arrêté du directoire du département de la Nièvre, du 7 de ce mois, sur la délibération du directoire du district de la Charité, du 15 juin dernier, concernant la réduction des paroisses de la Charité, & la réunion de la paroisse de Munot à celle de la Marche, & de l'avis de Guillaume Toller, évêque de ce département;

3°. De l'arrêté de directoire du département du Morbihan, du 30 juin dernier, sur la délibération du directoire du district & de la municipalité d'Auray, du 9 du même mois, concernant la circonsption des paroisses de cette ville, & de l'avis de Charles Lemesle, évêque de ce département, décrète ce qui suit :

A R T I C L E P R E M I E R.

Département de la Manche.

Ville d'Avranches.

Les paroisses de Notre-Dame-des-Champs, de Saint-Gervais, de Saint-Saturnin, de Saint-Martin-des-Champs, de Saint-Senier, & de Ponts de la ville d'Avranches, font réunies en une seule qui sera dans l'ancienne église cathédrale sous le nom de Saint-André. La paroisse de Ponts est conservée comme succursale, avec son ancien territoire. L'église ci-devant paroissiale de Saint-Gervais est conservée comme oratoire. Ladite paroisse sera circonscrite ainsi qu'il est expliqué dans la délibération susdatée du directoire du district d'Avranches.

I I.

D É P A R T E M E N T D E L A N I È V R E.

District de la Charité.

Ville de la Charité.

Les paroisses de Sainte-Croix, de Saint-Jacques & de Saint-Pierre de la ville de la Charité font réunies en une seule, qui sera desservie, sous l'invocation de Notre-Dame, dans l'église du ci-devant monastère des Bénédictins de cette ville.

I I I.

La Marche.

La paroisse de Munot est réunie à celle de la Marche.

I V.

Les paroiſſes de la Charité & de la Marche ſeront circonſcrites, ainſi qu'il eſt expliqué dans l'arrêté ſuſdaté du directoire du département de la Nièvre.

V.

Département du Morbihan.

Ville d'Auray.

Les deux paroiſſes de Saint-Gildas & de Saint-Gouſtant de la ville d'Auray, ſont réunies en une ſeule qui ſera deſſervie dans l'égliſe de Saint-Gildas; celle de Saint-Gouſtant ſera conſervée comme oratoire.

V I.

Il ſera envoyé les dimanches & fêtes dans chacun des oratoires mentionnés au préſent décret, par les curés reſpectifs, un de leurs vicaires pour y célébrer la meſſe & y faire les inſtructions ſpirituelles, ſans pouvoir exercer les fonctions curiales.

Mandons & ordonnons à tous les tribunaux, corps adminiſtratifs & municipalités, &c.

1793.

LOI

Relative aux troubles de l'Orient.

Donnée à Paris le 31 juillet 1791.

Louis, par la grace de Dieu, &c.

Décret du 30 *juillet* 1791.

L'Assemblée Nationale, après avoir entendu le rapport de ses comités des colonies, de la marine & militaire, sur les faits arrivés à l'Orient les 24 & 25 du présent mois, considérant que les ministres, les corps administratifs & les commissaires civils sont institués pour veiller au maintien de l'ordre public, à la sûreté des personnes & des propriétés; qu'ils sont revêtus par la constitution, de l'autorité nécessaire pour remplir ces divers objets; qu'enfin ils sont chacun respectivement & personnellement responsables de leur inexécution; rendant d'ailleurs justice à la conduite de la garde nationale & de la municipalité de l'Orient, & comptant sur l'activité & la continuité de leur zèle, déclare qu'elle renvoie au pouvoir exécutif pour maintenir l'exécution des lois.

Mandons & ordonnons à tous les tribunaux, corps administratifs & municipalités, que ces présentes ils fassent transcrire sur leurs registres, lire, publier & afficher dans leurs ressorts & départemens respectifs, & exécuter comme loi du royaume. Mandons & ordonnons pareillement à tous les officiers généraux & autres commandant les troupes de ligne, comme aussi aux officiers & sous-officiers & gendarmes de la gendarmerie nationale, de se conformer à ces présentes, & de veiller, chacun en ce qui le concerne, à leur exécution.

S 4

1794.

LOI

Relative aux employés des ci-devant fermes, régies &
administrations supprimées.

Donnée à Paris le 31 juillet 1791.

Louis, par la grace de Dieu, &c.

Décret du 31 juillet 1791.

L'Assemblée Nationale, après avoir entendu le rapport de ses comités des finances, des pensions, des domaines, des impositions, d'agriculture & de commerce réunis, décrète ce qui suit :

ARTICLE PREMIER.

Tous employés commissionnés dans les fermes & régies générales, à la caisse des recettes générales des finances, à la recette générale du clergé, dans les devoirs de Bretagne, l'équivalent de Languedoc, les quatre membres Belgiques, les postes, la police de Paris, dans les bureaux de l'économat, les administrations des pays d'Etat, à la perception des octrois & autres droits qui se levoient principalement au profit de l'Etat ; les directeurs, contrôleurs & vérificateurs des vingtièmes, les commis attachés aux intendances, ou qui étoient passés desdites intendances aux administrations provinciales, tous lesquels se trouvent précédemment supprimés par les décrets rendus, auront droit aux pensions, secours & gratifications qui seront déterminés ci-après, suivant la durée & l'état de leurs services.

I I.

Lefdits employés feront divifés en trois claffes. La première comprendra ceux qui ont vingt ans de fervice révolus & au-deffus; la feconde, ceux qui ont de dix ans de fervice révolus jufqu'à vingt; & la troifième, ceux qui ont moins de dix ans de fervice.

I I I.

Les employés n'auront droit aux penfions, fecours & gratifications mentionnés en l'article premier du préfent décret, que dans le cas où l'emploi fupprimé formoit l'état unique de celui qui l'occupoit, qu'il en étoit pourvu lors de la fuppreffion dudit emploi, & qu'il n'ait pas été replacé depuis, ou n'ait pas refufé de l'être, ainfi qu'il fera dit par l'article XI ci-après.

I V.

La fuppreffion des fermes, régies & autres adminif-trations dénommées dans l'article premier, n'ayant pas permis à ceux qui étoient employés, d'atteindre l'époque du fervice fixée par la loi du 23 août 1790 pour l'obtention des penfions, les difpofitions de ladite loi feront modifiées quant auxdits employés feulement; en conféquence, ceux compris dans les articles précédens, & qui par leurs difpofitions fe trouvent avoir droit aux penfions, fecours & gratifications dont il y eft fait mention, jouiront, après vingt ans de fervice révolus, du quart de leurs appointemens, & il leur fera en outre accordé un vingtième des trois quarts reftant par chaque année de fervice; de manière qu'après quarante ans de fervice effectif, ils obtiendront la totalité de leurs appointemens, qui ne pourra néanmoins excéder le *maximum* fixé par l'article fuivant.

V.

Les traitemens qui seront accordés aux employés supprimés, conformément aux dispositions précédentes, ne pourront excéder la somme de deux mille livres, à quelques sommes qu'aient pu monter les appointemens de leurs grades, & ils ne pourront être moindres de cent cinquante livres.

V I.

"Après dix ans de service révolus, lesdits employés recevront pour retraite le huitième de leurs appointemens, & il leur sera, en outre accordé un dixième d'un semblable huitième pour chaque année de service au-delà de ces dix ans; le *maximum* de ces pensions sera de huit cents livres, & le *minimum* de soixante livres.

V I I.

Tout service public que l'employé aura fait avant d'entrer dans les régies, fermes & administrations supprimées, sera compté pour former son traitement, en justifiant de ce service, & qu'il l'a fait & quitté sans reproche.

V I I I.

La loi du 23 août sera au surplus applicable à tous ceux des employés supprimés qui en réclameront les dispositions.

I X.

Tout employé supprimé ayant moins de dix ans de service, recevra un secours en argent, dans la proportion ci-après.

SAVOIR,

Ceux qui avoient douze cents livres d'appointemens & au-deſſus, cent vingt livres par chaque année de ſervice ; ceux qui avoient de huit à douze cents livres d'appointemens, quatre-vingt-dix livres par chacun an : il ſera payé ſoixante livres par année de ſervice à ceux qui ont moins de huit cents livres d'appointemens, & néanmoins le ſecours ne pourra être, pour aucun d'eux, moindre de cent livres.

X.

Les employés qui juſtifieront que les emplois ou les diſtributions de ſel ou de tabac dont ils jouiſſoient au moment de leur ſuppreſſion, leur ont été accordés comme retraite à raiſon d'ancienneté de leurs ſervices, ou pour cauſe d'infirmités conſtatées réſultant du même ſervice, ou de bleſſures reçues dans l'exercice de leurs fonctions, jouiront du même traitement auquel ils auroient droit s'ils avoient continué d'être en activité de ſervice dans leurs premières places ; & le temps qu'ils ont occupé ces nouveaux emplois, ou géré leſdites places, leur ſera en outre compté pour former le montant de leur retraite.

XI.

Les penſions & ſecours accordés par le préſent décret, ne ſeront pas payés à ceux des employés qui, depuis leur ſuppreſſion, auroient obtenu une place d'un produit égal aux deux tiers de la première ; il en ſera de même à l'égard de ceux qui en obtiendroient par la ſuite, ou qui refuſeroient de l'accepter ; & dans chacun de ces cas, ils n'auront droit à une penſion qu'autant qu'ils pourront préſenter un ſervice public d'au moins trente ans, aux termes du titre premier de la loi du 23 août 1790.

X I I.

Pour établir les bases du traitement auquel chaque employé commissionné supprimé aura droit, à raison du produit de sa place, on ne calculera que les appointemens fixes, les gratifications ordinaires & annuelles, & le montant des remises fixes seulement, sans pouvoir y comprendre, sous aucun prétexte, les bénéfices ou gratifications casuelles, le logement, les excédans de remises, les intérêts des cautionnemens, les bénéfices d'usance sur la négociation du papier, ou tous autres émolumens de cette espèce.

X I I I.

Ceux des employés qui prétendront des indemnités pour raison de dégâts faits dans leurs maisons & meubles, par l'effet des mouvemens qui ont eu lieu depuis le 12 juillet 1789, remettront leurs mémoires au commissaire-liquidateur, lequel les réglera d'après les certificats des municipalités, visés & approuvés par les directoires des districts & des départemens ; & néanmoins lesdites indemnités ne pourront excéder le montant de trois années de leurs traitemens, calculé conformément aux dispositions du précédent article.

X I V.

A l'égard des employés qui avoient des commissions directes des compagnies, & dont les émolumens consistoient, en tout ou en partie, en remises fixes sur les débits, tels que les entreposeurs, les débitans principaux, les receveurs des gabelles & sel, & les minotiers, il leur sera accordé des pensions ou indemnités dans les propor-

tions établies par les articles IV, V, VI & XII du
préfent décret ; le montant des remifes qui leur étoient
accordées fur leur débit, fera déterminé d'après la fixation
de la vente à laquelle ils étoient affujétis.

X V.

Les penfions de retraite qui exiftoient fur les régies,
fermes, adminiftrations & compagnies fupprimées, feront
rétablies, fi elles font conformes, foit au règlement defdites
régies, fermes, adminiftrations & compagnies, foit aux
difpofitions de la loi du 25 août dernier ; & cependant,
par provifion, lefdites penfions feront payées conformément au décret du 2 juillet préfent mois.

X V I.

Les penfions & indemnités qui feront accordées en
exécution du préfent décret, commenceront à avoir
cours à compter du premier juillet 1791. En attendant
que le montant defdites penfions, fecours ou indemnités
foit déterminé, les employés dénommés au préfent décret
jouiront pendant trois mois des fecours fixés par le décret
du 8 mars dernier ; mais il leur fera fait déduction de ce
qu'ils auront reçu à titre de fecours lors du paiement
des penfions & indemnités qui leur feront accordées.

X V I I.

Toute perfonne fe prétendant attachée aux régies,
fermes, adminiftrations ou compagnies fupprimées, ne
pourra prétendre ni penfion ni indemnité, qu'autant
qu'elle fe trouvera dans le cas prévu par l'article III du
préfent décret, qu'elle aura prêté ferment en juftice,

ou qu'elle justifiera d'une commission ou nomination émanée directement de la compagnie ou administration à laquelle elle étoit attachée, antérieure d'un an au moins à la suppression desdites régies, fermes, administrations & compagnies.

X V I I I.

La présente loi n'aura pas d'effet à l'égard de ceux qui depuis cinq ans ont joui de places ou emplois, dont ces produits calculés d'après les bases de l'article XII du présent décret, s'élevoient au-dessus de quatre mille livres, & ils ne pourront obtenir de pensions que dans les cas prévus & d'après les conditions exigées par la loi du 23 août dernier.

L'Assemblée nationale ordonne au surplus que le présent décret sera imprimé & envoyé dans tous les départemens.

Mandons & ordonnons à tous les tribunaux, corps administratifs & municipalités, &c.

1795.

L O I

*Relative à la liquidation & comptabilité des ci-devant
ferme & régie générale.*

Donnée à Paris le premier août 1791.

Louis, par la grace de Dieu, &c.

Décret des 21 & 22 juillet 1791.

L'Assemblée Nationale décrète ce qui suit :

TITRE PREMIER.

*Liquidation & comptabilité de la ferme générale & de la
regie générale.*

ARTICLE PREMIER.

Il sera adjoint au commissaire précédemment nommé
pour continuer l'exploitation de la régie des objets dépendant de la ferme générale, cinq autres commissaires,
pour travailler avec lui à la liquidation & aux comptes,
tant de ladite ferme générale, que des régies qui lui
étoient confiées.

I I.

Ces nouveaux commissaires seront choisis par le roi
parmi les ci-devant fermiers-généraux.

I I I.

Il en fera ufé de même pour la régie générale.

I V.

Il fera libre aux fermiers-généraux & régiffeurs de prendre ou donner tous les renfeignemens néceffaires à la liquidation des deux compagnies; mais il ne leur fera alloué aucuns honoraires ni émolumens, à moins qu'ils ne foient au nombre des commiffaires.

V.

Tous les droits & fommes dus à la ferme & à la régie générale, à l'époque de leur fuppreffion, feront inceffamment acquittés, & le recouvrement en fera fait conformément aux ordonnances & réglemens, fauf les modifications établies par les lois nouvelles.

V I.

Les corps adminiftratifs protégeront ledit recouvrement de tout le pouvoir qui leur eft confié.

V I I.

Les quittances du droit annuel acquitté pour la préfente année entre les mains des prépofés, foit de la ferme, foit de la régie générale, feront imputées pour un quart fur les trois premiers mois de ladite année, & les trois autres quarts, fur le droit de patentes dû pour les neuf derniers mois.

VIII.

V I I I.

Tous les receveûrs & autres agens chargés du recouvrement & de la comptabilité des droits & sommes dues à la ferme & à la régie générale, seront tenus de continuer lesdits recouvremens, & d'en compter dans la forme ordinaire & accoutumée.

I X.

Le ministre des contributions publiques remettra incessamment à l'Assemblée nationale, un état des villes & lieux dans lesquels la perception & les exercices auroient été suspendus, & du produit opéré dans les mêmes villes & lieux dans l'année précédente, pendant le même espace de temps qu'aura duré la suspension, pour être, sur le vu desdits états, statué par l'Assemblée ce qu'il appartiendra.

X.

Le ministre des contributions publiques remettra également incessamment à l'Assemblée nationale, l'état du nombre des bureaux & employés, & de la dépense qu'il jugera nécessaire pour opérer la liquidation des deux compagnies.

Il y joindra ses vues sur les moyens d'intéresser le zèle des commissaires & employés à l'accélération de cette liquidation & des recouvremens qui doivent en résulter; & sur le tout, il sera statué ce qui sera jugé convenable d'après le rapport du comité des finances.

X I.

A la fin de chaque mois, les commissaires remettront

au miniſtre , & le miniſtre à l'Aſſemblée nationale, l'état des recouvremens opérés dans le mois, des comptabilités particulières vérifiées & apurées , des agens qui devront ceſſer d'être en activité.

X I I.

La liquidation de l'une & l'autre compagnie ſera terminée, & tous les comptes formés & préſentés avant le premier janvier 1793 ; leſdits comptes ſeront préſentés dans l'ordre de leur date, & à meſure qu'ils ſeront en état.

X I I I.

Après les comptes rendus, il ſera ſtatué ſur la partie de la dépenſe qui devra être à la charge de la ferme générale, à raiſon de ſon bail & du temps qu'il a ſubſiſté.

X I V.

Il ſera alloué à chacun des commiſſaires, tant de la régie générale que de la ferme générale, la ſomme de mille livres par mois, pour honoraires & frais de bureau particuliers pendant la durée de leur travail, ſans néanmoins que leſdits honoraires puiſſent être prolongés au-delà du mois de décembre 1791 , quand même la liquidation ne ſeroit pas conſommée.

X V.

Les remiſes & les indemnités qui pourroient être dues, ſoit à la ferme générale , ſoit à la régie générale, ne ſeront définitivement réglées qu'après les comptes rendus , & il n'en ſera rien payé qu'à cette époque.

X V I.

Il ſera procédé inceſſamment, ſi fait n'a été, à l'inventaire & à l'eftimation de toutes les marchandifes, effets & bâtimens appartenant à la ferme générale, ainfi que des effets & bâtimens appartenant à la Nation, & qu'elle devoit remettre à la fin de fon bail.

Il fera pareillement procédé à l'inventaire & reconnoif-fance des effets & bâtimens qui étoient entre les mains des régiffeurs-généraux & des fermiers-généraux, pour les parties dont la régie leur étoit confiée.

X V I I.

Il fera procédé de même à l'évaluation des effets ap-partenant aux compagnies fecondaires qui avoient traité avec la ferme générale, pour le tranfport des fels dans les pays de grandes & de petites gabelles.

X V I I I.

Lefdites eftimations feront faites par des experts nommés refpectivement par les directoires des diftricts où feront fitués les effets & bâtimens, & par les compagnies auxquelles ils appartiendront ou qui devront les remettre.

X I X.

Les procès-verbaux defdites eftimations rapportés, il fera ftatué ce qu'il appartiendra fur les réclamations qui pourront être faites, & fur les indemnités qui pourront être dues.

X X.

Il fera ftatué pareillement fur les diminutions du prix du bail, & fur les indemnités que pourroient prétendre les fous-fermiers des objets dépendant, foit de la régie générale, foit de la ferme générale, à titre de régie.

TITRE II.

Liquidation & remboursement des fonds d'avance & cautionnement des régisseurs-généraux & administrateurs-généraux des domaines.

ARTICLE PREMIER.

Il sera procédé incessamment à la liquidation & au remboursement des fonds d'avance & de cautionnement, versés dans le trésor public par les régisseurs-généraux & les administrateurs-généraux du domaine.

II.

En conséquence, Poinsignon & ses cautions, Kalendrin & ses cautions, remettront dans le délai d'un mois au commissaire-général de la liquidation,

1°. Les quittances du garde du trésor royal pour le montant des fonds d'avance & de cautionnement qu'ils ont versés.

2°. Un état signé de leurs receveurs-généraux respectifs & certifié par eux, des sommes que chaque régisseur & administrateur a fournies pour ses fonds d'avance & de cautionnement individuel.

III.

Un mois après la vérification des quittances du garde du trésor royal & de l'état ci-dessus, notifiée auxdits Poinsignon & Kalendrin, commencera le remboursement dudit fonds d'avance & de cautionnement.

IV.

Ledit remboursement total sera fait par la caisse de

l'extraordinaire, en neuf mois, à raison d'un neuvième par mois, & il fera fait individuellement à chaque régiſſeur & adminiſtrateur.

V.

Pour cet effet, leſdits régiſſeurs & adminiſtrateurs feront tenus de ſe concerter reſpectivement entre eux, & de former ſur cette baſe un état d'ordre & de diſtribution dudit rembourſement, qu'ils remettront, dans le délai d'un mois, au directeur général de la liquidation.

V I.

Pour recevoir ſon rembourſement, chacun deſdits régiſſeurs & adminiſtrateurs employés dans les états de diſtribution, rapportera ſes récépiſſés de caiſſe, & un certificat de non oppoſition ou de main-levée des oppoſitions, s'il y en a.

V I I.

Les prêteurs & bailleurs de fonds deſdits régiſſeurs & adminiſtrateurs feront tenus, nonobſtant toute ſtipulation particulière, de recevoir leur rembourſement de la même manière & aux mêmes époques que les régiſſeurs & adminiſtrateurs, à la charge par ceux-ci de les avertir ou de les ſommer de le faire.

En conſéquence, leſdits prêteurs & bailleurs de fonds feront tenus de rapporter tout récépiſſé de caiſſe, obligation, main-levée d'oppoſition & autres pièces néceſſaires, enſemble les billets d'intérêts ſouſcrits à leur profit, quand même leſdits billets écherroient à une époque poſtérieure au rembourſement. Et dans le cas où ils ne pourroient pas repréſenter leſdits billets, ils conſentiront à la déduction des intérêts qui excéderont ce qui leur feroit dû à l'époque du rembourſement.

T 3

V I I I.

Faute par lefdits régiffeurs & adminiftrateurs, leurs prêteurs & bailleurs de fonds, de fatisfaire aux conditions refpectives ci-deffus prefcrites ; leurs fonds refteront à la caiffe de l'extraordinaire, à titre de dépôt & fans intérêt.

I X.

Chacun defdits régiffeurs & adminiftrateurs, avant que de recevoir la dernière portion de fon rembourfement, fera tenu de fournir un cautionnement en immeubles réels ou en immeubles fictifs, confiftant en créances fur l'État.

X.

Les quittances de rembourfement de fonds d'avance & de cautionnement, ne feront affujetties qu'au droit fixe d'enregiftrement de vingt fous.

X I.

Pourront les régiffeurs & adminiftrateurs-généraux & leurs ayant-caufes, employer la totalité ou partie de leurs fonds d'avance & de cautionnement, en acquifition de domaines nationaux.

X I I.

Sur la déclaration qu'ils en feront, il leur fera délivré des reconnoiffances, en juftifiant de leur propriété dans les formes prefcrites. Le montant defdites reconnoiffances fera déduit par neuvième, des fonds deftinés au rembourfement de chaque mois.

TITRE III.

Liquidation & remboursement des fonds d'avance & de cautionnement & du fonds d'exploitation des fermiers-généraux.

ARTICLE PREMIER.

Dans le délai d'un mois, Mager & ses cautions, remettront au commissaire-général de la liquidation,

1°. La quittance du garde du tréfor royal, pour le montant des fonds d'avance & de cautionnement, qu'ils y ont versés.

2°. Un état signé de leur receveur-général & certifié par eux, des sommes que chaque fermier-général a fournies pour ses fonds d'avance & de cautionnement individuel.

I I.

Un mois après la vérification des quittances du garde-du tréfor royal & de l'état ci-dessus notifié audit Mager & ses cautions, commencera le remboursement desdits fonds d'avance & de cautionnement.

I I I.

Ledit remboursement sera effectué en cinq mois, à raison d'un cinquième par mois, & il sera fait individuellement à chaque fermier-général.

I V.

Pour cet effet, les fermiers-généraux seront tenus de se concerter entre eux, & de former sur cette base un

T 4

ordre de diftribution dudit rembourfement, qu'ils remettront dans le même délai d'un mois au directeur-général
de la liquidation.

V.

Tout ce qui eft prefcrit aux articles VI, VII, VIII,
IX, X, XI & XII du titre II, aura lieu pour les
fermiers-généraux, comme pour les régiffeurs-généraux
& les adminiftrateurs-généraux du domaine.

V I.

Lefdits fonds d'avance & de cautionnemeut remboursés,
il fera procédé, fous la garantie du même cautionnement
en immeubles prefcrits par l'article IX du titre II, &
à la charge de la folidarité toujours fubfiftante entre
les ci-devant fermiers-généraux, au remboursement du
fonds d'exploitation de la ferme générale.

V I I.

Ledit remboursement fera fait à raifon de quatre
millions par mois, aux conditions & dans les formes
prefcrites ci-deffus, & jufqu'à concurrence de quarante
millions.

L'excédant ne fera remboursé qu'après les comptes
de la ferme préfentés & rendus.

TITRE IV.

*Liquidation & remboursement des fonds d'avance & de
cautionnement des employés de la ferme générale & de
la régie générale.*

ARTICLE PREMIER.

Dans le délai d'un mois, Mager & fes cautions,

Kalendrin & fes cautions, remettront au commiffaire général de la liquidation, 1°. l'état général & nominatif des employés comptables ou non comptables qui ont fourni des cautionnemens, & du montant de chaque cautionnement individuel.

2°. Les quittances du garle du tréfor royal pour le montant dudit cautionnement.

I I.

Un mois après que ledit état aura été vérifié, & la fomme totale dudit cautionnement arrêtée par un décret de l'Affemblée nationale, les employés non comptables, ou leurs ayant-caufes, feront remboursés en rapportant leurs récépiffés de caiffe & certificat de non-oppofition, ou main-levée d'oppofition s'il y en a.

I I I.

Quant aux employés comptables, leur rembourfement fera effectué à mefure que leur comptabilité fera apurée.

En conféquence, les commiffaires-liquidateurs des deux compagnies remettront fucceffivement au commiffaire-général de la liquidation, 1°. l'état nominatif des employés comptables dont ils auront vérifié & apuré les comptes; 2° le réfultat certifié d'eux defdits comptes.

Ce qui reftera dû des cautionnemens, débats déduits, s'il y en a, fera remboursé à ceux qui auront droit, en rempliffant les formalités prefcrites ci-deffus.

I V.

Les articles VII, VIII, IX & X du titre II, feront obfervés relativement aux rembourfemens des employés comptables & non comptables.

Les cautionnemens en argent des employés de l'administration des domaines, qui seroient morts ou retirés depuis l'établissement de la régie du droit d'enregistrement, seront remboursés dans les mêmes formes.

TITRE V.

Régisseurs des poudres, administrateurs de la loterie royale.

ARTICLE PREMIER.

Les régisseurs des poudres seront tenus de fournir, dans le délai d'un mois, un cautionnement en immeubles de cent mille livres, lequel sera reçu & vérifié par le ministre des contributions publiques.

II.

Ledit cautionnement reçu, le remboursement de leurs fonds d'avance & de cautionnement sera effectué en la forme prescrite pour les compagnies de finance & aux mêmes conditions.

III.

Il sera fourni pareillement dans le même délai, par les administrateurs de la loterie royale, un cautionnement en immeubles de cent mille livres ; le remboursement de leurs fonds d'avance sera effectué de la même manière.

Mandons & ordonnons à tous les tribunaux, corps administratifs & municipalités, &c.

1796.

L O I

Relative à l'exécution provisoire des délibérations des Assemblées coloniales.

Donnée à Paris le premier août 1791.

Louis, par la grace de Dieu, &c.

Décret du 26 juillet 1791.

L'Assemblée nationale déclare qu'elle n'a entendu apporter par ses décrets des 21 & 25 juin & 10 de ce mois, aucun changement à la nature des fonctions légalement établies dans les colonies par le pouvoir exécutif, ni suspendre la faculté attribuée aux gouverneurs, d'accorder ou de refuser l'approbation nécessaire aux arrêtés des assemblées coloniales, pour être provisoirement exécutés.

Mandons & ordonnons à tous les tribunaux, corps administratifs & municipalités, que ces présentes ils fassent transcrire sur leurs registres, lire, publier & afficher dans leurs ressorts & départemens respectifs, & exécuter comme loi du Royaume. Mandons & ordonnons pareillement aux gouverneurs, lieutenans-généraux, gouverneurs & commandans particuliers, ou à ceux qui les représenteront dans les îles & colonies françaises, orientales & occidentales, & à tous autres qu'il appartiendra, de s'y conformer, & de tenir la main à son exécution.

1797.

L O I

Concernant les relations de commerce de Marseille dans l'intérieur du Royaume, dans les Colonies & avec l'Étranger.

Donnée à Paris le premier août 1791.

Louis, par la grace de Dieu, &c.

Décret des 26 & 28 *juillet* 1791.

L'Assemblée nationale, après avoir entendu le rapport de son comité d'agriculture & de commerce, décrète ce qui suit :

TITRE PREMIER.

Des relations de Marseille avec l'étranger.

ARTICLE PREMIER.

Les maîtres, capitaines & patrons de bâtimens entrant dans le port de Marseille, ou en sortant, continueront de faire à la douane nationale de ladite ville, dans les vingt-quatre heures de leur arrivée pour les navires entrant, & avant le départ pour ceux sortant, la déclaration de leur chargement, en observant pour l'entrée, de distinguer, par ladite déclaration, les marchandises qui seront destinées à la consommation de Marseille, de celles que l'on voudra y mettre en entrepôt.

Si les bâtimens entrant dans le port de Marseille sont

chargés de marchandises dont les unes soient destinées
pour Marseille , & les autres pour l'étranger , il sera
fait des déclarations particulières relativement à chaque
destination ; & par rapport aux marchandises destinées
pour l'étranger , il suffira , si l'entrée en est permise ,
d'indiquer le nombre des caisses, balles ou ballots , leurs
marques & numéros ; mais si elles sont prohibées , les
espèces & quantités seront énoncées dans la déclaration ;
le tout à peine de confiscation desdites marchandises &
de cent livres d'amende.

I I.

La déclaration des bâtimens devra être faite , quand
même ils seroient sur leur lest. Les patrons des barques
& autres bateaux pêcheurs en sont cependant dispensés ,
dans ce cas , & dans celui où ils seroient seulement
chargés du produit de leur pêche ; mais à condition
qu'après avoir fait leur débarquement de poisson frais
sur les quais ordinaires voisins des marchés publics, ils
se placeront dans le port à l'endroit particulier qui leur
est destiné.

I I I.

Toutes les prohibitions à l'entrée du Royaume, ordonnées par la loi du 15 mars dernier sur le tarif général , auront lieu à l'entrée du port & territoire de
Marseille , sans cependant que les marchandises prohibées , chargées sur des bâtimens de cent tonneaux & au-
dessus, & ayant une destination ultérieure pour l'étranger , puissent être saisies.

I V.

Le sucre , le café , le cacao , l'indigo , le thé , le savon, l'amidon, la poudre à poudrer, l'eau-de-vie de vin, la bière, les chairs falées, le poiffon autre que le thon mariné, les huiles de poiffon & les tabacs dont l'im-portation eft permife par la loi du 15 mars dernier, les cuirs tannés & corroyés, les ouvrages de cuirs, les chapeaux, les tiffus de laine, de fil de chèvre, de foie, de coton, de chanvre, de lin, les cotons filés, autres que du levant, les laines filées, les bourres de foie car-dées & filées, les filofelles, les fleurets, les foies ouvrées, les plombs & étains laminés ou autrement ouvrés, le cuivre de toute forte, le laiton, le bronze, l'airain & tous autres métaux avec alliage, le foufre, les papiers, la ver-roterie, la cire blanche, la porcelaine, le liége ouvré, la mercerie, la quincaillerie, la bijouterie, tous autres ouvrages en or, en argent & en cuivre, ainfi que ceux de fer & d'acier (à l'exception des canons & des ancres) venant de l'étranger à Marfeille, feront fujets aux droits d'entrée du nouveau tarif ; & les marchandifes d'An-gleterre, nommément comprifes dans le traité conclu avec cette puiffance, aux droits fixés par ledit traité.

V.

Les droits du nouveau tarif feront réduits à foixante livres le quintal, fur les toiles de coton blanches & étran-gères, & à vingt livres auffi du quintal, fur celles pro-venant du commerce français dans l'Inde, lorfqu'elles auront la deftination de Marfeille.

V I.

Seront exemptes de tous droits les marchandifes & denrées, autres que celles dénommées dans les articles III, IV & V du préfent titre, importées par mer de l'étranger à Marfeille. La déclaration devra néanmoins en être faite dans la forme prefcrite par l'article premier du préfent titre. Le droit de poids & caffe qui étoit perçu à Marféille, tant fur lefdites marchandifes & denrées que fur toutes autres, demeure fupprimé, ainfi que les droits additionnels audit poids & celui de manifefte.

V I I.

Seront pareillement exemptes de tous droits, celles des marchandifes comprifes dans l'article IV du préfent titre & ci-après défignées, lorfque venant de l'étranger à Marféille par mer, elles devront être réexportées auffi par mer; favoir, les tiffus de laine, de poil de chèvre, de foie, de coton, de chanvre ou de lin, les fils retords, la verrorerie, la quincaillerie, la mercerie, la bijouterie, & tous autres ouvrages en or, argent, cuivre, fer & acier, & les objets portés au traité de commerce avec l'Angleterre : lefdites marchandifes feront mifes en entrepôt.

V I I I.

Pourront également être mis en entrepôt, tant pour la réexportation à l'étranger par mer, que pour la confommation du Royaume, les toiles de chanvre fervant à des emballages, & venant du nord en rouleaux, les foies ouvrées, les papiers, l'indigo, le cacao, le thé, les chairs falées & les poiffons falés, autres que la morue sèche, importés de l'étranger à Marféille.

I X.

Les magafins deftinés aux entrepôts des marchandifes qui ne pourront être entrepofées qu'à la charge de la réexportation, & de celles qui jouiront de la même faveur pour la confommation du Royaume, feront diftincts, & cependant dans la même enceinte. Lefdits magafins feront aux frais du commerce, & fous la clef d'un de fes prépofés & de ceux de la régie.

X.

La durée de l'entrepôt fera de dix-huit mois. Les marchandifes deftinées à la réexportation & énoncées dans l'article VII du préfent titre, pourront y être divifées en telle quantité que ce foit, pour former des affortimens, & pour être embarquées fur un ou fur plufieurs bâtimens.

Celles mentionnées dans l'article VIII ne pourront être retirées de l'entrepôt que par caiffe, tonneau, balle ou ballot.

X I.

Les marchandifes qui, pendant les dix-huit mois de la durée de l'entrepôt, en feront retirées pour l'étranger, n'acquitteront aucun droit; celles qui en fortiront pour la confommation de Marfeille & de tout autre lieu du Royaume, ou qui fe trouveront en entrepôt après l'expiration du délai de dix-huit mois, paieront, favoir, les toiles d'emballage, dix livres par quintal, & les autres efpèces de marchandifes, les droits d'entrée du nouveau tarif.

X I I.

Il ne pourra être retiré de l'entrepôt aucune marchandife que fur un permis délivré au bureau de la régie, vifé par les prépofés à la garde des magafins, & après la vifite defdites marchandifes; celles expédiées pour l'étranger, pourront être accompagnées jufqu'à bord des bâtimens par les prépofés de la régie, & les objets deftinés à la confommation du Royaume, feront tranfportés au bureau, à l'effet d'y acquitter les droits.

X I I I.

Les beftiaux, les vins, les bois feuillards, l'amurca,

le

le marc d'olive ou grignon, feront affujéties aux droits
du nouveau tarif à la fortie de Marfeille pour l'étranger,
à l'exception de ceux deftinés à l'approvifionnement des
équipages des navires français. Toutes autres denrées ou
marchandifes feront exportées de Marfeille en franchife.

X I V.

Les marchandifes exemptes de droits à l'entrée de
Marfeille, pourront être vifitées fur les quais au débarquement ou au bureau de la régie, au choix du propriétaire ou confignataire; il en fera de même de celles
qui feront expédiées par mer de ce port, foit pour le
Royaume, foit pour l'étranger. Les objets foumis aux
droits d'entrée, feront vifités dans le bureau de la régie,
& ceux qui devront être entrepofés, lors de leur mife
en entrepôt.

X V.

Les prépofés de la régie ne pourront, dans aucun cas,
faire à bord des bâtimens l'ouverture d'aucune balle,
caiffe ou futaille, pour en vérifier le contenu, ni aucune
autre recherche dans l'intérieur defdits bâtimens; mais
fi après la déclaration & pendant le cours du déchargement, ils appercevoient parmi les objets déclarés pour
une deftination ultérieure & fans entrepôt, quelque balle,
caiffe ou futaille à l'égard defquelles ils foupçonneroient
la fauffeté de la déclaration, ils auroient la faculté de
les faire tranfporter, à leurs frais, au bureau de la
douane, pour y être vifitées en préfence du capitaine
de navire ou de l'un de fes officiers. Dans le cas où
après la vifite, la déclaration feroit reconnue fincère &
véritable, lefdites marchandifes feroient remifes en bon
état & reportées à bord, également aux frais defdits
prépofés. Si au contraire la fauffeté eft reconnue, les

marchandises seront saisies & soumises aux peines portées par l'article final.

X V I.

Les capitaines de navires ne pourront commencer
leur embarquement ou débarquement qu'après avoir pris
un permis des préposés de la régie ; les marchandises
sujettes à des droits ou destinées à l'entrepôt, ne pourront
être embarquées ou débarquées que sur des permis particuliers des mêmes préposés.

Les marchandises étrangères transportées à Marseille
par mer, & celles expédiées à la destination de l'étranger, pourront être versées de bord à bord en exemption
de tous droits, à la charge de prendre également un
permis ; & les préposés pourront surveiller les versemens
de bord à bord.

T I T R E I I.

Des relations de Marseille avec le Royaume.

A R T I C L E   P R E M I E R.

Les marchandises qui passeront de la ville & du territoire de Marseille dans le Royaume, sans justifier de
l'acquit des droits du nouveau tarif, payés à l'entrée de
cette ville, ou du certificat de leur fabrication dans ladite ville & territoire, délivré par les officiers municipaux de la ville & visé par les préposés de la douane,
acquitteront ces droits aux bureaux de la régie, établis
sur les limites du territoire, ou aux entrées du Royaume.

I I.

Les huiles d'olive expédiées de ladite ville & territoire

pour les autres parties du Royaume, continueront d'être accompagnées d'une expédition de la douane de ladite ville pour conftater leur origine, & les droits en feront payés, fuivant leur efpèce, conformément au tarif gé-néral.

I I I.

Pour éviter que des huiles de la côte d'Italie foient préfentées aux bureaux d'entrée comme huiles du Levant ou d'autres qualités inférieures, afin d'acquitter un moindre droit, la municipalité de Marfeille arrêtera tous les mois un état du prix des huiles communes & des frais de tranfport aux divers ports du Royaume, à raifon du quintal, poids de marc : un double dudit état, figné par les officiers municipaux, fera remis au bureau de la régie à Marfeille, & le prix des huiles, conformément au même état, fera porté fur les expéditions. Lorfque les prépofés de la régie aux lieux de deftination, foup-çonneront que les huiles qui leur feront préfentées comme étant de qualité inférieure, font de la côte d'Italie, ils pourront les retenir en payant leur valeur ainfi qu'elle fera portée aux expéditions, & le dixième en fus.

I V.

Les productions des fabriques de Marfeille & de fon territoire, accompagnées des certificats de la municipa-lité, vifés par les prépofés de la douane nationale de ladite ville, ne paieront, à leur paffage aux bureaux fitués fur les limites du territoire ou aux autres entrées du Royaume, d'autres droits que ceux fixés par le tarif qui fera annexé au préfent décret, lefquels font réglés proportionnellement à la franchife dont lefdites produc-tions jouiffent fur les matières entrées dans leur fabri-cation ; lefdits certificats n'auront cependant leur effet pour ce qui fera expédié par mer, qu'autant que l'em-

V 2

barquement aura été certifié par les employés de la régie
sur le port.

Celles destinées pour la Corse, seront expédiées en
franchise de droits.

V.

Les objets manufacturés dans le Royaume, & qui
auront été expédiés pour Marseille, pourront être repor-
tés par terre dans l'intérieur du Royaume pour sa consommation, en acquittant aux bureaux placés sur les limites du territoire, les droits énoncés dans l'article IV
ci-dessus.

V I.

Seront cependant exemptes desdits droits les mêmes
marchandises venues des fabriques de l'intérieur à Marseille, que l'on enverra au lieu de la fabrique pour les
y faire réparer, à la charge de prendre l'acquit-à-caution sur la soumission de faire rentrer à Marseille lesdites marchandises dans le délai de six mois.

V I I.

Les fabricans de la ville & territoire de Marseille
pourront faire passer par terre, dans l'intérieur du
Royaume, les matières premières qui ont besoin de recevoir
quelques apprêts avant d'être mises en œuvre, & les y
faire reporter après qu'elles auront été apprêtées; le tout
en exemption de droits, & en donnant par lesdits fabricans les soumissions nécessaires au bureau de la régie
pour assurer le retour, dans le délai de six mois, desdites
matières apprêtées, ou le paiement du droit d'entrée
s'il en est dû.

V I I I.

Les fabricans de l'intérieur du Royaume, qui, ayant

blanchi ou fabriqué des cires étrangères deftinées à la réexportation., les feront reffortir par Marfeille, continueront à recevoir le rembourfement des droits acquittés à l'entrée fur ces cires venues en jaune, à la charge de juftifier du paffage defdites cires ouvrées à l'un des bureaux fitués fur les limites du territoire de leur entrepôt à Marfeille, fi elles y ont féjourné, & de leur embarquement en ce port ; comme encore de rapporter l'acquit des droits d'entrée délivré dans les deux années antérieures.

Le même rembourfement continuera à avoir lieu, & fans aucune déduction, fur toutes les cires blanchies, ou autrement ouvrées, qui feront renvoyées du Royaume à l'étranger, quel que foit le bureau d'importation & d'exportation, en juftifiant de la quittance du droit d'entrée.

I X.

Les matières premières néceffaires à l'aliment des manufactures de Marfeille, pourront paffer de l'intérieur du Royaume à Marfeille en exemption de tous droits, mais feulement jufqu'à la concurrence des quantités qui feront déterminées chaque année par la législature, d'après les états fournis par la municipalité, vifés par les directoires du diftrict & du département, fur les obfervations de la régie nationale des douanes ; ces objets devront être accompagnés de paffavants, délivrés pour chaque expédition par les prépofés du bureau de ladite ville.

X.

Les beftiaux, les vins, les charbons, les bois de chauffage, de conftruction & feuillards, l'amurca, le marc d'olive ou grignon, pourront paffer du Royaume à Marfeille & dans fon territoire en exemption de droits, en telle quantité que ce foit.

V 3

X I.

Les marchandiſes & denrées non compriſes dans les articles IX & X ci-deſſus, ſeront ſujettes au paſſage de tel lieu du Royaume que ce ſoit, dans la ville & territoire de Marſeille, aux droits & prohibitions qui ont lieu à toutes les ſorties du Royaume.

X I I.

Les marchandiſes & denrées qui devront paſſer d'un lieu à un autre du Royaume, par emprunt de la ville & territoire de Marſeille, ſeront exemptes de tous droits, à la charge, ſi elles ſont tranſportées par mer, de ne pouvoir être chargées que ſur bâtimens français, d'être expédiées par acquit-à-caution pris aux lieux de chargement & d'être miſes en entrepôt, comme il eſt réglé par l'article VII du titre premier du préſent décret; & ſi c'eſt par terre, d'être pareillement expédiées par acquit-à-caution délivré au plus prochain bureau des lieux d'enlèvement avec deſtination pour l'entrepôt. Le délai dudit entrepôt ſera de ſix mois; & ce terme expiré, les droits de ſortie, s'il en étoit dû à la deſtination de Marſeille, ſeront acquittés.

X I I I.

Les marchandiſes & denrées qui ſeront retirées de l'entrepôt pour être tranſportées par mer dans un autre port de France, ne pourront également être chargées que ſur bâtimens français, elles ſeront accompagnées d'un acquit-à-caution, ſi elles ſont ſujettes aux droits de ſortie du nouveau tarif, ou ſi la ſortie du Royaume en eſt prohibée, & d'un ſimple paſſavant ſi elles ſont exemptes des droits de ſortie. Celles qui devront rentrer dans l'intérieur du Royaume par le territoire de

Marseille, seront expédiées par acquit-à-caution pour le premier bureau d'entrée.

TITRE III.

Du commerce de Marseille au-delà du Cap de Bonne-Espérance & des Colonies Françaises d'Amérique.

ARTICLE PREMIER.

Le port de Marseille continuera d'être ouvert, pour le départ seulement, aux armemens pour le commerce français au-delà du Cap de Bonne-Espérance, aux termes du décret du 28 août 1790, & au commerce des Colonies françaises d'Amérique, soit pour le départ, soit pour le retour, en observant les formalités qui seront ci-après prescrites.

II.

Les marchandises sujettes à des droits à l'entrée du Royaume, & que l'on voudra charger dans la ville & territoire de Marseille, à la destination des commerces énoncés en l'article ci-dessus, seront conduites au bureau des denrées coloniales établi en ladite ville; elles y acquitteront, après déclaration & visite, les droits d'entrée du nouveau tarif, & seront ensuite embarquées sur un permis des préposés de la régie audit bureau.

Les chairs, lards, beurres, saumons salés & chandelles, seront seuls exempts dudit droit, quoique chargés à Marseille.

III.

Jouiront également de l'exemption de tous droits pour lesdites destinations, les marchandises des manufactures de Marseille, sur la représentation des certificats

V 4

de fabrication délivrés par les officiers-municipaux ; mais
lesdites marchandises ne pourront être embarquées qu'a-
vec le permis du préposé du bureau des denrées coloniales, qui sera délivré après la déclaration & la visite.
Les savons & les cires blanches desdites fabriques seront
seuls assujétis, à la destination desdites colonies, au droit
de trois livres par quintal.

I V.

Les denrées & marchandises expédiées du Royaume
pour Marseille, à la destination de l'Inde & desdites
Colonies, seront pareillement exemptes de tous droits,
mais à la charge d'être expédiées par acquit-à-caution,
délivré, si c'est par mer, au bureau du port de l'embarquement, & si c'est par terre, à l'un des bureaux
situés sur les limites du territoire de Marseille, à l'effet
d'assurer leur entrepôt réel à leur arrivée à Marseille,
leur embarquement & leur destination.

V.

Les capitaines de navires venant des Isles & Colonies
françaises à Marseille, seront assujétis aux mêmes déclarations & droits que dans les autres ports ouverts à
ce commerce.

V I.

Les cotons en graine & en laine desdites Colonies,
seront mis à leur arrivée à Marseille, en entrepôt, dont
la durée pourra être de dix-huit mois ; & s'ils en sont
retirés autrement que pour entrer dans le Royaume ou
dans la ville de Marseille pour l'usage de ses fabriques,
dans les proportions qui seront déterminées, comme il
est prescrit par l'article IX du titre II, ils seront en
ce cas sujets au droit de douze livres par quintal.

V I I.

Au moyen des difpofitions portées par l'article V du préfent titre, & de celles énoncées en l'article IV du titre premier, les fucres, même raffinés, le cacao, le café & l'indigo, pafferont de Marfeille dans les autres parties du Royaume en exemption de droits, pourvu qu'ils foient accompagnés de paffavants. Les autres marchandifes des Colonies françaifes feront, à la même deftination, fujettes aux droits du nouveau tarif, à moins qu'à leur arrivée elles n'aient été mifes en entrepôt; dans ce dernier cas, elles feront auffi expédiées par paffavant pour le premier bureau d'entrée.

V I I I.

Pour éviter que l'on n'applique aux cafés du Levant l'exemption de droits dont jouiront les cafés des Colonies françaifes importés de Marfeille dans le Royaume, la franchife accordée à ceux-ci ne pourra avoir lieu qu'autant qu'ils pafferont par l'un des bureaux de Septemes, la Penne, la Gavotte, ou par les ports de Toulon, la Ciotat, Arles, Cette, Agde & Portvendre; & les prépofés auxdits bureaux, lorfqu'ils foupçonneront que les cafés qui leur feront préfentés comme cafés des Ifles, font du Levant, pourront les retenir en payant le prix defdits cafés, & le dixième en fus fur l'évaluation des cafés des Ifles, qui fera arrêtée tous les mois entre la municipalité de Marfeille, & les prépofés de la régie. Le prix de cette évaluation fera porté fur les expéditions.

Article général & commun.

L'inexécution des formalités prefcrites par les trois titres ci-deffus, affujétira les contrevenans aux peines portées par les lois générales, dans tous les cas auxquels il n'y aura pas été dérogé par le présent décret.

Tarif des droits à percevoir sur quelques matières premières ouvrées, & sur les marchandises manufacturées à Marseille, à leur passage de cette ville & de son territoire dans le Royaume.

Matières premières qui ont reçu quelque main-d'œuvre.

	lt	s
Soies ouvrées de toutes sortes non teintés, la livre paiera douze sous, ci..........................	0	12
Idem. Teintes, la livre paiera quinze sous, ci........	0	15
Fil simple ou retors, le cent pesant paiera cinq sous, ci..	0	5

Objets fabriqués.

Ouvrages en soie sans mélange, la livre paiera quinze sous, ci..	0	15
Ouvrages en soie mêlés de coton, bourre de soie, filoselle, & autres matières semblables, la livre paiera sept sous, ci....................................	0	7
Ouvrages de coton, le cent pesant paiera vingt livres, ci..	20	0
Ouvrages mélangés en fil & coton, le cent pesant paiera dix livres, ci................................	10	0
Ouvrages de fil de chanvre & de lin, le cent pesant paiera dix sous, ci..................................	0	10
Toiles peintes ou teintes, le cent pesant paiera vingt livres, ci...	20	0
Ouvrages en bourre de soie, filoselle, fleuret, laine & poil-de-chèvre, ...	*néant.*	
Chapeaux, la douzaine paiera dix sous, ci.........	0	10
Cires jaunes & ouvrées & cires blanches, le cent pesant paiera trois livres, ci......................	3	0
Plomb ouvré, le quintal paiera trois livres dix sous, ci.	3	10

s
Etaim ouvré, le quintal paiera quarante-cinq fous, ci. | 2 5 |
Ouvrages en cuivre, laiton, bronze & airain, ... *néant.* |
Ouvrages en fer ou acier, le quintal paiera quarante-cinq fous, ci .... | 2 5 |
Ouvrages en tôle ou fer noir, le quintal paiera quatre livres, ci .... | 4 ● |
Ouvrages en fer blanc, le quintal paiera sept liv., ci. | 7 0 |
Ouvrages en sparterie, le quintal paiera dix fous, ci. | 0 10 |
Ouvrages en pelleterie paieront en raison de cinq pour cent de la valeur .... | 0 0 |
Faïance & poterie de grès, le quintal paiera quinze fous, ci .... | 0 15 |
Liége ouvré, le quintal paiera trente fous, ci .... | 1 10 |
Pommades & parfumeries, le quintal paiera quarante fous, ci .... | 2 0 |
Savonnettes, le quintal paiera quatre liv. dix fous, ci. | 4 10 |
Poissons salés & marinés .... *néant.* |
Fruits en saumure ou confits au vinaigre, le quintal paiera vingt fous, ci........................... | 1 0 |
Marbre en cheminée scié ou travaillé, le pied cube paiera vingt-cinq fous, ci .... | 1 5 |
Ouvrages de bois en menuiserie, tabletterie, márqueterie, &c .... *néant.* |

Compositions & préparations chymiques, autres que les médicamens composés, paieront la moitié des droits imposés par le tarif général sur les objets de même nature venant de l'étranger.

Tous les autres produits des fabriques de Marseille, composés de matières premières, dont l'importation de l'étranger dans le Royaume est exempte de droits, ou qui sont soumises aux prohibitions ou aux droits du nouveau tarif à leur entrée à Marseille, passeront de Marseille & de son territoire dans le Royaume, en franchise de droits.

Nota. Le droit imposé par le présent tarif sur les ouvrages de fer & d'acier, comprend en même tems le droit de traite & celui de marque des fers.

Mandons & ordonnons à tous les tribunaux, corps administratifs & municipalités, &c.

1798.

L O I

Portant que tout citoyen habitant de Paris sera tenu de déclarer les noms & qualités des étrangers demeurant chez lui.

Donnée à Paris le premier août 1791.

Louis, par la grace de Dieu, &c.

Décret du 27 juillet 1791.

L'Assemblée nationale, sur la demande du directoire & de la municipalité de Paris, contenue dans l'arrêté de ladite municipalité, du 22 juillet présent mois, décrète ce qui suit :

ARTICLE PREMIER.

Tous les citoyens habitans de Paris seront tenus de déclarer au comité de leur section, les noms & qualités des Français non domiciliés à Paris, & des étrangers qui seront logés dans les maisons desdits citoyens, à peine d'une amende égale au quart de la valeur de leur loyer d'habitation, pour chaque individu qu'ils n'auront pas déclaré.

I I.

Tout portier, concierge ou dépositaire des clefs des maisons dont les propriétaires ou principaux locataires seront absens, seront tenus de faire la même déclaration, à peine d'être condamnés, par voie de police correctionnelle, à une amende qui ne pourra excéder la fomme de cinquante livres, & à une détention qui ne pourra excéder deux mois.

Mandons & ordonnons à tous les tribunaux, corps adminiftratifs & municipalités, &c.

1799.

L O I

Relative à la fabrication du papier deftiné pour les affignats de cinq cents livres.

Donnée à Paris le premier août 1791.

Louis, par la grace de Dieu, &c.

Décret du 29 juillet 1791.

L'Affemblée nationale décrète qu'il fera fabriqué du papier pour l'impreffion des affignats de cinq cents livres, pour produire en affignats de ladite qualité la fomme de trente millions de livres, lefquels feront deftinés & uniquement employés à retirer, par la voie de l'échange, à la caiffe d'efcompte, des affignats de deux mille livres.

Mandons & ordonnons à tous les tribunaux, corps adminiftratifs & municipalités, &c.

1800.

L O I

Relative aux assignats suspectés faux.

Donnée à Paris le premier août 1791.

Louis, par la grace de Dieu , &c.

Décret du 29 juillet 1791.

L'Assemblée nationale , ouï le rapport de ses comités des rapports , des finances & de l'extraordinaire , décrète :

ARTICLE PREMIER.

Toute personne à qui l'on présentera en paiement un assignat suspect de faux , notamment un des assignats de deux mille livres , suspect d'après les caractères qui ont été rendus publics , sera tenue d'aller aussitôt en faire sa déclaration à Paris au comité de police de la section ; hors Paris , à la municipalité du lieu dans lequel on lui aura offert ledit assignat.

I I.

Le porteur de l'assignat suspect de faux , qui l'aura offert en paiement , sera tenu d'accompagner la personne à qui il aura offert cedit assignat , de faire sa déclaration de la personne de laquelle il a reçu l'assignat suspect , s'il la connoît , & de remettre l'assignat suspect , après l'avoir paraphé , pour qu'il soit envoyé à la caisse de l'extraordinaire , où il sera vérifié. Il y restera en dépôt s'il eſt reconnu faux. Si l'aſſignat eſt reconnu bon, il ſera remis au propriétaire.

I I I.

Lorſque des aſſignats ſuſpects ſeront préſentés en paiement dans les caiſſes publiques, les tréſoriers ou caiſſiers les feront conduire ſur-le-champ, ſoit au comité de police de la ſection, ſoit à la municipalité, ainſi qu'il eſt dit en l'article précédent, pour que leur déclaration y ſoit reçue, l'aſſignat paraphé & dépoſé.

I V.

Dans le cas où celui qui aura préſenté un aſſignat ſuſpect de faux, refuſeroit de ſe rendre au comité de police de la ſection, ou à la municipalité, & d'y repréſenter l'aſſignat qu'il avoit offert en paiement, le commiſſaire de police, ou l'un des officiers municipaux chargé de la police, ſeront autoriſés à ſe tranſporter au domicile du porteur de l'aſſignat ſuſpect, à faire dans ſes papiers telle perquiſition qu'ils croiront néceſſaire, & à ſaiſir, ſoit les aſſignats ſuſpects qu'ils y trouveront, ſoit tous autres papiers qui pourroient être relatifs à une fabrication d'aſſignats.

Le préſent décret ſera imprimé & envoyé à tous les départemens.

Mandons & ordonnons à tous tribunaux, corps adminiſtratifs & municipalités, &c.

1801.

L O I

Relative aux troupes coloniales actuellement en France.

Donnée à Paris le premier août 1791.

Louis , par la grace de Dieu , &c.

Décret du 30 *juillet* 1791.

L'Assemblée nationale , ouï le rapport de ses comités militaire , des colonies & de marine , décrète ce qui suit :

ARTICLE PREMIER.

Il sera sursis à l'organisation des troupes coloniales actuellement en France , & toute promotion sera suspendue parmi elles, dans quelque grade que ce soit.

I I.

Les soldats de ces troupes seront tenus en état de subsistance , & assujétis au service ordinaire des places dans les lieux où ils seront cantonnés.

I I I.

Les officiers de ces corps qui se sont séparés , pourront être autorisés à ne pas les rejoindre , en conservant leurs appointemens.

IV.

I V.

Le ministre de la guerre pourvoira, par les moyens convenables, au maintien de la police & discipline parmi les troupes coloniales actuellement en France.

Mandons & ordonnons à tous les tribunaux, corps administratifs & municipalités, que les présentes ils fassent transcrire sur leurs registres, lire, publier & afficher dans leurs ressorts & départemens respectifs, & exécuter comme loi du Royaume. Mandons & ordonnons pareillement à tous les officiers-généraux & autres qui commandent les troupes de ligne dans les différens départemens du Royaume; comme aussi à tous les officiers, sous-officiers & gendarmes de la Gendarmerie nationale, & enfin aux officiers-généraux de la marine, aux commandans des ports & arsenaux, aux gouverneurs, lieutenans-généraux, gouverneurs & commandans particuliers des colonies orientales & occidentales, & à tous autres qu'il appartiendra, de se conformer ponctuellement à ces présentes, &c.

1802.

L O I

Relative à une somme d'argent arrêtée à Bar-sur-Aube.

Donnée à Paris le premier août 1791.

Louis, par la grace de Dieu, &c.

Décret du 30 juillet 1791.

L'Assemblée Nationale, ayant entendu le rapport à elle fait de la lettre de l'état de Soleure, du 19 juillet, adreſſée au miniſtre des affaires étrangères, relative à la main-levée réclamée par ledit état, d'une ſomme de 480,000 liv. & intérêts; ladite ſomme prêtée par le conſeil des finances de Soleure aux ſieurs Rougemont & Lottinger & compagnie, le 25 novembre 1788, & rembourſée au fondé de pouvoir dudit état le 17 juin dernier, & des pièces juſtificatives deſdits prêt & rembourſement; enſemble des procès-verbaux d'arreſtation deſdits deniers faits de l'autorité du diſtrict de Bar-ſur-Aube les 22, 23 juin & jours ſuivans, en vertu du décret du 21 dudit mois; charge le miniſtre de l'intérieur de donner les ordres néceſſaires, pour l'expédition & départ des eſpèces monnoyées, appartenantes audit état de Soleure, & retenues à Bar-ſur-Aube, à l'effet qu'elles ſoient conduites ſûrement à leur deſtination.

Ordonne qu'il ſera tenu compte des intérêts de ladite ſomme de 480,000 livres pendant le temps de ſon arreſtation, & autres frais acceſſoires, ſur les états & procès-verbaux qui ſeront arrêtés par les commiſſaires de la tréſorerie nationale.

Mandons & ordonnons à tous les tribunaux, corps adminiſtratifs & municipalités, &c.

1803.

L O I

Portant que les ministres se rendront de deux jours l'un aux séances de l'Assemblée nationale

Donnée à Paris le premier août 1791.

Louis, par la grace de Dieu, &c.

Décret du 31 juillet 1791.

L'Assemblée Nationale décrète que les ministres feront tenus de se rendre dorénavant à ses séances, de deux jours l'un, à deux heures, à l'effet de l'informer des progrès des mesures tendant à assurer la défense du Royaume, & de donner les éclaircissemens qui leur feront demandés, ou qu'ils croiroient devoir communiquer sur les obstacles qui peuvent traverser l'exécution des décrets, & les moyens les plus convenables pour accélérer le rassemblement de la force nationale, sa meilleure organisation, le rétablissement de la discipline & des exercices militaires, & autres objets d'un intérêt pressant.

Mandons & ordonnons à tous les tribunaux, corps administratifs & municipalités, &c.

X 2

1804.

L O I

Relative à la liquidation de différentes sommes faisant partie de l'arriéré.

Donnée à Paris le 2 août 1791.

Louis, par la grace de Dieu, &c.

Décret du 21 *juillet* 1791.

L'Assemblée nationale, ouï le rapport de son comité central de liquidation qui lui a rendu compte des vérifications & rapports faits par le commissaire du roi, directeur général de la liquidation, décrète qu'en conformité de ses précédens décrets sur la liquidation de la dette de l'État & sur les fonds destinés à l'acquit de ladite dette, il sera payé aux personnes ci-après nommées & pour les causes qui seront pareillement exprimées, les sommes suivantes :

Résultat des différentes parties de ladite liquidation.

1°. Arriéré du département de la maison du roi.

Gages & attributions du conseil pour 1786, 1787, 1788 & 1789.

Cinq parties prenantes, total.... 81,245 18 4

Chambres aux deniers.

Fournitures, appointemens, traitemens & nourritures à différentes personnes du service
du roi.

Deux cent soixante-onze parties
prenantes , total . . . . . .   768,792 l. » f. 2 d.

2°. Arriéré du département de
la marine.

Deux parties prenantes   74,107   9   6

3°. Arriéré du département des
finances.

Ponts & chaussées, isle de France,
Rouen , Alençon.

Huit parties prenantes, total. . . .   80,715   13   »

4°. Créances sur le ci-devant
clergé.

Douze parties prenantes, total. . . .   2,933   11   10

5°. Jurandes & maîtrises.

Cent soixante-cinq parties pre-
nantes , total.   50,549   12   »

6°. Domaines & féodalité.

Une partie prenante , ci   118,000   »   »

Total général . . . .   1,176,344 l. 12 f. » d.

Mandons & ordonnons à tous les tribunaux , corps
administratifs & municipalités , &c.

X

1805.

L O I

Relative à la liquidation de la dette arriérée de l'Etat.

Donnée à Paris le 2 août 1791.

Louis, par la grace de Dieu, &c.

Décret du 27 juillet 1791.

L'Assemblée nationale, ouï le rapport de son comité central de liquidation qui a rendu compte des vérifications & rapports faits par le commissaire du roi, directeur-général de la liquidation, décrète qu'en conformité de ses précédens décrets sur la liquidation de la dette publique, & sur les fonds destinés à l'acquit de ladite dette, il sera payé aux personnes ci-après nommées & pour les causes qui seront pareillement exprimées, les sommes suivantes :

S a v o i r :

Résultat des différentes parties de ladite liquidation.

1°. Arriéré du département de la maison du roi.
Ecuries du roi ; fournitures, gages & traitemens pour 1788 & 1789.
Soixante - sept parties prenantes, total. . . . . 530,446 l. 13 s. » d.
Bâtimens du roi.
Deux parties prenantes, total. . . 14,007 13 »
Garde-meubles.
Seize parties prenantes . . . . . 161,213 10 »

Gages du conseil.

Seize parties prenantes . . . . 257,665 L 13 f. » d.

Fournisseurs de la maison du roi.

Trois parties prenantes . . . . . 134,107 8 »

2°. Arriéré du département de la guerre.

Traitemens & appointemens à des gouverneurs & lieutenans-généraux des provinces , & aide - gouverneurs particuliers des villes, pour les années 1788 & 1789.

Trente-neuf parties prenantes · · 786,974 1 8

3°. Arriéré du département de la marine.

Fournisseurs & autres pour les années 1788 & 1789.

Neuf parties prenantes, total. . 166,232 18 10

4°. Arriéré du département des finances.

Haras de Chambord, fournisseurs pour les années 1787 , 1788 & 1789.

Quatre parties prenantes 28,668 11 9

Administration générale des Haras.

Appointemens & gratifications à différens employés de l'ad-ministration générale des Haras, sous la direction du ci-devant duc de Polignac, pour l'année 1789.

Vingt-trois parties prenantes, total. 35,229 8 9

Gratifications.

Deux parties prenantes, total . . . 50,808 l. 6 f. 8 d.

5°. Jurandes & maîtrises.

Cent - soixante - quatorze parties
    prenantes , total 59,689   8   8

6°. Domaines & féodalité.

Douze parties prenantes 182,920   6   8

7°. Remboursemens de charges
    & offices.

Commissaires des guerres.
Douze parties prenantes 999,000   »   »

Officiers du régiment des gardes-
    françaises.

Vingt parties prenantes 976,000   »   »

Brevets de retenue.
Une partie prenante, en total . . . 30,000   »   »

Finances d'offices.
Une partie prenante, en total . . . 385,000   »   »

8°. Gratifications à titre d'indem-
    nité de pensions supprimées.

Six parties prenantes, total . . . 27,000   »   »

Total général · · · · · · · · 4,793,964 l. 6 f. 3 d.

Mandons & ordonnons à tous les tribunaux , corps
administratifs & municipalités , &c.

1806.

L O I

Relative à la force publique contre les attroupemens.

Donnée à Paris le 3 août 1791.

Louis, par la grace de Dieu, &c.

Décret des 26 & 27 juillet 1791.

L'Assemblée Nationale, considérant que la liberté consiste uniquement à pouvoir faire ce qui ne nuit pas aux droits d'autrui, & à se soumettre à la loi ; que tout citoyen appelé ou saisi en vertu de la loi, doit obéir à l'instant, & se rend coupable par la résistance ; que les propriétés donnent un droit inviolable & sacré ; qu'enfin la garantie des droits de l'homme & du citoyen nécessite une force publique, décréte ce qui suit touchant l'emploi & l'action de cette force dans l'intérieur du royaume.

ARTICLE PREMIER.

Toutes personnes surprises en flagrant délit, ou poursuivies par la clameur publique, seront saisies & conduites devant l'officier de police.

Tous les citoyens inscrits ou non sur le rôle de la garde nationale, sont tenus, par leur serment civique, de prêter secours à la gendarmerie nationale, à la garde soldée des villes, & à tout fonctionnaire public, aussitôt que les mots *force à la loi* auront été prononcés, & sans qu'il soit besoin d'aucune autre réquisition.

I I.

Les fonctions mentionnées en l'article premier de la section deuxième du décret du 16 janvier dernier, que la gendarmerie nationale doit exercer sans réquisition particulière, feront remplies pareillement par les gardes soldées dans les villes où il y en aura, non-seulement en ce qui concerne les flagrans délits & la clameur publique, mais aussi contre les porteurs d'effets volés, ou d'armes enfanglantées, les brigands, voleurs & assassins, les auteurs de voies de fait & violences contre la sûreté des personnes & des propriétés, les mendians & vagabonds, les révoltes & attroupemens séditieux.

I I I.

Si des voleurs ou des brigands se portent en troupe sur un territoire quelconque, ils seront repoussés, saisis & livrés aux officiers de police par la gendarmerie nationale & la garde soldée des villes, sans qu'il soit besoin de réquisition.

Ceux des citoyens qui se trouveront en activité de service de garde nationale, prêteront main-forte au besoin ; & si un supplément de force est nécessaire, les troupes de ligne, ainsi que tous les citoyens inscrits, seront tenus d'agir sur la réquisition du procureur de la commune, ou, à son défaut, de la municipalité.

I V.

Alors la réquisition des communes limitrophes continuera d'être autorisée ; celles qui n'auront pas agi d'après la réquisition, demeureront responsables du dommage envers les personnes léfées, & seront poursuivies, sur la réquisition du procureur-général-syndic du département, à la diligence du procureur-syndic du diftrict, devant le tribunal du diftrict le plus voifin.

V.

Les dépofitaires de la force publique qui, pour faifir lefdits brigands ou voleurs, fe trouveront réduits à la néceffité de déployer la force des armes, ne feront point refponfables des événemens.

V I.

Si le nombre des brigands ou voleurs rendoit néceffaire une plus grande force, avis en fera donné fur-le-champ par la municipalité ou le procureur de la commune, au juge-de-paix du canton & au procureur-syndic du diftrict; ceux-ci, & toûjours le procureur-syndic, ou en cas de négligence du juge-de-paix, feront tenus de requérir foit la gendarmerie nationale, foit la garde foldée des villes qui peuvent fe trouver dans le canton du lieu du délit, ou même dans les autres cantons du diftrict fubfidiairement les troupes de ligne qui feront à douze milles du lieu de l'incurfion, & enfin dans le cas de néceffité, les citoyens inscrits dans le canton & dans le diftrict pour le fervice de la garde nationale.

V I I.

Quiconque s'oppofera par violence ou voie de fait à l'exécution des contraintes légales, des faifies, des jugemens ou mandats de juftice ou de police, des condamnations par corps, des ordonnances de prife de corps, fera contraint à l'obéiffance par les forces attachées au fervice des tribunaux, par la gendarmerie nationale, par la garde foldée des villes, & au befoin par les troupes de ligne.

V I I I.

Si la réfistance eft appuyée par plufieurs perfonnes ou par un attroupement, lés forces feront augmentées en proportion, & à ce cri, *forcé à la loi*, tous les citoyens feront tenus de prêter fecours, de manière que force demeure toujours à juftice. Les rebelles feront faifis, livrés à la police, jugés & punis felon la loi.

I X.

Sera réputé attroupement féditieux, & puni comme tel, tout raffemblement de plus de quinze perfonnes s'oppofant à l'exécution d'une loi, d'une contrainte ou d'un jugement.

X.

Les attroupemens féditieux contre la perception des cens, redevances, agriers & champarts, contre celle des contributions publiques, contre la liberté abfolue de la circulation des fubfiftances, des efpèces d'or & d'argent, ou toutes autres efpèces monnoyées, contre celle du travail & de l'induftrie, ainfi que des conventions relatives au prix des falaires, feront diffipés par la gendarmerie nationale, les gardes foldées des villes & les citoyens qui fe trouveront de fervice en qualité de gardes nationales ; les coupables feront faifis pour être jugés & punis felon la loi.

X I.

Si ces forces fe trouvent infuffifantes, le procureur de la commune fera tenu d'en donner avis fur-le-champ au juge-de-paix du canton & au procureur-fyndic du diftrict.

X I I.

Ceux-ci, & toujours le procureur-fyndic, à défaut
ou en cas de négligence du juge-de-paix, feront tenus
de requérir à l'inftant le nombre néceffaire de troupes
de ligne qui fe trouveroient à douze mille, & fubfidiairement les citoyens infcrits dans la garde nationale,
foit du canton où le trouble fe manifefte, foit des autres
cantons du diftrict. Les citoyens actifs des communes
troublées par ces défordres, feront en même temps
fommés de prêter fecours pour diffiper l'attroupement,
faifir les chefs & principaux coupables, & pour rétablir la tranquillité publique & l'exécution de la loi.

X I I I.

La même forme de réquifition & d'action énoncée
aux trois articles précédens, aura lieu dans le cas d'attroupement féditieux & d'émeute populaire contre la fûreté
des perfonnes, quelles qu'elles puiffent être, contre les
propriétés, contre les autorités, foit municipales, foit
adminiftratives, foit judiciaires; contre les tribunaux
civils, criminels & de police; contre l'exécution des
jugemens, ou pour la délivrance des prifonniers ou
condamnés; enfin contre la liberté ou la tranquillité
des affemblées conftitutionnelles.

X I V.

Tout citoyen eft tenu de prêter main forte pour faifir
fur-le-champ & livrer aux officiers de police quiconque
violera le refpect dû aux fonctionnaires publics en exercice
de leurs fonctions, & particulièrement aux juges ou aux
jurés.

X V.

Les procureurs-fyndics des diftricts, auffitôt qu'ils auront été dans le cas de requérir des troupes de ligne, feront tenus, fous leur refponfabilité, d'en inftruire les directoires de diftrict & les procureurs-généraux-fyndics de département ; ceux-ci, fous la même refponfabilité, en donneront avis fur le champ au roi, & lui tranfmettront la connoiffance des événemens à mefure qu'ils furviendront.

X V I.

Si la fédition parvenoit à s'étendre dans une partie confidérable d'un diftrict, le procureur-général-fyndic du département fera tenu de faire les réquifitions néceffaires aux gendarmes nationaux & gardes foldées, même, en cas de befoin, aux troupes de ligne, & fubfidiairement aux citoyens infcrits comme gardes nationales dans des diftricts autres que celui où le défordre a éclaté ; d'inviter en même temps tous les citoyens actifs du diftrict troublé par ce défordre, à fe réunir pour opérer le rétabliffement de la tranquillité, & l'exécution de la loi. Les procureurs-généraux-fyndics, auffitôt qu'ils prendront cette mefure, feront tenus, fous leur refponfabilité, d'en donner avis au roi & à la légiflature, fi elle eft affemblée.

X V I I.

Les réquifitions des juges-de-paix cefferont à l'inftant où les procureurs-fyndics en auront faites, & ceux-ci s'abftiendront pareillement de toute réquifition, auffitôt après l'intervention des procureurs-généraux-fyndics.

X V I I I.

Les citoyens infcrits fur le rôle des gardes nationales

& non en activité de fervice, ne feront requis qu'à défaut
& en cas d'infuffifance de la gendarmerie nationale,
des gardes foldées & des troupes de ligne.

X I X.

A l'exception de la réquifition de la force des communes limitrophes, il ne pourra en aucun cas être fait
de réquifition aux gardes nationales par un département
à l'égard d'un autre département, fi ce n'eft en vertu
d'un décret du corps légiflatif, fanctionné par le roi.

X X.

Aucun corps ou détachement de troupes de ligne ne
pourra agir dans l'intérieur du royaume fans une réquifition légale, fous les peines établies par les lois.

X X I.

Les réquifitions feront faites aux chefs-commandans
en chaque lieu, & lues à la troupe affemblée.

X X I I.

Les réquifitions adreffées aux commandans, foit des
troupes de ligne, foit des gardes nationales, foit de
la gendarmerie nationale, feront faites par écrit & dans
la forme fuivante.

Nous . . . . requérons en vertu *de la loi*, N . . . . .
commandant, &c. de prêter le fecours de troupes de
ligne ou de la gendarmerie nationale, ou de la garde
nationale néceffaire pour repouffer les brigands, &c.
prévenir ou diffiper les attroupemens, &c. ou pour
affurer le paiement de, &c. ou pour procurer l'exécution
de tel jugement ou telle ordonnance de police, &c.

Pour la garantie dudit ou desdits commandans, nous appofons notre fignature.

X X I I I.

L'exécution des difpofitions militaires appartiendra enfuite aux commandans des troupes de ligne, conformément à ce qui eft réglé par l'article XVII du titre III du décret fur le fervice des troupes dans les places, & fur les rapports des pouvoirs civils & de l'autorité militaire, & par la loi qui détermine le mode du fervice fimultané des gardes nationales & des troupes de ligne; s'il s'agit de faire fortir les troupes de ligne du lieu où elles fe trouvent, la détermination du nombre eft abandonnée à l'officier commandant, fous fa refponfabilité.

X X I V.

En temps de guerre, les troupes de ligne ne pourront être requifes, que dans les lieux où elles fe trouveront, foit en garnifon, foit en quartier, foit en cantonnement; néanmoins, fur la notification du befoin de fecours, elles prêteront main-forte à l'exécution des lois civiles & politiques, des jugemens & des ordonnances de police & de juftice, autant qu'elles le pourront, fans nuire au fervice militaire.

X X V.

Les dépofitaires des forces publiques appelés, foit pour affurer l'exécution de la loi, des jugemens & ordonnances ou mandemens de juftice ou de police, foit pour diffiper les émeutes populaires & attroupemens féditieux, & faifir les chefs, auteurs & inftigateurs de l'émeute ou de la fédition, ne pourront déployer la force des armes que dans trois cas.

Le

Le premier, fi des violences ou voies de fait étoient exercées contre eux-mêmes.

Le fecond, s'ils ne pouvoient défendre autrement le terrein qu'ils occuperoient, ou les poftes dont ils feroient chargés.

Le troifième, s'ils y étoient expreffément autorifés par un officier civil, & dans ce troifième cas, après les formalités prefcrites par les deux articles fuivans.

X X V I.

Si, par les progrès d'un attroupement ou émeute populaire, ou par toute autre caufe, l'ufage rigoureux de la force devient néceffaire, un officier civil, foit juge-de-paix, foit officier municipal, procureur de la commune ou commiffaire de police, foit adminiftrateur de diftrict ou de département, foit procureur-fyndic ou procureur-général-fyndic, fe préfentera fur le lieu de l'attroupement ou du délit, prononcera à haute voix ces mots : *obéiffance à la loi : on va faire ufage de la force; que les bons citoyens fe retirent.* Le tambour battra un ban avant chaque fommation.

X X V I I.

Après cette fommation trois fois réitérée, & même dans le cas où, après une première ou feconde fommation, il ne feroit pas poffible de faire la feconde ou la troifième, fi les perfonnes attroupées ne fe retirent pas paifiblement, & même s'il en refte plus de quinze raffemblées en état de réfiftance, la force des armes fera à l'inftant déployée contre les féditieux, fans aucune refponfabilité des événemens, & ceux qui pourront être faifis enfuite, feront livrés aux officiers de police pour être punis felon la rigueur de la loi.

X X V. I I I.

Pour l'exécution des deux articles précédens, l'obligation de se présenter au lieu de l'attroupement remontera dans l'ordre qui suit : d'abord le procureur de la commune & les commissaires de police, dans les lieux où il y en aura ; à leur défaut, tous les officiers municipaux individuellement, ensuite le juge de paix du canton ; si c'est dans une ville, le juge de paix de la ville ; & si elle en a plusieurs, tous les juges de paix individuellement ; enfin le procureur-syndic du district, & à son défaut tous les membres du directoire du district individuellement ; le procureur-général-syndic, & à son défaut tous les membres du directoire du département individuellement, si l'attroupement ou l'émeute populaire se passe dans le chef-lieu d'une administration de district ou de département.

Les officiers publics dénommés ci-dessus, chacun selon l'ordre de leur élection ; & s'il s'agit des juges de paix, dans l'ordre de l'âge, en commençant par les plus jeunes.

X X I X.

Si aucun officier civil ne se présente pour faire les sommations, le commandant, soit des troupes de ligne, soit de la garde nationale, sera tenu d'avertir à son choix l'un ou l'autre des officiers civils désignés aux articles XXVII & XXVIII.

X X X.

Si des troubles agitent tout un département, le roi donnera, sous la responsabilité de ses ministres, les ordres nécessaires pour l'exécution des lois & le rétablissement de l'ordre, mais à la charge d'en instruire au même instant le corps législatif, s'il est assemblé.

X X X I.

Si des troubles agitent tout un département durant les vacances de la légiſlature, & s'ils ne peuvent être réprimés, tant par la gendarmerie nationale & les troupes de ligne qui pourront s'y trouver, que par les gardes nationales, le roi donnera les ordres néceſſaires, mais à la charge de les conſigner dans une proclamation qui convoquera en même temps la légiſlature à jour fixe; il pourra, s'il y a lieu, ſuſpendre les procureurs-généraux-ſyndics & les procureurs-ſyndics, leſquels ſeront remplacés de la manière déterminée dans la loi du 27 mars 1791 : le tout ſous la reſponſabilité des miniſtres.

X X X I I.

Les officiers municipaux de chaque commune, auſſitôt qu'ils remarqueront des mouvemens ſéditieux prêts à éclater, ſeront tenus, ſous leur reſponſabilité, d'en donner avis tant au procureur de la commune qu'au juge de paix du canton & au procureur-ſyndic du diſtrict, leſquels requerront un ſervice de vigilance de la part, ſoit des troupes de ligne, ſoit de la gendarmerie nationale, ſoit des citoyens inſcrits dans le canton ou le diſtrict, ſelon l'importance des faits. Dans ce cas, & toutes les fois que le procureur-ſyndic fera une réquiſition, il ſera tenu d'en avertir le procureur-général-ſyndic.

X X X I I I.

Les conſeils ou directoires de département ſeront chargés, ſous leur reſponſabilité, d'examiner les circonſtances où une augmentation de force eſt néceſſaire à la conſervation ou au rétabliſſement de l'ordre public; ils ſeront tenus alors d'en avertir le pouvoir exécutif, & de lui demander un renfort de troupes de ligne.

Y 2

Ce renfort pourra leur être refufé, fi la fûreté &
le maintien de l'ordre dans le refte du royaume ne
permettent pas de l'accorder.

X X X I V.

Les corps municipaux, les directoires de diftrict &
de département feront chargés, auffi fous leur refponfabilité, de prendre toutes les mefures de police & de
prudence les plus capables de prévenir & de calmer les
défordres ; ils font chargés en outre d'avertir les procureurs des communes, les juges de paix, les procureurs-
fyndics & les procureurs-généraux-fyndics, dans toutes
les circonftances où, foit la réquifition, foit l'action
de la force publique, deviendra néceffaire.

Ils feront chargés enfin de tranfmettre à la légiflature
& au roi leurs obfervations fur la négligence de ces
officiers, & fur l'abus de pouvoir qu'ils fe permettroient.

X X X V.

Les officiers municipaux auront toujours, fous leur
refponfabilité, le droit de fufpendre la réquifition, ou
d'arrêter l'action de la force publique faite ou provoquée
par les procureurs des communes.

Les directoires de diftrict auront le même droit à
l'égard des procureurs - fyndics, des procureurs des communes, des officiers municipaux & des juges de paix
de tout le diftrict.

Les directoires de département auront auffi le même
droit à l'égard des procureurs-généraux-fyndics.

X X X V I.

En l'abfence ou au défaut du procureur de la commune, du juge de paix, du procureur-fyndic du dif-

trict, ou du procureur-général-fyndic du département, les corps municipaux, les directoires de diftrict ou de département, & fubfidiairement les confeils de diftrict & de département, lorfqu'ils fe trouveront affemblés, feront, fous leur refponfabilité, tenus de faire les réquifitions néceffaires, refpectivement & dans l'ordre défigné en l'article précédent.

X X X V I I.

En cas de négligence très-grave ou d'abus de pouvoir touchant la réquifition & l'action de la force publique, les procureurs des communes, les commiffaires de police, les juges de paix, les procureurs-fyndics, & les procureurs-généraux-fyndics feront jugés par les tribunaux criminels, deftitués de leurs emplois, & privés pendant deux ans de l'exercice du droit de citoyen actif, fans préjudice des peines plus fortes portées par le code pénal contre les crimes attentatoires à la tranquillité publique.

X X X V I I I.

Dans le cas où, foit les officiers municipaux, foit les membres des directoires ou des confeils de diftrict ou de département, contreviendroient aux difpofitions du préfent décret, la légiflature, fur le compte qui lui en fera rendu, pourra diffoudre le corps municipal ou adminiftratif, & renvoyer la totalité ou quelques-uns de fes membres, foit aux tribunaux criminels de département, foit à la haute-cour nationale.

Sans préjudice de l'annullation des actes irréguliers, & de la fufpenfion des membres des municipalités & des corps adminiftratifs, autorifées par la loi.

X X X I X.

La refponfabilité fera pourfuivie à la diligence

Y 3

directoires de département à l'égard des procureurs de commune, des commiffaires de police, des juges de paix & des procureurs-fyndics de diftrict.

X L.

En ce qui concerne les procureurs-généraux-fyndics, le miniftre de l'intérieur donnera connoiffance de leur conduite à la légiflature, qui ftatuera ce qu'elle jugera convenable, &, s'il y a lieu, les renverra pour être jugés au tribunal criminel du département.

X L I.

Les chefs des troupes de ligne, de la gendarmerie nationale, de la garde foldée des villes, ou des gardes nationales qui refuferoient d'exécuter les réquifitions qui leur feroient faites, feront pourfuivis fur la requête de l'accufateur public, à la diligence du procureur-général-fyndic, & punis des peines portées au code pénal, fans préjudice des peines plus graves prononcées par la loi contre les crimes attentatoires à la tranquillité publique.

X L I I.

Les citoyens en activité de fervice de garde nationale, ou même fimplement infcrits fur le rôle, qui, hors le cas de la loi martiale, refuferoient, après une réquifition légale, foit de marcher ou de fe faire remplacer, foit d'obéir à un ordre conforme aux lois, feront privés de l'exercice de leurs droits de citoyen actif durant un intervalle de temps qui n'excédera pas quatre années. Ils pourront même, felon la gravité des circonftances, être condamnés à un emprifonnement qui ne pourra excéder un an.

XLIII.

Les délits mentionnés en l'article précédent feront pourfuivis par la voie de police correctionnelle.

XLIV.

Indépendamment des réquifitions particulières qui
pourront être adreffées, felon les règles ci-deffus prefcrites, aux citoyens infcrits pour le fervice des gardes
nationales, lorfque leur fecours momentané deviendra
néceffaire, ils feront mis en état de réquifition permanente, foit par les officiers municipaux dans les villes
au-deffus de dix mille ames, foit par-tout ailleurs par
le directoire de département, fur l'avis de celui de diftrict,
lorfque la liberté ou la fûreté publique fera menacée.

XLV.

Cette réquifition permanente obligera les citoyens infcrits à un fervice habituel de vigilance : les patrouilles
feront alors établies ou renforcées & multipliées.

XLVI.

Tous les citoyens infcrits fur le rôle des gardes nationales, font mis par le préfent décret en état de réquifition permanente, jufqu'à ce que l'exécution des lois
conftitutionnelles ne rencontrant point d'obftacles, le
corps légiflatif ait expreffément déterminé la ceffation
de cet état.

ARTICLE ADDITIONNEL

ajouter à la loi martiale du mois de novembre 1789.

La loi martiale continuera à être proclamée, lorfque

Y 4

la tranquillité publique fera habituellement menacée par des émeutes populaires ou attroupemens féditieux qui fe fuccéderoient l'un à l'autre, pendant le temps que la loi martiale fera en vigueur, toute réunion d'hommes au-deſſus du nombre de quinze, dans les rues ou places publiques, avec ou fans armes, fera réputé attroupement.

Mandons & ordonnons à tous les tribunaux, corps adminiſtratifs & municipalités, &c.

1807.

L O I

Relative à la levée des ſcellés appoſés après l'abſence de Monſieur, dans les maiſons occupées par lui ou par les perſonnes de ſa maiſon.

Donnée à Paris le 3 août 1791.

Louis, par la grace de Dieu, &c.

Décret du 19 juillet 1791.

L'Aſſemblée Nationale autoriſe la municipalité de Paris & autres, chacune dans leur territoire, à procéder à la reconnoiſſance des ſcellés appoſés après l'abſence de *Monſieur*, dans les maiſons occupées par lui ou par les perſonnes de ſa maiſon, & à lever leſdits ſcellés après deſcription fommaire, à l'exception de ceux qui ſont appoſés ſur les armoires, coffres & papiers appartenant particulièrement à la perſonne de *Monſieur*.

Mandons & ordonnons à tous les tribunaux, corps adminiſtratifs & municipalités, &c.

1808.

L O I

Relative aux troubles excités à Haguenau.

Donnée à Paris le 6 août 1791.

Louis, par la grace de Dieu, &c.

Décret du 31 *juillet* 1791.

L'Assemblée Nationale, instruite, d'après le compte qui lui a été rendu par ses commissaires envoyés dans les départemens du Rhin & des Vosges, que la procédure poursuivie actuellement dans le tribunal du district de Haguenau, séant à Saverne, sur les émeutes & sur les délits commis à Haguenau dans les jours du 15 au 20 juin, & le 14 juillet 1790, ne peut plus avoir de suite dans ce tribunal, attendu que tous les juges & les suppléans se sont récusés, l'ont été, ou sont dans le cas de l'être, renvoie pardevant le ministre de la justice pour faire indiquer un autre tribunal conformément aux décrets.

Mandons & ordonnons à tous les tribunaux, corps administratifs & municipalités, &c.

1809.

L O I

Relative aux domaines congéables.

Donnée à Paris le 6 août 1791.

Loüis, par la grace de Dieu , &c.

Décret des 30 *mai,* 1.er *, 6 & 7 juin* 1791.

L'Aſſemblée Nationale , après avoir entendu ſes comités de féodalité, de conſtitution, des domaines , de commerce & d'agriculture, décrète ce qui ſuit :

A R T I C L E   P R E M I E R.

Les conceſſions ci-devant faites dans les départemens du Finiſtère , du Morbihan & des Côtes-du-Nord , par les propriétaires fonciers aux domaniers , ſous les titres de baux à convenant ou domaine congéable , & de baillées ou renouvellement d iceux , continueront d'être exécutées entre les parties qui ont contraſté ſous cette forme , leurs repréſentans ou ayant cauſes , mais ſeulement ſous les modifications & conditions ci-après exprimées, & ce nonobſtant les uſemens de Rohan, Cornouai les, Brouerce , Tréguier & Gouello; & tous autres qui ſe-roient contraires aux règles ci-après exprimées, leſquels uſemens ſont à cet effet & demeurent abolis , à compter du jour de la publication du préſent décret.

I I.

Aucun propriétaire foncier ne pourra , ſous prétexte

des ufemens dans l'étendue defquels les fonds font fitués,
ni même fous prétexte d'aucune ftipulation inférée au
bail à convenant ou dans la baillée, exiger du domanier
aucuns droits ou redévances convenancières de même
nature & qualité que les droits féodaux fupprimés fans
indemnité par les décrets du 4 août 1789 & jours fuivans,
par le décret du 15 mars 1790 & autres fubféquens, &
notamment l'obéiffance à la ci-devant juftice ou juridiction
du foncier, le droit de fuite à fon moulin, la collecte du
rôle de fes rentes & cens, & le droit de déshérence ou
échûte.

I I I.

Pourront les domaniers, nonobftant tous ufemens ou
ftipulations contraires, aliéner les édifices & fuperfices de
leurs tenues pendant la durée du bail fans le confentement du propriétaire foncier, & fans être fujets aux
lods & ventes, & leurs héritiers pourront divifer entr'eux
lefdits édifices & fuperfices fans le confentement du propriétaire foncier, fans préjudice de la folidarité de la
redevance ou des redevances dont lefdites tenues font
chargées.

I V.

Le propriétaire foncier ne pourra exiger du domanier
aucunes journées d'hommes, voitures, chevaux ou bêtes
de fomme qui n'auront point été ftipulées & détaillées
par le bail ou la baillée, & à leur défaut par actes ré-
cognitoires, & qui n'auroient été exigés qu'en vertu des
ufemens ou d'une claufe de foumiffion à iceux; lefdites
journées qui auront été expreffément ftipulées ne s'arré-
rageront pas; elles ne pourront être exigées qu'en nature,
& néanmoins les abonnemens feront exécutés fuivant
la convention.

V.

Pourront néanmoins les propriétaires fonciers, d'après

les feuls ufemens, exiger que les grains & autres denrées provenant des redevances convenancières, foient tranf-portés & livrés par le domanier, à fes frais, au lieu indiqué par le propriétaire foncier jufqu'à trois lieues de diftance de la tenue, & ledit droit de tranfport ne pourra s'arrérager.

V I.

Ne pourront les domaniers exercer contre les pro-priétaires fonciers aucune action en reftitution à raifon des droits ci-deffus fupprimés, qui auront été payés ou fervis avant la publication des lettres patentes du 3 no-vembre 1789. Mais toute action ou procès actuellement fubfiftant & non terminés par un jugement en dernier reffort avant l'époque fufdite, pour raifon defdits droits non payés ou fervis, font éteints, & les parties ne pourront les faire juger que pour la queftion des dépens faits antérieurement à la publication du préfent décret.

V I I.

Les propriétaires fonciers & les domaniers, en tout ce qui concerne leurs droits refpectifs fur la diftinction du fonds & des édifices & fuperficies, des arbres dont le domanier doit avoir la propriété ou le fimple émondage, des objets dont le rembourfement doit être fait au do-manier lors de fa fortie, comme auffi en ce qui con-cerne les termes des paiemens des redevances convenan-cières, la faculté de la part du domanier de bâtir de nouveau ou de changer les bâtimens exiftans, fe régleront d'après les ftipulations portées aux baux ou baillées, & à défaut de ftipulation, d'après les ufemens, tels qu'ils font obfervés dans les lieux où les fonds font fitués.

V I I I.

Dans le cas où le bail ou la baillée & les ufemens n

contiendroient aucun règlement fur les châtaigniers & noyers, lefdits arbres feront réputés fruitiers, à l'exception néanmoins de ceux defdits arbres qui feroient plantés en avenues, maffes ou bofquets, & ce nonobftant toute jurifprudence à ce contraire.

I X.

Dans toutes les fucceffions directes ou collatérales qui s'ouvriront à l'avenir, les édifices & fuperfices des domaniers feront partagés comme immeubles, felon les règles prefcrites par la coutume générale de Brotagne & par les décrets déja promulgués, ou qui pourront l'être par la fuite comme lois générales pour tout le royaume.

Il en fera de même pour le douaire des veuves des domaniers, pour les fociétés conjugales, & pour tous les autres cas, les édifices & fuperfices n'étant réputés meubles qu'à l'égard des propriétaires fonciers.

X.

Pour éviter toute conteftation entre les fonciers & les domaniers, nonobftant le décret du premier décembre dernier, auquel il eft dérogé quant à ce, pour ce regard feulement & fans tirer à conféquence pour l'avenir, les domaniers profiteront, pendant la durée des baillées actuelles, de l'exemption de la dîme; mais ils acquitteront la totalité des impofitions foncières, & ils tiendront au foncier fur la redevance convenancière, une partie de cet impôt proportionnellement à ladite redevance.

X I.

A l'expiration des baux ou des baillées actuellement exiftans, il fera libre aux domaniers (qui exploitent eux-

mêmes leurs tenues) de se retirer & d'exiger le remboursement de leurs édifices & superfices , pourvu néanmoins que les baux ou baillées aient encore deux années
complètes à courir , à compter de la Saint - Michel 29
septembre 1791. Dans le cas où les baux ou baillées
seroient d'une moindre durée , le domanier ne pourra
se retirer avant l'expiration desdites deux années , à compter
de la Saint-Michel 1791 , sans le consentement du propriétaire foncier ; & réciproquement le propriétaire foncier
ne pourra congédier le domanier sans le consentement
de celui - ci , qu'après l'expiration du délai fixé par le
présent article.

Les domaniers dont les baux sont expirés & qui jouissent
sans nouvelle assurance , ne pourront être congédiés ni
se retirer qu'après quatre années complètes échues , à
compter de la Saint-Michel 1791.

X I I.

Les propriétaires fonciers qui justifieront par actes authentiques antérieurs au premier mars de la présente année ,
ou ayant date certaine avant cette époque , avoir concédé
à de nouveaux domaniers les tenues pour entrer en jouissance avant l'expiration des délais accordés par l'article
précédent , pourront , nonobstant les dispositions dudit
article , congédier les domaniers dont les baux ou baillées
feront finis avant l'expiration desdits délais.

X I I I.

A l'expiration des baux ou baillées actuellement existans
aux époques ci-dessus fixées , il sera libre à l'avenir aux
parties , & sous les seules restrictions ci-après exprimées ,
de faire des concessions à titre de bail à convenant , sous
telles conditions qu'elles jugeront à propos , soit sur la

durée defdits baux, foit fur la nature & quotité des redevances & preftations, foit fur la faculté du domanier
de conftruire de nouveaux bâtimens ou de changer les
anciens, foit fur les clôtures & défrichemens, foit fur la
propriété ou jouiffance des arbres, foit fur la faculté de prendre par le domanier des arbres, de la terre ou du fable pour
réparer les bâtimens ; & les conventions des parties tex-
tuellement exprimées, feront à l'avenir la feule rège qui
déterminera leurs droits refpectifs.

X I V.

Tout bail à convenant ou baillée de renouvellement
feront déformais rédigés par écrit. Si néanmoins le propriétaire foncier avoit laiffé continuer au domanier la jouiffance après le terme du bail ou de la baillée expirée,
ou fi le domanier avoit confervé cette jouiffance faute de
rembourfement, le bail ou la baillée feront réputés continuer par tacite réconduction pour deux ou trois années,
felon que l'ufage du pays fera de régler l'exploitation des
terres pour deux ou trois années.

X V.

Ne pourra pareillement le propriétaire foncier, fous
prétexte de la liberté des conventions portées en l'article
XIII, ftipuler en fa faveur aucun des droits fupprimés
par les articles II & III.

X V I.

Seront au furplus les conventions que les parties auront
faites, fubordonnées aux lois générales du royaume,
établies ou à établir pour l'intérêt de l'agriculture, relativement aux baux à ferme, en ce qui fera applicable au
bail à convenant.

X V I I.

Après l'expiration des baux ou des baillées actuellement existans, & lorsqu'il s'agira de procéder au remboursement des édifices & superfices, il sera procédé au prisage à l'amiable entre les parties, ou à dire d'experts convenus ou nommés d'office par le juge-de-paix du canton dans le ressort duquel les tenues seront situées, sauf aux parties, en cas de contestation sur l'estimation, à se pourvoir devant le tribunal de district.

Il en sera usé de même pour les baux à convenant qui pourroient être passés à l'avenir, lorsque d'après les conventions des parties il y aura lieu à un remboursement & à une estimation.

X V I I I.

Les frais de la nomination d'experts, de leur prestation de serment, du prisage & de l'affirmation seront supportés, à l'égard des baux actuellement existans, par le propriétaire foncier ; & pour les baux qui seront faits à l'avenir, ils seront payés par ceux que les conventions en chargeront : les frais de la revue seront supportés par celui qui la demandera.

X I X.

Tous les objets qui doivent entrer en estimation, seront estimés suivant leur vraie valeur à l'époque de l'estimation qui en sera faite à l'expiration des baux subsistans, ou des délais ci-dessus fixés. Les propriétaires fonciers seront tenus de rembourser aux domaniers tous lesdits objets, même les labours & engrais, sur le pied de l'estimation. Après ledit remboursement effectué, les domaniers ne pourront, sous aucun prétexte, s'immiscer dans l'exploitation & jouissance des tenues dont ils auront été congédiés.

Les

Les eftimations qui pourront avoir lieu en exécution des baux à venir, feront faites conformément aux conventions des parties.

X X.

S'il s'élève des queftions fur la nature des objets qui doivent entrer dans l'eftimation des édifices & fuperfices, & des améliorations à rembourfer au domanier, elles fe régleront pour les baux actuellement exiftans, & pour les tenues dont les domaniers jouiffent par nouvelle affurance, d'après les divers ufemens anciens; pour les baux qui feront faits à l'avenir, d'après les conventions des parties.

X X I.

Le domanier ne pourra être expulfé que préalablement il n'ait été rembourfé, & à cet effet le prifage fera toujours demandé fix mois avant l'expiration de la jouiffance, & fini dans ce délai.

X X I I.

A quelque époque qu'ait commencé la jouiffance des domaniers qui exploitent actuellement les tenues, foit en vertu des baux ou baillées, foit par l'effet de la nouvelle affurance, le congément ne pourra être réciproquement exercé à d'autre époque de l'année qu'à celle de la Saint-Michel 29 feptembre. Si l'exploitation du domanier avoit commencé à un autre terme, il fera tenu de payer au propriétaire foncier la redevance convenanciére au prorata du temps dont il aura joui de plus.

X X I I I.

A défaut de rembourfement effectif de la fomme portée

en l'eſtimation, le domanier pourra ſur un ſimple commandement fait à la perſonne ou au domicile du propriétaire foncier, en vertu de ſon titre, s'il eſt exécutoire, faire vendre après trois publications, de huitaine en huitaine, & ſur enchères en l'auditoire du tribunal du diſtrict, les édifices & ſuperfices, & ſubſidiairément en cas d'inſuffiſance, le fonds ; pourra néanmoins le foncier ſe libérer, en abandonnant au colon la propriété du fonds & la rente convenancière.

X X I V.

A défaut de paiement de la part du domanier, des preſtations & redevances par lui dues à leur échéance, le propriétaire foncier pourra en vertu de ſon titre, s'il eſt exécutoire, faire ſaiſir les meubles, grains & denrées appartenant au domanier ; il pourra même faire vendre leſdits meubles, & en cas d'inſuffiſance, leſdits édifices & ſuperfices après néanmoins avoir obtenu contre le domanier, un jugement de condamnation ou de réſiliation du bail.

X X V.

La vente des meubles du domanier ne pourra être faite qu'en obſervant les formalités preſcrites par l'ordonnance de 1667, & ſous les exceptions y portées. A l'égard des édifices & ſuperfices, ils ſeront vendus ſur trois publications en l'auditoire du tribunal du diſtrict du reſſort.

X X V I.

Pourront néanmoins les domaniers éviter la vente de leurs meubles, & la vente ſubſidiaire de leurs édifices & ſuperfices, en déclarant au propriétaire foncier qu'ils lui abandonnent leurs édifices & ſuperfices, auquel cas ils ſeront libérés envers lui : ladite faculté n'aura lieu que

pour les arrérages à échoir à compter de la publication du
préfent décret.

Mandons & ordonnons à tous les tribunaux, corps
adminiftratifs & municipalités, &c.

1810.

L O I

Relative aux fpeĉacles.

Donnée à Paris le 6 août 1791.

Louis, par la grace de Dieu, &c.

Décret du 19 juillet 1791.

L'Affemblée Nationale, après avoir entendu les obfervations de plufieurs membres & les conclufions du rappor-
teur, a admis la rédaction fuivante :

L'Affemblée Nationale confidérant que la loi du 16
août 1790 n'étoit que provifoire, & que la loi du 13
janvier dernier contient des difpofitions générales qui
feules doivent être exécutées dans tout l'empire français,
décrète fur l'article premier du projet du comité, qu'il
n'y a pas lieu à délibérer.

A R T I C L E P R E M I E R.

Conformément aux difpofitions des articles III & IV du
décret du 13 janvier dernier, concernant les fpeĉacles,
les ouvrages des auteurs vivans, même ceux qui étoient
repréfentés avant cette époque, foit qu'ils fuffent ou
non gravés ou imprimés, ne pourront être repréfentés
fur aucun théâtre public, dans toute l'étendue du royaume,

Z 2

fans le confentement formel & par écrit des auteurs , ou fans celui de leurs héritiers ou ceffionnaires , pour les ouvrages des auteurs morts depuis moins de cinq ans , fous peine de confifcation du produit total des repréfentations au profit de l'auteur , ou de fes héritiers ou ceffionnaires.

I L

La convention entre les auteurs & les entrepreneurs de fpectacle fera parfaitement libre , & les officiers muni-cipaux , ni aucuns autres fonctionnaires publics, ne pour-ront taxer lefdits ouvrages , ni modérer ou augmenter le prix convenu ; & la rétribution des auteurs , convenue entr'eux ou leurs ayans-caufe & les entrepreneurs de fpec-tacle , ne pourra être ni faifie ni arrêtée par les créanciers des entrepreneurs du fpectacle.

Mandons & ordonnons à tous les tribunaux, corps adminiftratifs & municipalités , &c.

1811.

L O I

Relative aux créanciers de Monfieur, *de M.* d'Artois , *de* Mefdames , & *des différentes perfonnes abfentes du royaume.*

Donnée à Paris le 6 août 1791.

Louis , par la grace de Dieu , &c.

Décret du 29 *juillet* 1791.

L'Affemblée Nationale, ouï le rapport du comité central de liquidation , décrète :

Article premier.

Les créanciers , porteurs de titres ayant une date certaine,

antérieure au 24 juin dernier, & rendus exécutoires
suivant les formes légales contre les personnes absentes
du royaume, ainsi que les ouvriers & fournisseurs qui
justifieront de travaux & fournitures faites pour les absens,
avant la même époque, & qui auront fait prononcer par
jugemens sur leurs demandes, seront payés de leurs
créances, sur sommes dues par l'Etat à leurs débiteurs
& échues avant ladite époque du 24 juin 1791, pour
causes autres que pour pensions ou traitemens postérieurs
au premier janvier 1790.

I I.

Les créanciers mentionnés en l'article précédent ne
pourront être payés que sous les conditions suivantes :

1°. Ils seront tenus d'affirmer leur créance sincère &
véritable, devant le tribunal du district du lieu où ils se
trouveront.

2°. Ils justifieront que les impositions ou les contributions patriotiques à la charge de leurs débiteurs ont
été acquittées; & dans le cas où cette justification ne seroit
pas faite, il demeurera par forme de nantissement entre
les mains du trésorier & payeur de l'Etat, un dixième
des sommes échues & à payer. Le dixième réservé sera
remis lorsqu'on justifiera du paiement des impositions &
contributions.

3°. Les créanciers qui voudront être payés, justifieront
individuellement qu'ils ont satisfait aux conditions requises
par les décrets des 24 & 27 juin dernier.

I I I.

Le trésorier de la maison de *Mesdames* tantes du roi, est
autorisé à toucher l'arriéré liquidé ou à liquider, pour les
différentes parties dues à la maison de *Mesdames*, échues
avant le 24 juin dernier, & à distribuer lesdites sommes

Z 3

aux ouvriers, fourniffeurs, & aux diverfes perfonnes employées dans les états de la maifon de *Mefdames*, lefdites perfonnes étant actuellement en France.

I V.

A l'égard des créanciers de *Monfieur* & de M. d'*Artois*, les tréforiers defdites maifons continueront à recevoir à la tréforerie nationale les fommes ordonnées par les décrets des 20 & 21 décembre dernier, & l'emploi defdites fommes fera fait de la manière fuivante :

La fomme de cinq cent mille livres par année, attribuée aux créanciers de *Monfieur*, & les fonds annuels des rentes viagères accordées aux créanciers defdites rentes fur M. d'*Artois*, feront employés au paiement defdits créanciers, au terme dudit décret.

La fomme d'un million attribuée à chacun de *Monfieur* & de M. d'*Artois* à titre de traitement annuel, fera employée fpécialement à payer les créanciers de *Monfieur* & de M. d'*Artois*, qui feroient porteurs de titres de la nature mentionnée dans l'article premier, ainfi que les ouvriers & fourniffeurs étant dans le royaume ; elle fera auffi employée à payer les objets de dépenfe courante & d'entretien des maifons de *Monfieur* & de M. d'*Artois* dans le royaume.

V.

Les tréforiers defdites maifons, & les fequeftres ordonnés par le décret des 20 & 21 décembre, être établis pour le paiement des créanciers de *Monfieur* & de M. d'*Artois*, juftifieront chaque mois au commiffaire de la tréforerie nationale, & aux commiffaires du comité des finances chargés de la furveillance de la tréforerie nationale, des paiemens qu'ils auront faits en conformité de l'article précédent.

Ils feront refponfables des paiemens qu'ils auroient faits en contravention audit article, & chaque mois ils rapportont à la tréforerie nationale les fommes qu'ils y auroient reçues pendant le mois, & qui n'auroient pas pu être payées conformément aux difpofitions du préfent article.

V I.

Les oppofitions que les créanciers de *Mefdames*, de *Monfieur* & de M. d'*Artois* auroient formées ou formeroient entre les mains des confervateurs des hypothèques. & finances & des payeurs des rentes, tiendront entre les mains des tréforiers, fequeftres & agens defdites maifons. Tous créanciers pourront également former des oppofitions pour la confervation de leurs droits, entre les mains defdits tréforiers, fequeftres & agens : la fignification defdites oppofitions ne fera valable qu'autant qu'elle aura été vifée de ceux entre les mains de qui elles auront été faites; mais lefdits tréforiers, fequeftres & agens, feront tenus de les recevoir & de les vifer, à peine d'en demeurer refponfables en leur nom.

V I I.

L'Affemblée interprétant en tant que de befoin fes décrets des 24 & 27 juin, fur les juftifications à faire par les créanciers de l'État pour obtenir le paiement des fommes qui leur font dues, décrète,

1°. Que les impofitions dont elle entend que le paiement foit juftifié, font les impofitions perfonnelles, defquelles le paiement fera juftifié ou par les certificats des municipalités, portant que les impofitions ont été payées, ou par des quittances vifées foit par les municipalités, foit par les diftricts des lieux, à l'exception des quittances qui feront délivrées par les receveurs des impofitions de Paris, lefquelles ne feront point fujètes

Z 4

au *visa*. A défaut de repréfentation defdits certificats ou quittances, il faudra juftifier qu'il ne ne fe payoit aucune impofition perfonnelle dans le lieu où l'on avoit fon domicile.

2°. Que la juftification requife par lefdits décrets, du paiement des impofitions de l'année 1790 & années antérieures, fera regardée comme faite complétement par la production de la quittance des deux dernières années.

3°. Que lefdits certificats & quittances de paiement d'impofitions feront expédiés en papier non timbré.

VIII.

Les perfonnes qui en juftifiant d'ailleurs de leur domicile actuel & habituel dans le royaume, ne pourroient pas juftifier à l'inftant du paiement de leurs impofitions & contributions, pourront obtenir le paiement de ce qui leur eft dû, en laiffant, par forme de nantiffement entre les mains des tréforiers & payeurs, un dixième de ce qu'elles auroient à recevoir pour chacune defdites années pour lefquelles elles ne juftifieroient pas du paiement de leurs impofitions & contributions. Ce dixième retenu, leur fera remis en rapportant les quittances des impofitions & contributions qui étoient dues.

IX.

Les tréforiers & payeurs auxquels le certificat de domicile & les quittances d'impofitions & contributions auront été exhibés, les remettront aux parties, à la charge qu'il fera fait état dans la quittance donnée par les parties prenantes de chacune defdites pièces, de leur date & des perfonnes par lefquelles elles auront été expédiées, pour y recourir au befoin.

Les perfonnes habituellement domiciliées dans les

colonies françaises, qui se trouvent actuellement à Paris, & les fondés de procuration desdites personnes qui sont actuellement dans les colonies, justifieront de leur domicile par la déclaration de deux colons propriétaires, connus & domiciliés à Paris. A l'égard des impositions & contributions, on n'exigera d'eux d'autre justification que celle du paiement de la contribution patriotique; & à défaut de cette justification, il sera retenu par forme de nantissement, comme il est dit ci-dessus, le dixième des sommes qui devroient leur être payées.

X.

Lorsqu'une créance sera établie par un titre collectif, mais en faveur de plusieurs individus personnellement dénommés, les justifications requises se feront par chacun desdits individus distinctement, sauf aux parties qui se trouveront en état de faire lesdites justifications, à faire diviser le titre & à s'en faire délivrer une ampliation pour ce qui les concerne. A l'égard des créances qui appartiennent soit à des sociétés, soit à des créanciers unis en direction avec l'établissement de sequestre, il suffira auxdites sociétés de justifier qu'elles ont payé collectivement leurs impositions & contributions, & aux créanciers unis, de justifier du paiement des impositions & contributions de leur débiteur.

X I.

Après le premier octobre prochain, les créanciers de l'Etat & autres personnes dénommées dans le décret du 24 juin dernier, seront tenus de justifier qu'elles ont satisfait au décret du 28 juin pareillement dernier, pour l'acquit des impositions de la présente année 1791.

Sera le présent décret imprimé & envoyé à tous les départemens.

Mandons & ordonnons à tous les tribunaux, corps administratifs & municipalités, &c.

.1812.

L O I

Relative à la liquidation des offices de substituts des pro-cureurs du roi près les justices royales , de jurés-crieurs, certificateurs de criées & autres.

Donnée à Paris le 6 août 1791.

Louis, par la grace de Dieu , &c.

Décret du 29 juillet 1791.

L'Affemblée Nationale , après avoir entendu le rapport du comité de judicature , décrète ce qui fuit :

A R T I C L E   P R E M I E R.

Les offices de fubftituts des procureurs du roi près les préfidiaux, bailliages & autres juftices royales ordinaires & extraordinaires, feront liquidés d'après les bafes dé-crétées pour la liquidation des offices de judicature, les 2 & 6 feptembre 1790.

I I.

Les titulaires defdits offices qui exerçoient la poftu-lation à l'époque de leur fuppreffion, & qui juftifieront par un acte authentique de l'acquifition d'une pratique ou clientelle, obtiendront, outre le prix de leur éva-luation, une indemnité.

I I I.

Cette indemnité sera la même que celle accordée aux procureurs, par les articles VI & suivans des décrets des 21 & 24 décembre 1790.

I V.

Les sommes payées pour droit de mutation, marc d'or & frais de provisions, seront remboursées aux titulaires, conformément à l'article X du titre I.er des décrets des 2 & 6 septembre dernier, & à la charge des retenues qui s'y trouvent énoncées.

V.

A l'égard des substituts qui n'étoient pourvus de leurs offices qu'à vie, il sera procédé à la liquidation des indemnités qui leur sont dues, de la manière ci - après déterminée.

V I.

Il sera fait masse du montant de l'évaluation ou, à défaut d'évaluation, du montant de la finance de l'office, ensemble des sommes payées tant pour droit de mutation & marc d'or, que pour sceau des provisions & honoraires.

V I I.

Sur cette masse il sera fait déduction d'un trentième par année de jouissance : le surplus sera payé à l'officier par forme d'indemnité.

V I I I.

Néanmoins cette déduction ne pourra s'étendre au-delà des deux tiers de la maffe totale : il en fera payé le tiers à ceux qui jouiffoient depuis vingt ans & plus.

I X.

Les offices de jurés-crieurs feront rembourfés fur le pied de l'évaluation faite en exécution de l'édit de février 1771.

X.

Les intérêts de leur liquidation feront comptés à partir du jour de la publication du préfent décret, pour ceux qui auront remis leurs titres au bureau général de liquidation dans un mois, & pour tous les autres, à partir du jour de la remife des titres.

X I.

Les fommes payées par les jurés-crieurs pour droit de mutation, marc d'or & frais de provifions, leur feront rembourfées conformément à l'article IV ci-deffus.

X I I.

Les dettes contractées en nom collectif par les jurés-crieurs ne feront fupportées par la nation qu'après vérification, & fuivant les règles établies pour les officiers miniftériels, par les décrets des 21 & 24 décembre dernier.

X I I I.

Les certificateurs des criées & les tiers-référendaires taxateurs calculateurs des dépens, qui exerçoient la poftulation à l'époque de leur fuppreffion, feront liquidés d'après les difpofitions des décrets rendus pour les procureurs des tribunaux près lefquels ils exerçoient.

Pourront néanmoins les titulaires des offices opter entre leur évaluation particulière & celle des procureurs de leurs siéges.

X I V.

Les folliciteurs des caufes du roi près les cours, qui exerçoient la poftulation à l'époque de leur fuppreffion, feront liquidés d'après les difpofitions des décrets rendus pour les procureurs des cours près lefquelles ils exerçoient.

Ceux de ces officiers qui poftuloient dans plufieurs cours, opteront entre les communautés de procureurs près lefdits tribunaux, celle avec laquelle ils préféreront d'être liquidés.

Mandons & ordonnons à tous les tribunaux, corps adminiftratifs & municipalités, &c.

1 8 1 3.

L O I

Relative au tabac de cantine pour les troupes.

Donnée à Paris le 6 août 1791.

Louis, par la grace de Dieu, &c.

Décret du 29 juillet 1791.

L'Affemblée Nationale décrète que le tabac ci-devant fabriqué pour être diftribué aux troupes, fous le nom de *tabac de cantine*, ne pourra être vendu à un prix moindre que vingt fous la livre.

Mandons & ordonnons à tous les tribunaux, corps adminiftratifs & municipalités, &c.

1814.

L O I

Relative à l'inftruction pour le paiement des dîmes.

Donnée à Paris le 6 août 1791.

Louis, par la grace de Dieu, &c.

Décret du 30 juillet 1791.

L'Affemblée Nationale, après avoir entendu la lecture de l'inftruction propofée par le comité central de liquidation, pour la liquidation des dîmes dont elle a ordonné le rembourfement, approuve ladite inftruction, & décrète qu'elle fera fuivie par les corps adminiftratifs & par le directeur général de la liquidation, pour l'évaluation de l'indemnité des dîmes fupprimées avec indemnité. L'inftruction & le préfent décret feront imprimés & adreffés à tous les départemens.

INSTRUCTION à adreffer aux adminiftrateurs de diftricts & de départemens, pour la liquidation des dîmes dont l'Affemblée nationale a ordonné le rembourfement.

L'Affemblée Nationale, après avoir fupprimé par fes décrets, des 14, 20 avril, 4 août & 10 feptembre 1790, toutes les dîmes, ainfi que les droits, redevances & rentes qui en tenoient lieu, a déclaré par le décret des 14 & 20 avril 1790, qu'il étoit dû fur le tréfor public une indemnité aux propriétaires de dîmes inféodées.

Les adminiftrateurs de diftricts dans le territoire defquels les dîmes inféodées fe percevoient, ont été chargés par le décret du 23 octobre 1790, de la liquidation de l'indemnité due aux propriétaires de ces dîmes. Les diftricts doivent prendre les obfervations des municipalités fur la valeur de la dîme, donner un avis, l'envoyer au département qui prononce. (décret du 23 octobre.)

Les départemens doivent adreffer l'état des indemnités qu'ils ont eftimé devoir être accordées pour la fuppreffion des dîmes inféodées, à la direction générale de liquidation (décret du 16 décembre 1790); les propriétaires des dîmes inféodées doivent eux-mêmes y remettre les actes néceffaires pour établir leur propriété & fa valeur (*ibid.*). Aux termes d'un décret du 18 janvier 1791, toute demande en liquidation de dîmes inféodées doit être communiquée par les corps adminiftratifs à l'adminiftration des domaines, pour avoir fon avis, & s'affurer fi ces dîmes étoient poffédées à titre d'engagement ou à titre de propriété incommutable.

Les bafes de l'évaluation des dîmes inféodées font les titres de propriété, les baux, & des eftimations d'experts.

Dans l'évaluation des dîmes & dans les procès-verbaux des experts, pour parvenir à cette évaluation, il faut faire déduction du capital de la partie congrue, même ce qui en eft payable pour les fix premiers mois 1791, fur le pied de douze cents livres pour les curés, fept cents livres pour les vicaires actuels; plus, du capital des autres charges, tant actuelles qu'éventuelles, à raifon de l'infuffifance poffible des dîmes eccléfiaftiques. (décret du 23 octobre 1790.)

Le capital doit être réglé fur le pied du denier vingt-cinq du produit net, lorfque la dîme fe percevoit en nature; fur le pied du denier vingt, fi elle eft réduite en argent par des abonnemens irrévocables (décret du 23 octobre). Dans le cas où les dîmes auroient été tenues à titre d'engagement, elles ne feront rembourfées que fur le pied de la finance de l'engagement. (décret du 18 janvier 1791.)

Telle eft l'analyfe fommaire des décrets prononcés par l'Affemblée nationale & fanctionnés par le roi, fur le rembourfement ou l'indemnité due aux propriétaires des dîmes inféodées. Il s'agit actuellement de mettre ces lois à exécution. Les queftions qui ont été adreffées au comité central de liquidation, foit par les adminiftrations de diftricts, foit par le commiffaire du roi pour la direction de la liquidation, font connoître la néceffité d'entrer dans quelque détail fur la manière d'exécuter la loi & de remplir complétement le vœu de l'Affemblée nationale. Il eft important 1°. de bien connoître les objets pour la fuppreffion defquels la loi accorde indemnité ou rembourfement ; 2°. de difcerner les titres capables d'établir la preuve légitime de l'exiftence du droit qu'on réclame, de ceux qui feroient infuffifans pour cette preuve ; 3°. de n'omettre aucune des charges qui doivent opérer des retranchemens fur la valeur de la dîme à eftimer ; 4.° enfin, de ne prendre pour bafe de la valeur, les charges déduites, que les titres adoptés par la loi.

ARTICLE PREMIER.

Dîmes pour la fuppreffion defquelles l'Affemblée nationale a accordé une indemnité.

Les objets à la fuppreffion defquels l'Affemblée nationale a attaché une indemnité, font :

1°. Les dîmes inféodées.

2°. Les rentes en argent ou en denrées, moyennant lefquelles les propriétaires de dîmes inféodées les auroient abandonnées à l'églife.

3°. Les dîmes eccléfiaftiques acquifes par des laïques propriétaires actuels, ou par leurs auteurs, à titre onéreux, & dont le prix a tourné au profit de l'églife.

Les

Les objets pour lesquels il n'est pas dû d'indemnité, sont,

1.° Les dîmes qu'un propriétaire avoit droit de lever sur lui-même. L'exemption personnelle de la dîme n'est pas non plus un sujet d'indemnité.

2.° Les dîmes insolites à l'égard desquelles on ne seroit pas en état d'établir une possession quarantenaire.

3.° Les dîmes dont il seroit prouvé que l'établissement a été une des clauses du bail de l'héritage, fait à perpétuité ou à titre d'emphytéose. L'Assemblée n'entend rien préjuger par cette disposition, sur les dîmes du Calaisis & autres semblables.

4.° Les droits casuels qui pourroient être dus aux propriéraires des dîmes inféodées, lors des mutations des héritages chargés de la dîme inféodée.

Ces droits casuels, ainsi que les dîmes stipulées par le bail de l'héritage, sont seulement susceptibles du rachat par les débiteurs, de la même manière que les droits féodaux.

Tels sont les résultats des décrets des 14 & 20 avril, 23 octobre, 7 novembre 1790.

La conséquence de ces décrets rapprochés les uns des autres, est que l'Assemblée nationale ne s'est pas attachée littéralement au mot *dîme inféodée*, puisque d'une part, un décret ordonne le remboursement de *dîmes ecclésiastiques*, lorsqu'elles auront été acquises à titre onéreux ; & que d'une autre part l'Assemblée a déclaré les *dîmes inféodées* non remboursables, quand il seroit prouvé qu'elles avoient été établies au moment de la tradition du fonds.

Qu'est-ce donc que l'Assemblée a entendu par la dénomination de dîmes inféodées ? Elle a entendu les dîmes possédées par les laïques, & que des idées vraies ou fausses, mais généralement répandues, faisoient regarder comme ayant été ecclésiastiques dans leur origine. C'est parce que son décret s'appliquoit à des dîmes présumées ecclésiastiques dans leur origine, qu'elle a ordonné, à plus

forte raifon, le rembourfement de dîmes certainement
ecclésiaſtiques qui ont paſſé dans la main de laïques,
non pas à titre de fief, mais ſeulement à titre onéreux.
C'eſt par le même motif que ne s'arrêtant pas à la dénomination des dîmes inféodées, l'Aſſemblée a déclaré non
rembourſables les droits qu'on avoit appelés dîmes, mais
qui ayant été établis au moment de la tradition du fonds,
par une ſtipulation entre le bailleur & le preneur, ſont
réellement des droits de la claſſe des ci-devant droits
ſeigneuriaux. C'eſt encore par la même raiſon que, dans
le décret du 22 juin dernier, ſur le cumul de la dîme
avec le champart, il eſt dit (art. VI), que les redevances en qualité de fruits, appartenant à des ci-devant
ſeigneurs de fiefs, encore qu'elles ſoient qualifiées _dîmes_,
ne feront point réputées dîmes inféodées, s'il exiſte dans
la paroiſſe ou dans le canton un décimateur ecclésiaſtique
ou laïque, en poſſeſſion de percevoir la dîme des gros
fruits. Dans ce cas donc, l'indemnité du droit dénommé
dîme n'eſt pas due par la nation; c'eſt aux redevables à
le racheter, s'ils le jugent à propos.

Lorſque les décimateurs ont contribué à l'acquit des
charges affectées ſur les dîmes, réparations, portions
congrues, il n'y a pas à héſiter ſur la nature de la redevance qui a ſupporté des charges de cette nature; c'eſt
une dîme proprement dite. A défaut de cette circonſtance déciſive & caractériſtique, il faut raſſembler les
divers attributs qui accompagnent la redevance dont on
aura à déterminer la nature. Les dîmes ſont ordinairement
querables & non _portables_, hors le cas de tranſactions
ou d'uſages particuliers dont il eſt ordinairement poſſible
de découvrir l'origine. Elles ſe paient par la ſeule conſéquence d'un droit commun, ſans reconnoiſſance écrite
des débiteurs, comme ſans quittance du créancier. Les
dîmes qui ſont un droit purement féodal établi lors du
bail d'héritage, ne ſuivent d'autres limites que celles de
l'ancien fief; les dîmes proprement dites s'étendent in-

diftinctement, dans le fief ou hors du fief. Les premières
ne fe partagent jamais avec des eccléfiaftiques ; les fecondes
étoient fouvent communes avec eux. Voilà les principaux
attributs fur lefquels on doit fixer fon attention, non
pas pour décider d'après l'exiftence d'un feul attribut,
que tel droit eft ou n'eft pas fupprimé avec indemnité,
mais pour conclure de la réunion de ceux qui peuvent
concourir dans chaque efpèce particulière, que le droit
de percevoir la redevance eft anéanti ou qu'il ne l'eft pas;
qu'il eft ou qu'il n'eft pas fufceptible d'indemnité.

I I.

Titres & preuves par lefquels on doit établir la propriété
d'une dîme inféodée.

Le droit qui eft fupprimé & pour lequel une indemnité
eft promife, n'étant pas un droit quelconque de percevoir une portion des fruits que la terre nourrit, mais
un droit particulier, qualifié, foit *dîme inféodée*, foit
dîme eccléfiaftique acquife à titre onéreux, & dont le prix
a tourné au profit de l'églife, il s'enfuit que ce n'eft pas
affez au propriétaire qui réclame une indemnité de la
nation, de juftifier qu'il percevoit fur les héritages de tel
canton, une redevance en nature ou une redevance abonnée,
s'il ne prouve en même temps qu'à cette redevance
appartient le nom de *dîme*, foit inféodée, foit eccléfiaftique ; & que, dans ce dernier cas, elle a été acquife,
aux termes de la loi, à titre onéreux pour l'acquéreur &
avec profit pour l'églife. Cette dernière hypothèfe, lorfqu'on la préfente, doit être la plus facile à établir : car
dès que la loi demande qu'il foit juftifié d'une acquifition à titre onéreux, dont le profit ait été pour l'églife ;
& comme d'un autre côté, un pareil fait ne peut s'établir
que par la production de l'acte d'acquifition où la nature
de l'objet acquis doit être exprimée, il s'enfuit, 1.º que,

A a 2

dans ce cas, il faut ou produire l'acte d'acquifition, ou renoncer à toute demande; 2.° que l'acte d'acquifition une fois produit, tout eft dit, foit en faveur du propriétaire, fi l'acte établit une acquifition qualifiée telle qu'elle eft defirée par la loi ; foit contre le propriétaire, fi l'acte n'établit pas une acquifition qualifiée telle que la loi l'exige.

Le cas où il s'agit d'une dîme inféodée, n'eft pas auffi facile à décider, parce qu'il n'eft pas également facile de montrer qu'une dîme eft inféodée. La différence des temps a introduit une diverfité dans les conditions qui ont été requifes pour qu'une dîme fût regardée comme inféodée ; la diverfité des ufages des lieux néceffite pareillement des différences relativement aux conditions que l'on doit exiger pour mettre une dîme dans la claffe des dîmes inféodées.

Lorfqu'après le troifième concile de Latran, célébré en 1179, on eut pofé pour règle générale que les laïques ne pourroient poffeder de dîmes qu'à titre d'inféodation, on exigea de ceux qui revendiquoient l'exécution de cette règle, qu'ils juftifiaffent du titre par lequel la dîme leur avoit été inféodée. Le temps auquel la règle venoit d'être établie, n'étant pas extrêmement éloigné de celui où les inféodations avoient été confenties, il y avoit poffibilité de rapporter les actes d'inféodation ; & dès que la poffibilité de les produire exiftoit, on devoit en demander la production effective : rien n'étant plus naturel & plus jufte que d'exiger de celui qui articule un fait, qu'il l'établiffe par les preuves directes qui font en fa puiffance.

Telle fut donc la première jurifprudence; on n'étoit reconnu pour propriétaire d'une dîme inféodée, qu'autant qu'on juftifioit de l'acte par lequel on en avoit reçu l'inféodation.

A mefure que l'on s'éloignoit du temps des inféodations, les guerres, les ravages, cette confomption générale de

tous les monumens humains que le temps traîne à sa
suite, anéantissoient les actes primitifs d'inféodation. Il
auroit été injuste d'exiger, après un laps de deux, trois
ou quatre siècles, les mêmes actes qu'il avoit été précédemment facile de produire.

L'impossibilité de rapporter les actes primitifs d'inféodation, étoit plus certaine encore, si le fait que l'on a
raconté est vrai, que tous les titres relatifs à l'établissement
des dîmes inféodées ayant été rassemblés par ordre d'un
de nos rois, le lieu où ils étoient réunis fut incendié,
& que les titres devinrent la proie des flammes.

Les règles subirent donc un changement par la force
même des choses : on cessa d'exiger les actes *constitutifs*
de l'inféodation, mais on voulut des actes *énonciatifs* ;
on demanda la production d'actes de féodalité, c'est-
à-dire, des aveux & dénombremens ; des actes de foi &
hommage où la dîme fût énoncée comme possédée en
fief. On tenoit toujours fortement au principe, que les
dîmes ne pouvoient être possédées légitimement par les
laïques qu'à titre de fief : on ne se contentoit donc pas
de la seule possession ; elle devoit être qualifiée féodale,
& prouvée telle par des actes féodaux relatifs à la dîme
qu'on réclamoit.

Cette jurisprudence fut celle du second âge ; elle existoit
avant le temps où le célèbre Dumoulin écrivoit, c'est-
à-dire, avant le milieu du seizième siècle ; & elle sub-
sistoit encore dans le siècle où nous sommes, vers 1720.

Néanmoins, au commencement de ce même siècle,
il avoit été promulgué une loi qui attaquoit la règle de
la nécessité des actes féodaux pour obtenir d'être maintenu
en possession d'une dîme sous la qualité d'une dîme inféodée. L'édit du mois de juillet 1708 avoit établi que
les possesseurs des dîmes inféodées seroient maintenus sur
la seule preuve d'une possession centenaire, *quand même
ils n'auroient autre titre que les preuves de leur possession.*
Cette loi ne fit pas, au moment où elle fut promulguée,

toute l'impression qu'elle pouvoit causer relativement aux titres à produire pour conserver une dîme en qualité d'inféodée, parce que la condition écrite dans la loi, que les possesseurs paieroient une somme pour conserver leurs dîmes, donnoit à l'édit une apparence de loi bursale, & que les lois bursales ont généralement peu d'influence sur la décision des questions de droit. Cependant on étoit arrivé à une époque où l'on devoit considérer aussi que les actes de féodalité commencoient à être rares à l'égard de certains domaines. Ces deux causes, la disposition de l'édit de 1708, & la diminution du nombre des actes féodaux, se combinèrent de manière qu'il s'établit, il y a plus de 60 ans, une jurisprudence nouvelle qui n'exigea d'autre preuve, pour maintenir un laïque dans la possession de la dîme, que celle d'une possession centenaire. On jugea depuis lors qu'il suffisoit qu'une dîme fût prouvée avoir été librement dans le commerce entre des laïques pendant cent ans, pour qu'elle dût être réputée & déclarée dîme inféodée.

Ces premières observations sont relatives aux variations de la jurisprudence à raison de la succession des temps ; voici d'autres observations relatives à la variété des lieux.

Les reconnoissances féodales, dans le temps que le système féodal régnoit, ne s'exigeoient pas avec la même exactitude dans toutes les parties du royaume. La France coutumière tenoit beaucoup plus à la féodalité, que le pays de droit écrit, parce que, dans la France coutumière, presque toutes les dispositions de la loi se rapportoient à la féodalité ; au lieu que dans le pays de droit écrit, la loi Romaine étoit au moins étrangère au système féodal. Les actes de féodalité sont beaucoup moins fréquens dans la partie méridionale de la France, qu'ils ne le sont dans la partie septentrionale.

Ces actes n'existent point du tout dans certains cantons. Les pays de franc-aleu n'admettoient ni foi & hommage,

ni aveux & dénombremens, fur-tout pour les grandes
terres qui n'auroient pu être reportées à la couronne à
titre de fief, qu'en anéantiſſant le franc-aleu que ces
provinces étoient avec raiſon jalouſes de conſerver. Néanmoins, dans ces provinces, les ſeigneurs laïques poſſé-
doient un grand nombre de dîmes. Il eſt peu de cantons
dans le royaume, où les dîmes fuſſent en plus grande
quantité entre les mains de laïques, que dans ce qu'on
appeloit la Soule, la Navarre, & toute cette liſière de
France qui borde l'Eſpagne. Jamais la poſſeſſion des
dîmes n'y a été conteſtée aux laïques ; ils ne les poſſèdent
cependant pas à titre d'inféodation ; & cependant encore
tout annonce que ces dîmes appartinrent originairement
à l'égliſe. Le nom d'*abbés* ou *abbats-laïques* qu'on donne
à ceux qui les perçoivent, les poſſeſſions qui ſont ordinairement annexées à celle de la dîme, atteſtent qu'elles
furent primitivement perçues, ſoit par les curés, ſoit par
des religieux. Voilà donc des dîmes qui ſont certainement
de la même nature de celles que nous connoiſſons en
général ſous le nom de dîmes inféodées, & à l'égard deſquelles on ne pourroit juſtifier ni d'actes conſtitutifs, ni
d'actes énonciatifs de féodalité.

La conſéquence de ces obſervations eſt que l'on auroit
tort de vouloir rappeler la reconnoiſſance de toutes les
dîmes inféodées à une ſeule & unique règle, & de n'accorder d'indemnité prononcée par la loi, qu'au décimateur qui ſeroit en état de juſtifier que ſa poſſeſſion
relevoit d'un ſeigneur ſuzerain. En général, la poſſeſſion
de cent années avant l'époque du 14 avril 1790, date
de la ſuppreſſion des dîmes inféodées, doit ſuffire pour
avoir droit aux indemnités accordées par la nation. Il
faut enſuite, dans chaque département du royaume, avoir
égard aux lois particulières qui le régiſſoient, aux uſages
qui y avoient interprété la loi ; & dans le centre où toutes
les liquidations doivent être rapportées, il faut con-

A a 4

noître ces lois particulières & ces usages, pour y déférer lorsqu'ils seront suffisamment établis.

Lors donc que l'on présentera aux administrateurs d'un district les titres d'une dîme inféodée, ils ne doivent pas rejeter tout ce qui n'est point acte de féodalité; ils doivent au contraire avoir égard aux titres d'une autre nature; mais quelques titres qu'ils admettent, ils doivent expliquer nettement les motifs de leur détermination, afin que le directeur-général de la liquidation puisse reconnoître le principe qui a fait recevoir ces titres, & s'assurer de la solidité des bases sur lesquelles le principe est fondé.

Passons au troisième objet, la considération des charges dont il doit être fait déduction dans l'estimation de l'indemnité des dîmes.

I I I.

Déductions à faire sur la valeur des dîmes supprimées avec indemnité, pour raison des charges dont elles sont tenues.

Les déductions à faire sur la valeur des dîmes pour la suppression desquelles il est accordé une indemnité, sont la représentation des charges auxquelles elles sont sujettes, & que les objets par lesquels elles seront remplacées ne supporteront pas. Les charges propres des dîmes sont la portion congrue des curés & vicaires; les réparations du chœur & cancel; quelquefois celles de toute l'église, comme dans la Flandre maritime; quelquefois celles d'une partie du presbytère, comme en Provence; plus, dans certains lieux, en Dauphiné par exemple, la vingt-quatrième des pauvres; dans la même ci-devant province & dans les ressorts des anciens parlemens de Toulouse & d'Aix, une somme fixée pour ce qu'on appeloit *clerc & matière.*

Les impofitions que les dîmes fupportoient, ne font pas à déduire, parce que les acquifitions auxquelles le prix de l'indemnité des dîmes fera employé, fupporteront également les impofitions. La dîme doit être eftimée à raifon de fa valeur, fans aucun égard à ce dont cette valeur étoit diminuée par les impofitions, que ces impofitions fuffent payables par le propriétaire ou par le fermier, qu'elles fuffent plus confidérables, ou même nulles, eu égard à la qualité du propriétaire.

Il eft plufieurs cas dans lefquels, d'après la nature même de l'efpèce d'indemnité qui eft due, il n'y a lieu à aucune opération particulière pour évaluer les déductions. Ainfi lorfque la dîme a été donnée à titre d'engagement, l'Affemblée nationale ayant décrété que l'indemnité confifteroit dans la reftitution de la finance de l'engagement, tout autre calcul feroit fuperflu. Il en eft de même d'une dîme qui auroit été acquife de l'églife, moyennant une rente payable à l'églife : toute l'indemnité confifte dans l'extinction & la décharge de la rente.

Une troifième obfervation générale eft que, pour eftimer la déduction des charges, il faut prendre les chofes en l'état où elles étoient au premier janvier 1790; la portion congrue des curés, évaluée à douze cents livres; celle des vicaires, à fept cents livres; les paroiffes, le nombre des curés, & celui des vicaires, tels qu'ils exiftoient alors, fans égard aux fuppreffions qui ont eu lieu poftérieurement.

Après ces obfervations générales, entrons dans les détails.

Les dîmes pour lefquelles la nation a accordé une indemnité aux propriétaires qui les perdent en ce moment, font les dîmes eccléfiaftiques acquifes à titre onéreux pour l'acquéreur, profitable pour l'églife, & les dîmes inféodées. Les dîmes eccléfiaftiques qui, dans des temps modernes, font entrées dans les mains des laïques, y font arrivées, ou par l'effet de l'option de la portion congrue, que le curé n'a pu faire fans abandonner les dîmes dont il jouiſſoit, ou par l'effet d'acquiſitions.

Si la dîme eſt entrée dans la main d'un laïque par l'effet de l'option de la portion congrue, le propriétaire actuel n'a aucune indemnité à réclamer. La dîme ne lui avoit été abandonnée que ſous la condition de payer la portion congrue : cette charge n'exiſte plus, & par conſéquent il n'y a rien à prétendre pour en être indemniſé.

Au cas d'acquiſition de la dîme, il faut ſe faire repréſenter les actes de l'acquiſition pour vérifier les deux conditions que le décret de l'Aſſemblée exige ; ſavoir, que l'acquiſition a été à titre onéreux, & que les engagemens pris par l'acquéreur ont tourné au profit de l'égliſe. Cette ſeconde condition portera à faire, dans ce cas particulier, une grande attention au prix de l'acquiſition, parce que, quelle que ſoit aujourd'hui la valeur de la dîme, il n'y a que les ſommes ſtipulées payables lors de l'acquiſition, ou de toute autre convention faite à cette époque, qui peuvent ſeules donner la meſure de l'utilité que l'égliſe a retirée de l'aliénation de la dîme.

Mais ce n'eſt pas encore le moment de déterminer les actes qui doivent ſervir au règlement de l'indemnité ; il s'agit des charges qui peuvent influer ſur l'eſtimation de la dîme, & d'abord des charges générales ; ſavoir, la portion congrue, tant du curé que du vicaire ; les réparations du chœur & du cancel ; la fourniture des ornemens, linges, livres, vaſes ſacrés ; cette dernière charge ſeulement à défaut des revenus ſuffiſans de la fabrique. L'aſſujétiſſement à ces charges n'eſt pas ici ſubſidiaire, comme il l'eſt, en général, à l'égard des dîmes inféodées ; c'eſt un aſſujétiſſement direct, propre à toutes les dîmes eccléſiaſtiques. Des dîmes de cette nature, aliénées récemment par l'égliſe, & que les laïques ne poſſèdent pas à titre de fief, conſervant toujours leur nature de dîmes eccléſiaſtiques, demeurent aſſujéties à toutes les charges des dîmes fur la même ligne que les dîmes eccléfiaftiques.

Il faut néanmoins diftinguer le cas où la dîme eccléfiaftique dont on eftime la valeur, fe trouve actuellement même affectée à des charges, du cas où, à raifon des circonftances, la contribution aux charges légales n'eft pas actuelle, mais poffible. Il arrivoit, par exemple, fouvent, que la cure étoit tellement dotée, foit en fonds, foit en dîmes, foit en rentes, que le curé ne pouvoit pas être dans le cas de folliciter la portion congrue. A l'égard des réparations même, il n'étoit pas fans exemple que l'églife étant à la charge d'un chapitre qui y étoit établi, ou ayant une fabrique riche, les décimateurs fuffent à l'abri de demandes à cet égard, à plus forte raifon qu'ils fuffent à l'abri de toute demande pour les ornemens, livres & vafes facrés. On doit examiner ces différentes circonftances. On ne fauroit perdre de vue que les dîmes eccléfiaftiques font effentiellement affujéties aux réparations, portions congrues, &c.; mais en même temps la juftice exige que, dans l'évaluation d'une charge, on diftingue celle qui eft actuelle de celle qui n'eft que poffible; & lorfqu'on eft contraint d'entrer dans l'évaluation du poffible, il devient indifpenfable de calculer les degrés plus ou moins nombreux de poffibilité. On propofera quelques règles à cet égard, en parlant de l'évaluation des charges des dîmes inféodées : le réfultat de ce qui fera dit alors, appliqué à l'efpèce préfente, feroit qu'il faut réduire au vingtième de l'évaluation des charges, l'eftimation de celles que les dîmes eccléfiaftiques, poffédées par des laïques, ne fupportoient pas actuellement, mais qu'elles pourroient fupporter un jour.

Il eft un autre cas relatif aux dîmes eccléfiaftiques, que les laïques ont acquifes aux conditions portées par la loi pour obtenir une indemnité. L'acquéreur peut être convenu, foit au moyen d'une augmentation de prix, foit au moyen de tout autre avantage qu'il a fait à l'églife, que fa dîme feroit exempte des charges ordinaires. Cette ftipulation privée n'anéantit pas l'obligation aux charges, parce que des conventions particülières ne détruifent pas le droit public; & il eft certain que, nonobftant une telle ftipulation, la charge des réparations & autres femblables auroit été réalifé fur les dîmes, fi les circonftances en euffent amené la néceffité. La ftipulation n'a donc d'autre effet que de reculer le moment où la charge fe réalifera. C'eft dans l'ordre des degrés de poffibilité de l'affujétiffement qu'il faut placer le réfultat de ces conventions : l'affujétiffement étoit toujours réel, mais le moment où il devoit s'effectuer étoit éloigné par les conventions qui autorifoient le détenteur de la dîme à exiger que telles ou telles valeurs fuffent difcutées & épuifées avant de l'affujétir à une dette perfonnelle. On pourroit réduire alors l'eftimation des charges, du vingtième de leur valeur au quarantième.

Paffons aux charges dont l'appréciation doit diminuer la valeur des dîmes inféodées, en confidérant ces charges dans le droit qu'on appelle *commun*, parce qu'il régit la plus grande partie de l'empire.

Le droit commun affujétit les dîmes inféodées aux charges que les dîmes eccléfiaftiques fupportent, mais fubfidiairement feulement, c'eft-à-dire, après que les revenus eccléfiaftiques qui peuvent former la dotation propre de la cure, & après que les produits de la dîme eccléfiaftique font épuifés. L'incertitude que les recherches des hiftoriens & les fyftèmes oppofés des jurifconfultes ont laiffée fur la nature & l'origine des dîmes inféodées, a porté à un parti mitoyen entre l'exemption des charges de la dîme eccléfiaftique & l'affujétiffement à ces charges; on n'en a pas affranchi les dîmes inféodées, mais on a voulu qu'elles n'y fuffent fujettes qu'après l'épuifement des dîmes eccléfiaftiques : elles font en feconde ligne feulement, pour fubvenir aux réparations, portions congrues, &c.

Il n'eſt pas rare de trouver des paroiſſes où l'inſuffiſance des dîmes eccléſiaſtiques avoit forcé les décimateurs inféodés à contribuer actuellement aux portions congrues, &c. Cette charge n'auroit pas tardé à ſe réaliſer ſur un grand nombre de décimateurs inféodés, ſi la portion congrue des curés ayant été fixée à douze cents liv. & celle des vicaires à ſept cents liv., l'une & l'autre fuſſent demeurées à la charge des décimateurs.

Mais il reſte d'autres paroiſſes auſſi, dans leſquelles la charge des portions congrues, &c. ne devoit être conſidérée comme ſuſceptible de tomber ſur les décimateurs inféodés, que dans un avenir plus ou moins éloigné.

Séparons d'abord de tous les autres cas, celui où le décimateur inféodé ſupportoit dès-à-préſent la charge de la portion congrue & autres du même genre. Ce cas eſt ſuſceptible de peu de difficultés : il eſt facile d'eſtimer des charges qui exiſtent actuellement & de fait. On remarquera ſeulement que, d'après le décret du 23 octobre 1790, titre V, article X, la portion congrue doit être calculée, non pas ſur l'ancien pied, mais ſur celui de douze cents liv. pour les curés, de ſept cents liv. pour les vicaires ; de manière qu'il ſeroit fort poſſible qu'un décimateur inféodé, qui n'auroit rien payé ſur la portion congrue en 1789, fût regardé néanmoins comme y étant aſſujéti aujourd'hui de fait, parce que les revenus de la cure & les dîmes eccléſiaſtiques n'auroient pas pû fournir douze cents livres au curé, & ſept cents livres à chacun des vicaires.

Le cas qui eſt réellement difficile, eſt celui où le décimateur inféodé n'étoit encore aſſujéti de fait à aucune charge, mais où il étoit ſeulement poſſible qu'il y fût aſſujéti ; & la difficulté vient des divers degrés de poſſibilité qu'il faut calculer.

La charge de la portion congrue eſt celle qui dépend d'un moindre nombre de circonſtances. On conçoit qu'en ſuppoſant dans une paroiſſe un curé & un vicaire dont

les portions congrues réunies montent à mille neuf cents
liv., la contribution du décimateur inféodé devient possible,
dès que le produit des dîmes ecclésiastiques n'excède pas
mille neuf cents livres; mais cette possibilité s'éloigne
d'autant plus que le revenu de la cure & le produit des
dîmes ecclésiastiques excèdent davantage la somme de
mille neuf cents liv. Il ne faut pas beaucoup de réflexion
pour sentir que dans une paroisse où il y a un curé &
un vicaire, mille neuf cents liv. de portions congrues à
payer, où la dîme ecclésiastique étoit du produit de six
mille liv., & où il existoit un trait de dîme inféodée du
revenu de trois cents liv., il étoit infiniment moins vrai-
semblable que le décimateur inféodé fût sujet à une contribution pour la portion congrue, que cela n'étoit vrai-
semblable dans une paroisse où les dîmes ecclésiastiques
auroient été seulement de deux mille liv. de valeur, &
où la dîme inféodée auroit été du produit de trois mille
livres.

Le calcul des possibilités relativement à la charge des
réparations, est beaucoup plus compliqué. Son premier
élément est l'examen du produit de la dîme ecclésiastique, ou plutôt de ce qui en reste après les portions
congrues acquittées. Un second élément est l'état de l'église
paroissiale; suivant que le chœur de l'église étoit d'une
construction plus ou moins riche, plus ou moins solide,
la charge du décimateur inféodé devoit être plus ou moins
considérable, plus ou moins prochaine. Mais il faut faire
entrer ici l'examen d'une autre question extrêmement
délicate, savoir comment on devoit entendre la disposition
des lois qui n'assujétissoient les dîmes inféodées aux réparations des églises qu'après l'épuisement des dîmes ecclésiastiques. On convenoit assez généralement, que la condition de l'épuisement n'étoit pas remplie par le seul fait
de l'absorption du revenu d'une année; mais les juris-
consultes étoient divisés sur la manière dont on devoit
procéder pour opérer l'épuisement de la dîme ecclésiastique,

& il n'exiſtoit ni loi, ni règlement, ni même d'arrêt bien poſitif qui pût rallier leurs ſentimens.

La charge de la fourniture des ornemens & vaſes ſacrés dépend auſſi de pluſieurs élémens : 1°. ce qui reſte de la dîme eccléſiaſtique après l'acquit des charges annuelles ; 2.° le plus ou le moins de revenus de la fabrique, parce que ce n'eſt que l'épuiſement de ces revenus qui ouvre l'obligation des décimateurs ; 3.° l'état des ornemens.

Le premier réſultat de ces réflexions doit être de déterminer les experts qui procéderont à l'évaluation des dîmes, à ne pas fixer leur attention ſeulement ſur le produit de la dîme inféodée qu'ils voudront évaluer, mais à l'étendre ſur tous les objets de comparaiſon qui doivent ſervir à régler l'évaluation. Il faudra qu'ils connoiſſent les divers objets dont on vient de parler, valeur de la dîme eccléſiaſtique, état des bâtimens, valeur des revenus de la fabrique ; il faudra que tous ces détails ſoient conſignés dans leur procès-verbal, afin qu'on puiſſe juger ce qu'ils ont fait, & rectifier leur marche s'il étoit néceſſaire.

Suppoſant donc les faits établis d'une manière claire & poſitive, il reſte maintenant à déterminer ce que l'on retranchera du produit annuel de la dîme inféodée pour les charges ; non pas pour celles qu'elle ſupporte actuellement, l'évaluation de ces premières charges n'eſt pas ſujette à difficulté, mais pour les charges dont la dîme inféodée eſt ſuſceptible. L'Aſſemblée nationale n'ayant encore rien prononcé à cet égard, il faut chercher ce qui ſemblera le plus convenable.

Appliquons-nous d'abord à ce qui regarde la portion congrue, & conſidérons les deux extrêmes ; c'eſt-à-dire, le cas où les dîmes eccléſiaſtiques étant épuiſées par les portions congrues, la dîme inféodée étoit ſujette à être entamée au premier changement que le revenu de la dîme eccléſiaſtique ou la fixation de la portion congrue auroit éprouvé ; & le cas où le revenu des dîmes eccléfiaftiques étoit tel , que la poffibilité d'une contribution, à la charge de la dîme inféodée, étoit le moins vraifemblable. Dans le premier cas , on pourroit évaluer la diminution que le revenu de la dîme inféodée devroit fubir , à un vingtième du montant de la charge, parce que , dans le cas propofé, il y a lieu de croire que la dîme inféodée pourroit fupporter , dans l'efpace de vingt ans, une fois la charge des portions congrues. Suppofant donc toujours ces portions congrues à mille neuf cents livres, on déduiroit, fur le revenu de la dîme inféodée, quatre-vingt-quinze liv.; cette déduction du vingtième feroit la plus forte poffible.

La déduction la plus foible, celle qui auroit lieu dans le cas le moins apparent de la poffibilité d'une contribution, feroit du centième, parce que dès qu'une chofe eft poffible, quelque rare qu'elle foit, on peut raifonnablement fuppofer qu'elle fe réalifera dans l'efpace d'un fiècle. Ainfi, en confervant l'hypothèfe propofée, la déduction fur le revenu de la dîme feroit de dix - neuf livres.

Si l'on demande enfuite quand on doit être fuppofé arrivé au point où la contribution eft la moins vraifemblable poffible, nous répondrons que la contribution la plus vraifemblable ; celle qui a lieu quand les dîmes eccléfiaftiques font déja épuifées, étant évaluée à une année de vingt, le cas le plus éloigné d'une contribution poffible, doit être lorfque ce qui refte de la dîme eccléfiaftique, après les portions congrues acquittées, excède vingt fois la dîme inféodée.

En admettant ces deux extrêmes, celui où la dîme eccléfiaftique eft zéro, & celui où elle eft de vingt fois la valeur de la dîme inféodée; en prenant pour bafe de déduction le vingtième dans le premier cas, le centième dans le fecond, il eft aifé d'établir une échelle de proportion pour la déduction, graduée fur la valeur comparée de la dîme eccléfiaftique & de la dîme inféodée. Par

exemple,

exemple, fi la dîme eccléfiaftique vaut dix fois la dîme inf odée, la déduction fera d'un cinquantième.

Mais voici une autre obfervation importante. La ré-duction à faire fur les dîmes inféodées à caufe de l'in-fuffifance poffible des dîmes eccléfiaftiques, doit fe régler fur la valeur comparée des dîmes eccléfiaftiques aux dîmes inféodées de la paroiffe; conféquemment il ne faut pas déduire fur chaque trait de dîme inféodée, le total de la partie qu'on jugera être à rétrancher; cette déduction doit porter fur le total des dîmes inféodées de la paroiffe, & cha-que décimateur particulier ne doit fupporter que fa portion perfonnelle de la déduction. Y a-t-il cinquante livres à déduire, & la dîme inféodée eft-elle divifée entre trois propriétaires, dans la proportion d'une moitié & de deux quarts? le premier propriétaire fupportera une déduction de vingt-cinq livres; chacun des deux autres, une dé-duction de douze liv. dix fous.

Tout ce qui vient d'être dit, eft relatif à la déduction pour la portion congrue. Dans celle qui aura lieu pour les réparations, on doit faire entrer la néceffité de l'épui-fement du fonds de la dîme eccléfiaftique; & la manière la plus convenable de le calculer, eft d'eftimer le montant du capital à épuifer au denier vingt du produit. Cette évaluation doit diminuer, dans la même proportion, la déduction à fubir par la dîme inféodée. La déduction, réduite fur ce pied, fera d'un vingtième au lieu d'un entier, d'un fou au lieu d'une livre; ainfi, la déduction pour la portion congrue étant de cinquante livres, on y ajouteroit le fou pour livre, ou deux livres dix fous de déduction pour les réparations.

A l'égard des déductions à faire pour la charge des ornemens, il n'y a, ce femble, d'autre obfervation à faire que celle-ci. Les revenus de la fabrique doivent être employés, auffi-bien que ceux de la dîme eccléfiaftique, avant que le décimateur inféodé contribue à la fourniture des ornemens; il faut donc cumuler ces deux revenus,

& les comparer ensemble au revenu de la dîme inféodée
pour régler la déduction que cette dîme éprouvera, en
opérant d'ailleurs sur les mêmes bases qui ont été admises
pour la contribution à la portion congrue.

Nous avons dit, qu'il étoit à propos de constater, relativement aux réparations qui peuvent tomber à la charge
des dîmes inféodées, l'état plus ou moins ruineux, plus
ou moins dispendieux des églises paroissiales; qu'il étoit
également à propos de constater l'état des ornemens. Il
pourroit se trouver des cas où l'état de ces objets forceroit
à une déduction plus forte sur le revenu des dîmes inféodées; mais, dans les cas ordinaires & peu marqués,
cet état ne doit pas influer sur l'estimation; autrement
il n'existeroit plus de règles générales, & chaque estimation particulière devenant susceptible de contradiction
dans une multitude de détails, formeroit un procès à
juger.

Les déductions étant une fois établies d'après les règles
qui viennent d'être posées, on prendra ce qui restera net pour
former la base du capital, soit au denier vingt-cinq, soit
au denier vingt, selon les différentes hypothèses établies
par les décrets de l'Assemblée.

Nous ne sommes pas sortis, jusqu'à présent, de ce qui
appartient au droit commun: en passant du droit commun
au droit particulier des ci-devant provinces, il y a peu
d'observations à faire sur le résultat de ce droit particulier.
En Flandre & en Artois, les dîmes inféodées sont sujettes aux charges décimales, concurremment avec les
dîmes ecclésiastiques; il s'ensuit qu'il faut opérer sur leur
revenu, la même déduction que sur les dîmes ecclésiastiques, & non pas seulement celle qui a lieu sur les dîmes
inféodées.

Dans la Flandre maritime, les décimateurs ecclésiastiques ne sont pas seulement chargés du chœur de l'église
paroissiale, ils sont chargés de toute l'église. C'est une
somme plus forte à prendre pour base de la déduction

qui doit être évaluée, ainsi que la déduction pour la portion congrue, comme résultat d'une obligation actuelle, & non pas seulement comme résultat d'une obligation subsidiaire.

Ces observations suffisent, par les inductions qu'on peut en tirer, pour tous les cas où il existeroit, soit lois, soit usages particuliers. Il est facile d'opérer la réduction pour la vingt-quatrième des pauvres; pour la charge du clerc & matière, pour les presbytères; ce sont autant de sommes à ajouter, soit à la charge annuelle de la portion congrue, soit à la charge casuelle des réparations. Une dernière remarque particulière est relative au cas qui se rencontre dans quelques lieux, où par le résultat, soit des titres, soit d'un usage ancien, quelques dîmes, quoiqu'on les regarde comme inféodées, se trouvent chargées de la portion congrue, des réparations, &c. en première ligne & comme des dîmes ecclésiastiques pourroient l'être, les autres dîmes inféodées du même canton ne supportant les mêmes charges que subsidiairement. Il faut, en ce cas, se conformer aux titres & à l'usage établi, faire sur les dîmes inféodées qui sont sujettes aux charges en première ligne, & non subsidiairement, les mêmes déductions qu'on feroit sur les dîmes ecclésiastiques.

Il ne s'agit plus maintenant que de voir d'après quels titres ou quelles opérations, on doit évaluer la masse du revenu des dîmes, masse qui donne le revenu net, base de l'indemnité, lorsqu'on a fait la déduction des charges qui viennent de nous occuper.

I V.

Titres & opérations qui doivent servir à estimer le revenu des dîmes, à la suppression desquelles l'Assemblée nationale a accordé une indemnité.

Il y a un moyen sûr de connoître le produit d'une

dîme : c'eſt de ſavoir , 1.º ſur quelle étendue de terre
elle ſe perçoit ; 2º. quel eſt le genre de fruits que cette
terre donne , 3º. à quelle quotité la dîme ſe perçoit ;
4.º quels ſont les frais à faire pour percevoir la dîme,
engranger les grains , & , en un mot , pour réduire la
dîme , ſoit en argent , ſoit en toute autre valeur com-
merciale.

Les connoiſſances dont on vient de parler , s'acquièrent
par la remiſe d'états relatifs à la perception , & par des
viſites d'experts. L'Aſſemblée a ordonné ces opérations
par ſes décrets du 23 octobre 1790 & du 5 mars 1791 ;
mais, en même-temps , elle a conſidéré qu'elles étoient
longues & coûteuſes ; & penſant qu'on pouvoit y ſuppléer
par des baux , quand ils ne ſeroient pas ſuſpects , elle a
voulu (décret du 23 octobre , tit. V ; art. V) , que
l'évaluation fût faite d'après les baux , lorſqu'on ſeroit en
état d'en rapporter un ou pluſieurs , qui réuniroient les
trois conditions ſuivantes : être actuellement ſubſiſtans
en 1790 ; avoir une date certaine antérieure au 4 août
1789 ; remonter à quinze années au-delà de l'époque du
4 août 1789.

Les eſtimations ou les baux ſont les ſeuls actes d'après
leſquels on puiſſe eſtimer en maſſe les revenus des dîmes à la
ſuppreſſion deſquelles l'Aſſemblée nationale a accordé une
indemnité. Si les décrets ordonnent la production des
titres d'acquiſition & de propriété , ce n'eſt que pour ren-
ſeigner la conſiſtance de la dîme dont on demande l'indemnité. On ſeroit ſouvent injuſte ou envers l'Etat ou
envers les décimateurs , ſi l'on prenoit pour baſe de leur
liquidation , les actes d'acquiſition de la dîme. Lorſque
l'acte d'acquiſition ſeroit ancien , ou que l'acquéreur auroit ,
par une circonſtance quelconque , fait un bon marché ,
le propriétaire dépoſſédé ne trouveroit pas , dans le dé-
dommagement réglé ſur le pied de cet acte , la juſte
indemnité de ce qu'il perd. Dans le cas , au contraire ,
où l'acquéreur auroit acheté trop cher , l'indemnité fixée

fur le prix de l'acquifition lui donneroit plus qu'il n'avoit
réellement.

Le décret du 5 mars 1791, article III, a auto.ifé les
poffeffeurs des dîmes inféodées à produire, à défaut de
baux ayant les conditions requifes par les décrets, des
contrats d'acquifition poftérieurs à l'année 1785, & antérieurs au 4 août 1789; mais cette difpofition n'eft
applicable qu'au cas de la demande d'une reconnoiffance
provifoire. Le temps néceffaire pour procéder à une eftimation, à défaut de baux, auroit rendu à peu-près inutile
aux propriétaires l'avantage que l'Affemblée a voulu leur
procurer par les reconnoiffances provifoires : il falloit
trouver un expédient pour fuppléer aux baux dans ce cas
particulier ; l'Affemblée a adopté celui de la production
d'un contrat d'acquifition. On doit fe conformer à fon
décret; & fur la feule vue du contrat d'acquifition, on
doit délivrer la moitié du prix en reconnoiffance provifoire ; mais on ne doit pas étendre ce décret à un cas
pour lequel il n'a point prononcé. Le cas particulier de
l'acquifition moderne d'une dîme eccléfiaftique, celui
d'une dîme prife à titre d'engagement, font exception
aux règles générales ; pour le premier cas, felon ce qui
a été obfervé dans l'article II (p. 371) ; pour le fecond
cas, felon ce qui eft porté par le décret du 18 janvier
1791.

Le décret du 23 octobre 1790, article VI, autorife
les propriétaires de dîmes dont les archives & les titres
auroient été brûlés ou pillés à l'occafion des troubles
furvenus dépuis 1789, à faire preuve, foit par actes,
foit par témoins, d'une poffeffion de 30 ans, antérieure
à l'incendie ou pillage, de l'exiftence, de la nature &
de la quotité de leurs droits de dîmes. On a paru appré-
hender que cette difpofition ne contrariât en quelque point
les principes fur la nature des preuves qui doivent établir
le droit de lever une dîme inféodée : le décret n'a rien
d'oppofé aux principes. Quand les archives font brûlées,

on ne peut plus prouver directement par les titres qui y étoient conservés, le fait ou de l'inféodation d'une dîme, ou de reconnoiſſances féodales, ou de la poſſeſſion centenaire; il faut alors avoir recours ſoit à des titres étrangers, mais énonciatifs, ſoit à des dépoſitions de témoins. Ces titres énonciatifs ou ces témoins doivent établir différens faits qui ſont bien diſtingués dans le décret; ils doivent juſtifier, 1°. de l'exiſtence du droit, dépoſer que telle perſonne jouiſſoit d'une dîme; 2°. de la nature du droit, dépoſer que la dîme étoit connue pour dîme inféodée, levée comme telle; 3°. de la quotité & de la poſſeſſion depuis 30 ans. Une pareille enquête ne ſauroit porter atteinte aux principes; au contraire, elle les confirme; car ſi des témoins, par exemple dépoſoient qu'ils ont connoiſſance que depuis telle époque, un tel jouiſſoit d'une dîme qui paſſoit pour inféodée, mais qu'avant cette époque la dîme appartenoit à un corps eccléſiaſtique & étoit réputée eccléſiaſtique, on jugeroit que la poſſeſſion de la dîme comme inféodée, n'eſt pas légitime, & on refuſeroit l'indemnité. Si les témoins, en atteſtant la poſſeſſion trentenaire, n'indiquent pas l'époque à laquelle elle a commencé, il réſulte de leur dépoſition la preuve d'une poſſeſſion immémoriale, c'eſt-à-dire, telle qu'on ne connoît aucune poſſeſſion contraire; & cette poſſeſſion immémoriale doit ſuppléer à la poſſeſſion centenaire, dans le cas où les actes qui auroient établi la poſſeſſion de cent ans, ſe trouvent détruits par une force majeure.

Quant au ſurplus des queſtions qui peuvent ſe préſenter, on doit ſe conformer aux décrets rendus ſpécialement pour la liquidation des dîmes inféodées, aux décrets qui contiennent des règles générales ſur les liquidations, aux lois anciennes que l'Aſſemblée nationale n'a point abrogées, ſur les conditions requiſes pour que les actes dont on prétend induire des conſéquences, ſoient reconnus en forme probante.

Mandons & ordonnons à tous les tribunaux, corps adminiſtratifs & municipalités, &c.

1815.

L O I

Relative à la suppreſſion des ordres de chevalerie.

Donnée à Paris le 6 août 1791.

Louis, par la grace de Dieu, &c.

Décret du 30 juillet 1791.

L'Aſſemblée Nationale décrète ce qui ſuit :

ARTICLE PREMIER.

Tout ordre de chevalerie ou autre, toute corporation, toute décoration, tout ſigne extérieur qui ſuppoſe des diſtinctions de naiſſance, ſont ſupprimés en France ; il ne pourra en être établi de ſemblables à l'avenir.

II.

L'Aſſemblée Nationale ſe réſerve de ſtatuer s'il y aura une décoration nationale unique, qui pourra être accordée aux vertus, aux talens & aux ſervices rendus à l'État ; & néanmoins, en attendant qu'elle ait ſtatué ſur cet objet, les militaires pourront continuer de porter & de recevoir la décoration militaire actuellement exiſtante.

III.

Aucun Français ne pourra prendre aucune des qualités ſupprimées, ſoit par le décret du 19 juin 1790, ſoit

B b 4

par le préfent décret, pas même avec les expreſſions de *ci-devant*, ou autres équivalentes ; il eſt défendu à tout officier public de donner leſdites qualités à aucun Français dans les actes. Il eſt pareillement défendu à tout officier public de faire aucun acte tendant à la preuve des qualités ſupprimées par le décret du 19 juin 1790 & par le préſent décret. Les comités de conſtitution & de juriſprudence criminelle préſenteront inceſſamment un projet de décret ſur les peines à porter contre ceux qui contreviendroient à la préſente diſpoſition.

I V.

Tout Français qui demanderoit ou obtiendroit l'admiſſion, ou qui conſerveroit l'affiliation à un ordre de chevalerie ou autre, ou corporation établie en pays étranger, fondée ſur des diſtinctions de naiſſance, perdra la qualité & les droits de citoyen français.

Mandons & ordonnons à tous les tribunaux, corps adminiſtratifs & municipalités, &c.

1816.

L O I

Relative aux paſſe-ports.

Donnée à Paris le 6 août 1791.

Louis, par la grace de Dieu, &c.

Décret du 30 juillet 1791.

L'Aſſemblée Nationale, ayant entendu ſon comité diplomatique, autoriſe le miniſtre des affaires étrangères à figner tous paffe-ports néceffaires pour le bien du fervice, dans les affaires de fon département, & pour tout autre objet d'utilité évidente ou de néceffité indifpenfable, en fe conformant aux précautions indiquées par le décret du 28 juin, & notamment à la charge de faire enregiftrer & numéroter lefdits paffe-ports, defquels numéros & enregiftremens mention expreffe fera faite en vertu du préfent décret fur chacun d'eux. Charge les municipalités des villes frontières de tenir note de l'exhibition à elles faites defdits paffe-ports, fous leurs numéros, & d'en faire mention fur un regiftre à ce deftiné, pour y recourir au befoin.

Mandons & ordonnons à tous les tribunaux, corps adminiftratifs & municipalités, &c.

1817.

L O I

Relative à la police & difcipline des troupes coloniales actuellement en France.

Donnée à Paris le 6 août 1791.

Louis, par la grace de Dieu, &c.

Décret du 30 juillet 1791.

L'Affemblée Nationale décrète que le miniftre de la guerre pourvoira, par les moyens convenables, au maintien de la police & difcipline parmi les troupes coloniales actuellement en France.

Mandons & ordonnons à tous les tribunaux, corps adminiftratifs & municipalités, &c.

1818.

L O I

Relative à l'estimation de la valeur locative des édifices
occupés par les corps administratifs & les tribunaux.

Donnée à Paris le 6 août 1791.

Louis, par la grace de Dieu, &c.

Décret du 31 juillet 1791.

L'Assemblée nationale décrète ce qui suit:

A R T I C L E   P R E M I E R.

Les préposés aux administrations des domaines nationaux, procéderont contradictoirement avec les corps administratifs, à un état estimatif de la valeur locative des
édifices dans lesquels ces derniers ont formé leurs établissemens provisoires.

I I.

I a base du loyer sera, pour le passé, fixée selon la
valeur locative; & pour l'avenir., au denier vingt-cinq
de la valeur estimative des lieux où les corps administratifs & judiciaires tiennent leurs séances; & le montant
en sera payé par les administrés & justiciables, à partir
de la date du délai fixé par le décret du 7 février dernier,
qui sera au surplus exécuté en tout son contenu.

I I I.

Les corps administratifs sont responsables en leur propre & privé nom de l'exécution du présent décret, &

comme tels, tenus de routes indemnités envers la Nation, & en conséquence obligés d'en payer le montant aux receveurs des domaines nationaux ou à tous autres qu'il appartiendra, sans en pouvoir rien réclamer contre les administrés & justiciables.

Mandons & ordonnons à tous les tribunaux, corps administratifs & municipalités, &c.

1819.

L O I

Relative à diverses liquidations d'offices de judicature, & des charges de perruquiers de la ville de Melun.

Donnée à Paris le 6 août 1791.

Louis, par la grace de Dieu, &c.

Décret du 31 *juillet* 1791.

L'Affemblée Nationale, après avoir entendu le rapport de ses comités de judicature & central de liquidation, qui lui ont rendu compte des opérations du commissaire du roi, directeur-général de la liquidation, dont l'état suit :

RÉSULTAT *du rapport de liquidation d'offices & des charges de la communauté des maîtres barbiers-perruquiers-étuvistes de la ville de Melun, remis au comité de judicature par le commissaire du roi, directeur-général de la liquidation, le* 28 *juillet* 1791.

TOTAL des liquidations comprises au présent état, dix-neuf millions trois cent vingt-six mille trente six livres dix-sept sous quatre deniers, ci . . . . 19,326,036 l. 17 f. 4 d.

Les dettes actives réunies de toutes les compagnies ci-deffus dont la nation profite, montent à un million fix cent vingt - neuf mille fept cent foixante - fept livres neuf fous, ci . . . .　1,629,767 l.　9 f.　» d.

Les dettes paffives dont la Nation fe charge, font d'un million fept cent foixante-onze mille trois cent vingt-huit livres quatre fous huit deniers, ci . . . . .　1,771,328 l.　4 f.　8 d.

Partant \la différence à la charge de la Nation eft de . . . .　142,060 l.　15 f.　8 d.

Décrète que, conformément audit réfultat, il fera payé par la caiffe de l'extraordinaire, la fomme de dix-neuf millions trois cent vingt-fix mille trente-fix livres dix-fept fous quatre deniers, à l'effet de quoi les reconnoiffances de liquidation feront expédiées aux officiers liquidés, en fatisfaifant par eux aux formalités prefcrites par les précédens décrets.

Mandons & ordonnons à tous les tribunaux, corps adminiftratifs & municipalités, &c.

1820.

L O I

Relative aux émigrans.

Donnée à Paris le 6 août 1791.

Louis, par la grace de Dieu, &c.

Décret du premier août 1791.

Les circonstances où se trouve la nation française lui faisant un devoir de rappeler dans son sein tous les enfans de la patrie absens, & de ne permettre aux citoyens présens de sortir du royaume que pour des causes reconnues nécessaires, l'Assemblée nationale décrète ce qui suit :

ARTICLE PREMIER.

Tous les Français absens du royaume, sont tenus de rentrer en France dans le délai d'un mois, à compter de la publication du présent décret ; & jusqu'à ce qu'il en ait été autrement ordonné, aucun citoyen Français ne pourra sortir du royaume sans avoir satisfait à ce qui sera prescrit ci-après.

I I.

Les émigrés qui rentreront en France, seront mis sous la protection & sous la sauve-garde spéciale de la loi ; en conséquence, les corps administratifs & les municipalités seront tenus sous leur responsabilité, de veiller à leur sûreté & de les en faire jouir.

Il est pareillement enjoint aux accusa eurs publics, de pourfuivre la réparation ou la punition de toute contravention aux préfentes difpofitions.

III.

Ceux qui ne rentreront pas le délai fixé, paieront par forme d'indémnité du fervice perfonnel que chaque citoyen doit à l'Etat, une triple contribution principale foncière & mobiliaire, pendant tout le temps de leur abfence; ils fouffriront en outre une triple retenue fur les intérêts des rentes, preftations ou autres redevances, à raifon defquelles la retenue fimple eft autorifée. Ces débiteurs deviendront comptables de deux portions, de trois de cette même retenue envers le tréfor public; & à défaut de paiement, ils feront pourfuivis comme pour leurs propres contributions; lefdits débiteurs feront tenus de faire leurs declarations aux diftricts, à peine de demeurer refponfables de toutes les retenues qui n'auroient pas été faites.

IV.

La triple impofition ne pourra nuire aux créanciers légitimes ayant des titres authentiques antérieurs à la loi du 28 juin dernier, lefquels pourront exercer leurs droits, foit fur les fonds, foit fur leurs revenus, par préférence aux deux dernières portions de l'impofition, fans préjudice du droit de la Nation de fe faire payer du furplus de ladite impofition, fur l'excédant des fonds ou des revenus des débiteurs.

V.

Les émigrés feront difpenfés auffitôt leur retour, du paiement total de cette taxe, qu'ils ne feront tenus d'effectuer qu'au prorata du temps de leur absence à partir du premier juillet de la présente année, se réservant au surplus l'Assemblée nationale, de prononcer telle peine qu'il appartiendra contre les réfractaires, en cas d'invasion hostile sur les terres de France.

V I.

Pour l'exécution des articles précédens, chaque municipalité sera tenue de fournir un état nominatif de tous les émigrés compris aux rôles, tant de la contribution foncière que de la contribution mobiliaire ; & à la suite des noms de chacun desdits émigrés, ils indiqueront le montant de la cote d'imposition pour laquelle ils auront été portés dans les rôles ; ils indiqueront aussi le montant de la retenue qu'is sauront devoir leur être faite sur les rentes, prestations & redevances à eux appartenant.

Ces états seront adressés au directoire de district, qui à vue d'iceux, & d'après les détails qui seront à sa connoissance, fera former un rôle de la taxe ordonnée à l'égard desdits émigrés. Ces rôles ainsi formés & visés par les directoires de district, seront envoyés au département, qui les adressera au ministre des impositions, qui donnera les ordres nécessaires pour en assurer l'exécution.

V I I.

Les fermiers, locataires ou autres redevables desdits absens, ne pourront acquitter le prix de leurs baux à ferme, à loyer, les rentes & redevances par eux dues, sans qu'il leur ait été justifié du paiement des rôles d'impositions & taxations desdits absens.

V I I I.

Sont exceptés des dispositions ci-dessus, les Français

établis en pays étranger avant le premier juillet 1789; ceux dont l'abfence eft antérieure à ladite époque, ceux qui ne fe font abfentés qu'en vertu de paffe-ports en due forme pour caufe de maladie, ceux qui ont une miffion du gouvernement, leur époufe, père & mère domiciliés avec eux, les gens de mer, les négocians ou leurs facteurs, notoirement connus pour être dans l'ufage de faire, à raifon de leur commerce, des voyages chez l'étranger.

I X.

Les congés ou permiffions de s'abfenter hors du royaume, ne feront accordés à aucun citoyen que par le directoire du diftrict dans le reffort duquel il fera domicilié, & d'après l'avis de fa municipalité, pour des caufes néceffaires, indifpenfables, connues ou conftatées.

Celui qui follicitera ladite permiffion, prêtera individuellement le ferment civique, ou juftifiera qu'il a déja prêté ce ferment individuel, & joindra à fa demande une déclaration par écrit qu'il entend y refter fidèle.

X.

Conformément à l'article VII du décret du 28 juin dernier, les congés ou permiffions de s'abfenter hors du royaume, contiendront le nombre des perfonnes à qui ils font donnés, leurs noms, leur âge, leur fignalement, la paroiffe habitée par ceux qui les auront obtenus, lefquels feront obligés de figner fur les regiftres des paffe-ports & fur les paffe-ports eux-mêmes.

Mandons & ordonnons à tous les tribunaux, corps adminiftratifs & municipalités, &c.

1821.

1821.

L O I

Relative au remplacement des officiers qui manquent dans les différens corps de l'armée.

Donnée à Paris le 6 août 1791.

Louis, par la grace de Dieu, &c.

Décret du premier août 1791.

L'Assemblée Nationale décrète qu'attendu les circonstances, le remplacement actuel des officiers qui manquent dans les différens corps de l'armée, se fera comme il suit :

1°. Les règles prescrites par les précédens décrets, pour le remplacement des officiers supérieurs & des adjudans-majors dans les différens corps des différentes armes, auront leur pleine & entière exécution.

2°. Dans chacun des régimens d'infanterie de ligne, où il n'y a pas plus de quatre compagnies vacantes, elles appartiendront aux plus anciens lieutenans du régiment. Dans chacun des bataillons d'infanterie légère, où il n'y a pas plus de deux compagnies vacantes, elles appartiendront aux plus anciens lieutenans du bataillon.

3°. Les trois quarts au moins du total des compagnies vacantes dans les régimens d'infanterie de ligne & dans les bataillons d'infanterie légère, au-delà du nombre ci-dessus déterminé, seront donnés aux plus anciens lieutenans de toute l'infanterie qui sont actuellement en activité, l'autre quart pourra être donné par

le pouvoir exécutif, soit à des capitaines, soit à des
lieutenans d'infanterie réformés ou retirés, qui désireroient & seroient reconnus susceptibles de rentrer en
activité à la condition de présenter de leur part un
certificat du directoire du district dans l'étendue duquel
ils résident, qui atteste leur attachement à la constitution décrétée par l'Assemblée nationale.

4°. Les capitaines qui seront pourvus en vertu de
l'article premier, conserveront leur rang entre eux, &
le prendront sur tous ceux qui seront nommés en vertu
de l'article II. Ceux de ces derniers qui seront pris sur
la colonne des lieutenans actuellement en activité, conserveront aussi leur rang entre eux, & le prendront sur
tous les officiers ci-devant réformés ou retirés, qui
pourroient obtenir des compagnies; ceux-ci enfin prendront entre eux le rang que leur assignera le grade
qu'ils avoient avant leur réforme ou leur retraite, &
à grade égal, l'ancienneté de leur service.

5°. Dans chacun des régimens d'infanterie de ligne,
où il n'y aura pas plus de quatre lieutenances vacantes,
elles appartiendront aux plus anciens sous-lieutenans de
ce régiment. Dans chacun des bataillons d'infanterie
légère, où il n'y aura pas plus de deux lieutenances
vacantes, elles appartiendront aux plus anciens sous-
lieutenans du bataillon.

6°. Les trois quarts au moins du total des lieutenances vacantes dans les régimens d'infanterie de ligne,
& dans les bataillons d'infanterie légère au-delà du
nombre ci-dessus déterminé, seront donnés aux plus
anciens lieutenans de toute l'infanterie qui sont actuellement en activité; l'autre quart pourra être donné par
le pouvoir exécutif, soit à des lieutenans, soit à des sous-
lieutenans réformés ou retirés qui désireroient & seroient
reconnus susceptibles de rentrer en activité, à la condition de présenter de leur part un certificat du directoire du district dans l'étendue duquel ils résident, qui

attefte leur attachement à la conftitution décrétée par l'Affemblée nationale.

7°. Les lieutenans qui feront pourvus en vertu de l'article V, conferveront leur rang entre eux, & le prendront fur tous ceux qui feront nommés en vertu de l'article VI; ceux de ces derniers qui feront pris fur la colonne des fous-lieutenans actuellement en activité, conferveront auffi leur rang entre eux, & le prendront fur tous les officiers ci-devant réformés ou retirés qui pourroient obtenir des lieutenances; enfin ceux-ci prendront entre eux le rang que leur affignera le grade qu'ils avoient avant leur réforme ou leur retraite, & à grade égal, l'ancienneté de leur fervice.

8°. Les fous-lieutenances vacantes dans l'infanterie de ligne & dans l'infanterie légère, feront données; favoir, dans les régimens & bataillons d'infanterie qui n'ont pas deftitué leurs officiers, moitié aux fous-officiers de ce régiment, moitié à des fils de citoyens actifs.

Dans les régimens & bataillons qui ont deftitué leurs officiers, les trois quarts des fous-lieutenances vacantes feront donnés à des fils de citoyens actifs; l'autre quart demeurera réfervé aux fous-officiers du régiment, au terme du décret du ...

9°. Les jeunes citoyens ne feront fufceptibles des fous-lieutenances vacantes, que depuis 16 jufqu'à 24 ans, ceux âgés de plus de 18 ans, devront avoir fervi dans la garde nationale: tous feront tenus de rapporter un certificat du directoire du diftrict dans l'étendue duquel ils réfident, qui attefte leur attachement à la conftitution décrétée par l'Affemblée nationale.

10°. Pour le remplacement actuel des capitaines & des lieutenans du corps royal d'artillerie, on fuivra les règles d'avancement prefcrites par les précédens décrets relatifs à cette arme; les fous-lieutenances vacantes feront partagées entre les élèves du corps & lieutenans en troisième, qui n'ont pas encore obtenu leur remplacement.

11°. Dans les régimens de troupes à cheval, le tiers des compagnies vacantes sur toute l'arme, appartiendra aux plus anciens capitaines de remplacement ou de réforme, les deux autres tiers aux plus anciens lieutenans actuellement en activité, pris sur toute l'arme.

12°. Dans chacun des régimens de troupes à cheval où il n'y aura pas plus de deux lieutenances vacantes, elles appartiendront aux plus anciens sous-lieutenans de ce régiment : le surplus des lieutenances vacantes dans les régimens de troupes à cheval, sera donné aux plus anciens sous-lieutenans actuellement en activité, pris sur toute l'arme.

13°. Les sous-lieutenances vacantes dans les troupes à cheval seront données, moitié aux sous-officiers de ces régimens; moitié à des fils de citoyens actifs, ayant au moins 16 & pas plus de 24 ans d'âge : ceux qui auront plus de 18 ans devront avoir servi dans la garde nationale. Tous seront tenus de présenter un certificat du directoire du district dans l'étendue duquel ils résident, qui atteste leur attachement à la constitution décrétée par l'Assemblée nationale.

14°. Dans les régimens de toute arme qui ont actuellement leur colonel, cet officier supérieur indiquera, sous huitaine à compter du jour de la publication du présent décret, soit au général d'armée, soit au commandant en chef de division aux ordres duquel il est, les sujets qu'ils croit susceptibles d'obtenir les sous-lieutenances vacantes dans le régiment qu'il commande. Les généraux d'armée & les commandans en chef des divisions, proposeront d'eux-mêmes aux sous-lieutenances vacantes dans les corps qui sont sous leurs ordres & qui n'ont point actuellement de colonel : ces différentes propositions seront adressées immédiatement au ministre de la guerre, pour le mettre en état de pourvoir sans aucun délai à toutes les fous-lieutenances vacantes dans l'armée.

1 °. Pour que rien ne retarde le remplacement effectif des officiers qui manquent actuellement dans l'armée, les officiers fupérieurs & autres feront reçus, mis en fonctions & payés, fans attendre l'expédition de leurs brevets ou commiffions, fur l'avis de leur nomination adreffé par le miniftre de la guerre, foit aux généraux d'armée, foit aux commandans en chef des divifions & aux chefs des corps dans lefquels les remplacemens devront s'opérer. Néanmoins les brevets & commiffions feront enfuite expédiés le plutôt poffible, & vaudront du jour de chaque nomination, dont ils rappelleront la date.

Mandons & ordonnons à tous les tribunaux, corps adminiftratifs & municipalités, que ces préfentes ils faffent tranfcrire fur leurs regiftres, lire, publier & afficher dans leurs refforts & départemens refpectifs, & exécuter comme loi du royaume. Mandons & ordonnons pareillement à tous les officiers généraux & autres qui commandent les troupes de ligne dans les différens départemens du royaume, & à tous autres qu'il appartiendra, de fe conformer à ces préfentes & de tenir la main chacun en ce qui le concerne, à ce qu'elles foient ponctuellement exécutées.

1822.

LOI

Portant établissement de tribunaux de commerce à Blois, Condé, Quilbœuf & Dourdan, & qui ordonne la nomination de quatre suppléans au tribunal de Bar-le-duc.

Donnée à Paris le 6 août 1791.

Louis, par la grace de Dieu, &c.

Décret du 2 août 1791.

L'Affemblée nationale, après avoir entendu le rapport de fon comité de conftitution, décrète ce qui fuit :

I fera établi des tribunaux de commerce dans les villes de Blois, Condé-fur-Noireau, Quilbœuf & Dourdan.

Les limites de celui de Condé-fur-Noireau feront celles déterminées par l'arrêté du directoire du département du Calvados, du 18 juin dernier.

Celui de Quilbœuf aura pour limites celles de fon canton.

Celui de Dourdan n'eft établi que pour les cantons de Dourdan, Rochefort & Ablis.

Il fera nommé quatre fuppléans au tribunal de commerce de Bar-le-duc.

Mandons & ordonnous à tous les tribunaux, corps adminiftratifs & municipalités, &c.

1823.

L O I

Qui autorise les directoires des départemens de l'Eure
& de la Marne, à acquérir les bâtimens nécessaires
à leur établissement.

Donnée à Paris le 6 août 1791.

Louis, par la grace de Dieu, &c.

Décret du 2 août 1791.

L'Assemblée nationale, ouï le rapport de son comité
d'emplacement, autorise 1°. le directoire du département de l'Eure à acquérir aux frais des administrés, &
dans les formes prescrites par les décrets de l'assemblée
nationale pour la vente des biens nationaux, *la maison*
du petit séminaire de Saint-Leufroy, séante à Evreux,
contenant suivant le procès-verbal des sieurs Joseph Dubois,
entrepreneur des bâtimens, & Circonstancien Mesnard,
ingénieur des ponts & chaussées, en date du 12 avril 1791,
cent six perches cárrées de vingt-deux pieds, dont cin-
quante-six trois quarts en cour & bâtimens, & quarante-
neuf perches un quart en jardin. Excepte de la présente
permission d'acquérir, le jardin dépendant de ladite maison,
à la réserve de trente pieds de long du bâtiment pour
lui conserver le jour nécessaire de ce côté. Autorise pareillement le directoire à faire procéder à l'adjudication au rabais des ouvrages qui restent à faire pour
achever la distribution nécessaire au service de l'administration, estimée par le procès-verbal susdaté, trois
mille livres, pour le montant en être également supporté par les administrés. 2° Autorise pareillement le
directoire du département de la Marne, à acquérir aux

C c 4

frais des administrés de la municipalité de Châlons, moyennant la somme de vingt mille livres, prix convenu, la maison qui servoit de logement au commandant des ci-devant gardes-du-corps, pour y placer le corps administratif du département.

L'autorise également à faire procéder à l'adjudication au rabais des ouvrages & arrangemens intérieurs nécessaires, sur le devis estimatif qui en a été dressé par l'ingénieur en chef du département, le 4 de ce mois, pour le montant de ladite adjudication être supporté par lesdits administrés, & être réparti en deux années, à commencer par la présente année.

Mandons & ordonnons à tous les tribunaux, corps administratifs & municipalités, &c.

1824.

L O I

Relative à la réclamation du sieur Barbier, premier huissier du parlement de Metz, relativement à la liquidation de son office.

Donnée à Paris le 6 août 1791.

Louis, par la grace de Dieu, &c.

Décret du 31 juillet 1791.

L'Assemblée nationale, après avoir entendu le rapport de ses comités de judicature & central de liquidation, qui lui ont rendu compte de la réclamation du sieur Barbier, premier huissier du parlement de Metz, décrète que la finance de l'office dont il étoit revêtu, sera liquidée à la somme de 18,000 livres, prix porté dans son contrat authentique d'acquisition du 7 janvier 1781;

& fur la demande de la fomme de 6,000 livres que le fieur Barbier prétend avoir payée au-deſſus de celle de 18,000 livres, l'Aſſemblée nationale décrète qu'il n'y a pas lieu à délibérer.

Mandons & ordonnons à tous les tribunaux, corps adminiſtratifs & municipalités, &c.

1825.

L O I

Relative au paſſe-port demandé par André Dubuc de Ferret.

Donnée à Paris le 30 juillet 1791.

Louis, par la grace de Dieu, &c.

Décret du 31 juillet 1791.

L'Aſſemblée Nationale, fur le compte qui lui a été rendu d'une lettre écrite à ſon préſident par André Dubuc de Ferret, qui demande un paſſe-port pour aller à Londres célébrer ſon mariage avec une demoiſelle anglaiſe, dont il a ſigné le contrat le 5 mai dernier, devant Gibbe, notaire, & pour lequel il a payé 1500 livres de droit d'enregiſtrement, décrète :

Que la lettre d'André Dubuc de Ferret ſera renvoyée au miniſtre des affaires étrangères, pour, fur la vérification du fait, être accordé le paſſe-port demandé.

Mandons & ordonnons à tous les tribunaux, corps adminiſtratifs & municipalités, &c.

1826.

L O I

Relative à la pourſuite contre un imprimé argué de faux,
& ayant pour titre Conſtitution Françaiſe.

Donnée à Paris le 6 avril 1791.

Louis, par la grace de Dieu, &c.

Décret du 6 août 1791.

Sur la lecture d'une lettre de M. Baudouin, imprimeur
de l'Aſſemblée nationale, contenant déſaveu d'un imprimé répandu ce matin dans Paris ſous le titre de
Conſtitution Françaiſe, projet preſenté à l'Aſſemblée nationale par les comités de conſtitution & de réviſion,
portant le cachet de l'Aſſemblée nationale, avec le
type de ſon imprimerie;

L'Aſſemblée nationale ordonne qu'il ſera fait mention du déſaveu de ſon imprimeur dans le procès-verbal
de ce jour, & attendu qu'il s'agit de faux, a décrété
que l'imprimé joint à la lettre de M. Baudouin, portant
pour titre: *la Conſtitution Françaiſe*, projet preſenté à
l'Aſſemblée nationale par les comités de conſtitution &
de réviſion, avec un cachet portant ces mots: *Aſſemblée*
nationale, la loi & le roi, 1789; & au bas du fron-
tiſpice, ces mots:

A Paris, de l'imprimerie nationale.

Sera remis, après avoir été paraphé par le préſident
& les ſecrétaires de l'Aſſemblée nationale, à l'accuſateur

public de l'arrondiffement, qui fera chargé de faire toutes pourfuites néceffaires.

Mandons & ordonnons à tous les tribunaux, corps adminiftratifs & municipalités, &c.

1827.

L O I

Relative, aux municipalités de Frontignan & Marfeillan.

Donnée à Paris le 6 août 1791.

Louis, par la grace de Dieu, &c.

Décret du 2 août 1791.

L'Affemblée Nationale, après avoir entendu le rapport de fon comité de conftitution, fur les délibérations des municipalités de Frontignan & de Marfeillan, déclare que le décret du 24 mars dernier eft une fimple commiffion au directoire du département de l'Héraut, pour entendre les parties intéreffées, en dreffer procès-verbal, & enfuite être ftatué définitivement par l'Affemblée nationale, ainfi qu'il appartiendra, fur les pétitions énoncées audit décret du 24 mars.

Mandons & ordonnons à tous les tribunaux, corps adminiftratifs & municipalités, &c.

1828.

LOI

Relative à la distribution de la monnoie de cuivre & de celle qui proviendra de la fonte des cloches.

Donnée à Paris le 6 août 1791.

Louis, par la grace de Dieu, &c.

Décret du 3 août 1791.

L'Assemblée nationale, après avoir entendu le rapport du comité des finances, décrète ce qui suit :

ARTICLE PREMIER.

La distribution de monnoie en espèces de cuivre, & celle qui proviendra de la fonte des cloches, sera faite par les hôtels des monnoies entre les départemens indiqués pour chacune de ces monnoies, par l'état annexé au présent décret, & dans les proportions réglées par le même état.

II.

En conséquence, le directeur de chaque hôtel des monnoies sera tenu d'envoyer, à la réception du présent décret, aux directoires des départemens avec lesquels il devra correspondre, un bordereau certifié de lui, qui énoncera la somme fabriquée, actuellement existante en monnoie de cuivre, dont la distribution pourra être faite sur-le-champ.

I I I.

Le directeur de chaque hôtel des monnoies continuera d'adreffer aux mêmes directoires de département, le dernier jour de chaque femaine, un état de la fabrication qui aura eu lieu dans le cours de la même femaine, tant en efpèces de cuivre qu'en métal provenant de la fonte des cloches.

I V.

Chaque directoire de département connoîtra, d'après ces bordereaux fucceffifs, & d'après la proportion dans laquelle il devra participer au produit de la fabrication déja exiftante, & de celle qui aura lieu chaque femaine, le montant de la fomme qui devra lui revenir, & il fera les difpofitions néceffaires pour faire tranfporter de l'hôtel des monnoies, dans les caiffes de diftrict, la part à eux afférente dans la fabrication de chaque femaine.

V.

Il ne fera fait toutefois aucune livraifon par les directeurs des monnoies, aux tréforiers, que la valeur ne leur en foit, à l'inftant même, remife en affignats.

V I.

A mefure que les directoires de département auront des monnoies à répartir en efpèces de cuivre ou de métal provenant de la fonte des cloches, ils feront tenus d'en faire la diftribution entre les directoires de diftrict, & en fe conformant, autant que les localités pourront le permettre, aux inftructions qui leur feront données à cet effet par le ministre des contributions publiques.

Le présent décret sera imprimé & envoyé dans tous les départemens.

———————————————

Distribution de la fabrication des espèces de cuivre, & de celles provenant de la fonte des cloches.

———————————————

NOMS des DÉPARTEMENS.	PROPORTION dans laquelle ils doivent participer au produit de la fabrication.

Paris.

Paris ·	8 vingtièmes.
Oise ·	2
Seine-&-Oise ·	3
Seine-&-Marne ·	2
Marne ·	2
Aube ·	1
Yonne ·	2
	20

Rouen.

Seine-Inférieure · · · · · · · · · · · · · · · · · · ·	6 vingtièmes.
Eure ·	2
Calvados ·	3
Manche ·	3
Côtes-du-Nord ·	3
Finistère ·	3
	20

NOMS des DÉPARTEMENS.	PROPORTION dans laquelle ils doivent participer au produit de la fabrication.

Lyon.

Rhône-&-Loire...................................	8 vingtièmes.
Saone-&-Loire...................................	3
Côte-d'Or......................................	2
Jura...	2
Ain...	2
Isère..	3
	20

La Rochelle.

Charente-Inférieure.............................	8 vingtièmes.
Charente.......................................	5
Deux-Sèvres....................................	4
Vienne...	3
	20

Limoges.

Haute-Vienne...................................	5 vingtièmes.
Corrèze..	2
Creufe...	2
Allier	2
Puy-de-Dôme...................................	5
Cantal	2
Indre..	2
	20

NOMS des DÉPARTEMENS.	PROPORTION Dans laquelle ils doivent participer au produit de la fabrication.

Bordeaux.

Gironde ·	8 vingtièmes.
Dordogne ·	4
Lot-&-Garonne ·	4
Lot ·	4
	20

Bayonne.

Baſſes-Pyrénées ·	9 vingtièmes.
Landes ·	11
	20

Toulouſe.

Haute-Garonne ·	9 vingtièmes.
Tarn ·	3
Aveiron ·	5
Lozère ·	1
Haute-Loire ·	2
	20

Montpellier.

Hérault ·	8 vingtièmes.
Gard ·	4
Ardèche ·	4
Drôme ·	3
Hautes-Alpes ·	1
	20

NOMS

N O M S des DÉPARTEMENS.	P R O P O R T I O N dans laquelle ils doivent participer au produit de la fabrication,

Perpignan.

Pyrénées-Orientales ····················	7 vingtièmes.
Aude ······························	13
	20

Orléans.

Loiret ····························	6 vingtièmes.
Eure-&-Loir ·······················	2
Orne ····························	3
Sarthe ···························	3
Loir &-Cher ······················	1
Indre-&-Loir ·····················	2
Nièvre ··························	2
Cher ···························	1
	20

Nantes.

Loire-Inférieure ···················	6 vingtièmes.
Ille-&-Villaine ····················	4
Morbihan ·························	2
Mayenne ·························	2
Maine-&-Loire ····················	4
Vendée ··························	2
	20

Metz.

Moselle ···························	7 vingtièmes.
Ardennes ·························	3
Meuse ···························	3
Meurtre ··························	4
Haute-Marne ·····················	3
	20

NOMS des DÉPARTEMENS.	PROPORTION dans laquelle ils doivent participer au produit de la fabrication.

Strasbourg.

Bas-Rhin	9 vingtièmes.
Haut-Rhin	3
Vosges	3
Haute-Saone	3
Doubs	2
	20

Lille.

Nord	7 vingtièmes.
Pas-de-Calais	5
Somme	4
Aisne	4
	20

Pau.

Hautes-Pyrénées	7 vingtièmes.
Gers	8
Arriége	5
	20

Marseille.

Bouches-du-Rhône	10 vingtièmes.
Var	4
Basses-Alpes	2
Corse	4
	20

Mandons & ordonnons à tous les tribunaux, corps administratifs & municipalités, &c.

1829.

L O I

Relative à la fabrication de la menue monnoie avec le
métal des cloches.

Donnée à Paris le 6 août 1791.

Louis, par la grace de Dieu, &c.

Décret du 3 août 1791.

L'Assemblée nationale, après avoir entendu son comité des monnoies, tant sur les moyens d'exécution de son décret du 25 mai, sur l'emploi en monnoie du métal des cloches, que sur le résultat des expériences faites sur le départ de cette matière, décrète ce qui suit :

A R T I C L E P R E M I E R.

La fabrication d'une menue monnoie avec le métal des cloches aura lieu sans délai dans tous les hôtels des monnoies du Royaume.

I I.

Le métal des cloches sera allié à une portion égale de cuivre pur, & les flaons qui en proviendront seront frappés.

I I I.

Cette monnoie sera divisée en pièces de deux sous à la taille de dix au marc, en pièces d'un sou à celle

D d 2

de vingt au marc, & en pièces de demi-fou à celle
de quarante au marc.

I V.

Les poinçons & matrices pour la fabrication des pièces
d'un fou pourront être fournis par le fieur Duvivier,
fuivant fes offres; & il fera tenu compte à cet artifte
de fes fournitures, au prix qui fera fixé par l'adminiftration des monnoies.

V.

Les directoires des départemens tiendront à la difpofition du miniftre des contributions publiques, les cloches
des églifes fupprimées dans leur arrondiffement.

V I.

Le miniftre des contributions prendra les mefures
convenables pour procurer inceffamment aux divers hôtels des monnoies le cuivre néceffaire, foit par le départ
d'une partie du métal des cloches, foit en traitant avec
les manufacturiers; & il rendra compte chaque femaine
à l'Affemblée nationale de l'état de la fabrication.

Mandons & ordonnons à tous les tribunaux, corps
adminiftratifs & municipalités, &c.

1830.

L O I

Qui lève la suspension portée par le décret du 24 juin dernier, relativement aux assemblées électorales.

Donnée à Paris le 8 août 1791.

Louis, par la grace de Dieu, &c.

Décret du 5 août 1791.

L'Assemblée nationale décrète qu'elle lève la suspension portée par le décret du 24 juin dernier, & qu'en conséquence les assemblées électorales seront incessamment convoquées dans tous les départemens du Royaume, pour nommer les députés au corps législatif, à compter du 15 août présent mois, jusqu'au 5 septembre prochain; décrète en outre que les députés nommés se rendront immédiatement à Paris pour entrer en fonctions le jour qui sera fixé par un décret.

Mandons & ordonnons à tous les tribunaux, corps administratifs & municipalités, &c.

1831.

L O I

Relative aux dans patriotiques pour l'entretien des gardes nationales.

Donnée à Paris le 10 août 1791.

Louis, par la grace de Dieu, &c.

Décret du 12 juillet 1791.

L'Affemblée nationale décrète que les dons patriotiques qui font offerts pour l'entretien des gardes nationales qui feront le fervice militaire, où pour tous autres objets d'utilité publique, feront fur-le-champ portés, par un des commis du bureau des procès-verbaux, à la tréforérie de l'extraordinaire, où il lui en fera expédié des reçus & où il fera tenu un regiftre defdits dons patriotiques.

Mandons & ordonnons à tous les tribunaux, corps adminiftratifs & municipalités, &c.

1832.

L O I

Relative aux écoles de la Marine.

Donnée à Paris le 10 août 1791.

Louis, par la grace de Dieu, &c.

Décret des 21 *&* 30 *juillet* 1791.

L'Affemblée Nationale décrète ce qui fuit :

TITRE PREMIER.

Des examinateurs & des profeffeurs.

ARTICLE PREMIER.

Il y aura un examinateur des afpirans de la marine, dont les fonctions feront d'être juge des concours qui feront ouverts chaque année dans les principales villes maritimes, tant pour les places d'afpirans de la marine, que pour celles d'enfeignes entretenus ; fon traitement fera de fix mille livres. Les frais de voyage de l'examinateur des afpirans, & de ceux des examinateurs hydrographes, feront évalués à quatre mille huit cents livres par année.

II.

Il y aura deux examinateurs hydrographes, dont les fonctions feront d'examiner les navigateurs qui fe préfenteront pour le grade d'enfeigne non entretenu. Les examens pour ce grade auront lieu deux fois chaque année, & à des époques fixes, dans tous les ports où

Dd 4

seront établies les écoles. Le traitement de chacun des examinateurs hydrographes sera de quatre mille cinq cents livres, & ils seront remboursés en sus, de leurs frais de voyages qui ne pourront excéder pour chacun la somme de quatre mille huit cents livres.

I I I.

La place d'examinateur des aspirans de la marine, & celles des deux examinateurs hydrographes seront à la nomination du roi, & elles ne pourront être remplies que par ceux qui auront professé les mathématiques, au moins pendant cinq ans, dans quelqu'une des écoles nationales.

I V.

Il sera créé des écoles gratuites & publiques de mathématiques & d'hydrographie dans les villes suivantes, & chaque école aura un professeur dont le traitement sera fixé comme il suit.

Appointemens du professeur.

Toulon , trois mille six cents livres	3,600 l.
Marseille, trois mille six cents livres	3,600
Cette, trois mille livres	3,000
Bayonne, trois mille livres	3,000
Bordeaux, trois mille six cents livres	3,600
Rochefort, trois mille six cents livres	3,600
Nantes, trois mille six cents livres	3,600
L'Orient , trois mille livres	3,000
Brest (il y aura un second professeur à trois mille livres), six mille six cents livres . . .	6,600
Saint-Malo , trois mille livres	3,000
Le Havre, trois mille livres	3,000
Dunkerque, trois mille livres	3,000
TOTAL	42,600 l.

V.

Il fera créé des écoles gratuites & publiques d'hydro-graphie dans les villes fuivantes :

Antibes.	Audierne.
Saint-Tropez.	Saint-Paul-de-Léon.
La Ciotat.	Saint-Brieux.
Narbonne.	Granville.
Portvendre.	Cherbourg.
Libourne.	Honfleur.
La Rochelle.	Fécamp.
Les Sables d'Olonne.	Dieppe.
Pimbeuf.	Saint-Valery-fur-Somme.
Le Croific.	Boulogne.
Vannes.	Calais.

Dans chacune de ces villes, les appointemens du pro-feffeur feront de quinze cents à deux mille livres.

V I.

La police des écoles publiques de mathématiques & d'hydrographie appartiendra à la municipalité du lieu.

V I I.

Les places de profeffeur de toutes ces écoles feront données au concours.

V I I I.

Lorfqu'une place de profeffeur viendra à vaquer, la municipalité du lieu en informera le miniftre de la marine, qui y pourvoira provifoirement, & fera annoncer

par des avis envoyés dans les quatre-vingt-trois départemens, l'époque & le lieu du concours.

I X.

Le lieu du concours pour la place de professeur, sera
toujours la ville où la place sera vacante, & l'époque
sera celle de la tournée la plus prochaine de l'examinateur ; de manière cependant qu'il y ait au moins un
mois d'intervalle entre l'annonce & l'ouverture du concours.

X.

Ceux qui se présenteront au concours, se feront inscrire au greffe de la municipalité, & auront la faculté
de le faire jusqu'à la clôture du concours.

X I.

Le concours sera ouvert & présidé par la municipalité, qui invitera à y assister tous les autres corps administratifs & toutes les personnes chargées de quelque
fonction dans l'institution publique.

X I I.

Le juge du concours pour les places de professeurs
de mathématiques & d'hydrographie sera l'examinateur
des aspirans de la marine ; & celui du concours pour les
places de professeurs d'hydrographie, sera l'examinateur
hydrographe alors en tournée.

X I I I.

Le concours sera public.

X I V.

Lorsque tous les concurrens auront été appelés & interrogés, l'examinateur déclarera publiquement celui qu'il aura jugé le plus digne de remplir la place, & le président prononcera la clôture du concours. Il en sera dressé procès-verbal signé par les membres présens de la municipalité, par le juge du concours, & par tous ceux qui, ayant été invités, auront assisté ; & copies en feront envoyées au ministre de la marine.

X V.

A la réception du procès-verbal du concours, le ministre enverra le brevet au nouveau professeur, & donnera tous les ordres nécessaires pour son installation.

X V I.

Dans chacune des villes où feront établies les écoles de mathématiques ou d'hydrographie, il sera fourni pour les leçons publiques une salle garnie des meubles indispensables.

X V I I.

Les frais d'entretien des meubles & instrumens, ceux du chauffage, &c., seront fixés à dix mille livres qui feront réparties par le ministre entre les différentes écoles, suivant leur importance.

X V I I I.

Tous les jours, excepté les dimanches & fêtes, le professeur donnera cinq heures de leçon en deux séances,

428   L o i *du* 10 *Août* 1791.

deftinées, l'une aux élèves qui commenceront, l'autre
à ceux dont l'inftruction fera plus avancée ; & les heures
de chacune de ces féances feront réglées par la municipalité, fur la demande du profeffeur.

X I X.

Lorfque pour caufe de maladie, ou pour tout autre
empêchement, le profeffeur ne pourra tenir l'école, il
fera tenu de fe faire remplacer par une perfonne de
confiance, d'après l'agrément de la municipalité.

X X.

Tous les ans le profeffeur aura deux mois de vacances,
qui pourront être prifes de fuite ou en deux parties,
felon que la municipalité le trouvera plus convenable au
bien de l'inftruction.

X X I.

Le profeffeur aura la police intérieure de l'école ; il
y entretiendra l'ordre & la décence, & il pourra faire
fortir de la falle ceux des élèves qui manqueroient à l'un
ou à l'autre.

X X I I.

Les examinateurs furveilleront l'inftruction & la diri-
geront d'une manière uniforme dans tous les ports : ils
feront part aux municipalités dans les ports de commerce,
de leurs obfervations fur la manière dont les écoles
feront tenues, & ils en rendront compte au miniftre de
la marine ; & dans les ports militaires, le commandant
de la marine aura l'infpection habituelle des études,
auquel en ce cas l'examinateur communiquera fes obfervations.

XXIII.

Tout citoyen âgé au moins de treize ans, fachant lire & écrire, & les quatre premières règles d'arithmétique, muni d'un certificat de la municipalité du lieu de fa naiflance, fera admis de droit à l'école, d'après un ordre de la municipalité du lieu où l'école fera établie; & cet ordre ne pourra lui être refufé à moins de caufes graves, dont le diftrict & le département feront informés.

XXIV.

Lorfque les étudians admis à ces écoles auront atteint l'âge de dix-huit ans, ils feront tenus, pour continuer à y être reçus, de fe faire claffer, en rapportant un certificat du profeffeur.

TITRE II.

Concours pour les places d'afpirans de la marine.

ARTICLE PREMIER.

Les concours pour les places d'afpirans de la marine feront ouverts tous les ans; & auront lieu fucceffivement dans chacune des villes défignées à l'article IV du premier titre.

Chacun fubira le concours dans le lieu le plus voifin de fon domicile où il fe fera fait infcrire.

II.

Pour la ville de Toulon où fe fera le premier concours, l'époque de l'ouverture fera toujours fixée au premier février. Pour les autres villes, l'époque du concours sera annoncée chaque année, de manière que la tournée de l'examinateur se fasse avec le plus de rapidité possible.

I I I.

Ceux qui se proposeront de concourir pour des places d'aspirans de la marine, écriront avant le premier janvier au ministre de la marine pour lui en faire part, & pour lui déclarer celle des douze villes dans laquelle ils se présenteront au concours.

D'après toutes ces demandes, le ministre fera la répartition de cent places d'aspirans entre les villes de concours, proportionnellement au nombre des concurrens qui se feront annoncés pour chacune d'elles.

Et néanmoins seront admis ceux que des voyages à la mer auroient empêchés de se conformer à cette disposition.

I V.

Les concurrens, à leur arrivée dans la ville du concours, se présenteront au greffe de la municipalité, pour s'y faire inscrire & y apprendre le lieu & le jour précis de l'ouverture du concours.

V.

Le concours des aspirans de la marine sera public; il sera présidé par la municipalité du lieu. Le professeur de mathématiques sera présent; & toutes les personnes chargées de quelque fonction dans l'instruction publique, seront invitées à y assister.

V I.

Les objets sur lesquels seront examinés les concurrens seront:

L'arithmétique,

La géométrie,

Les élémens de la navigation,

Les élémens de la ftatique.

V I I.

Le juge du concours fera l'examinateur des afpirans de la mari..e.

V I I I.

Les concurrens feront interrogés par l'examinateur, fuivant l'ordre de leur infcription au greffe de la muni-cipalité, & lui préfenteront leur extrait de baptême, pour juftifier que leur âge eft compris entre quinze & vingt ans accomplis.

I X.

Lorfque tous les concurrens auront été appelés & in-terrogés, l'examinateur déclarera publiquement les noms de ceux qu'il aura jugé mériter de préférence le nombre des places d'afpirans de la marine, déterminées par le concours.

Nul n'obtiendra une de ces places, qu'il n'ait ré-pondu d'une manière fatisfaifante fur les quatre objets du concours indiqués par l'article VI, qui font rigou-reufement néceffaires.

X.

Le préfident prononcera la clôture du concours, & en fera dreffer procès-verbal, qui fera figné par les membres préfens de la municipalité, par l'examinateur, par le profeffeur, & par tous ceux qui, ayant été in-vités, auront affifté.

Copie de ce procès-verbal sera envoyée par la municipalité au ministre de la marine, avec les extraits de baptême de ceux que l'examinateur aura déclaré mériter les places vacantes d'aspirans.

X I.

Le ministre de la marine enverra une lettre d'admission à chacun des nouveaux aspirans; il leur indiquera le port dans lequel ils devront se rendre, & il donnera les ordres nécessaires pour les faire comprendre sur les états.

T I T R E   I I I.

Concours pour le grade d'enseigne entretenu.

A R T I C L E   P R E M I E R.

Le concours pour le grade d'enseigne entretenu, aura lieu tous les ans dans chacun des ports de Brest, Toulon & Rochefort, immédiatement après celui pour les places d'aspirans.

Le ministre, en annonçant tous les ans l'époque de celui-ci, indiquera le nombre des places vacantes dans chaque département de la marine, proposé au concours d'enseigne entretenu.

I I.

Les concurrens, à leur arrivée dans le port, se présenteront au commandant de la marine, qui ne pourra les inscrire qu'après qu'ils auront justifié qu'ils auront les quatre années de navigation prescrites par l'article XIX, & que pour l'âge ils sont compris dans les limites fixées par les articles XXII & XXX de la loi du

du 15 mai 1791 , fur le mode d'admiſſion & d'avancement dans la marine.

I I I.

Nul , s'il n'eſt enſeigne , ne ſera admis à concourir
pour une place d'enſeigne entretenu , ſans avoir auparavant ſatisfait à un examen préliminaire dont les objets
feront :

Le gréement.
La manœuvre.
Le canonnage.
Les évolutions navales.

I V.

L'examen préliminaire ſera public ; il commencera
huit jours avant l'ouverture du concours, & il ſera fait
en préſence de l'état-major du port par un officier du
département, un maître d'équipage & un maître canonnier , que le miniſtre de la marine nommera à chaque
concours pour cet objet.

Le commandant du port nommera deux officiers de
chaque grade & deux enſeignes non entretenus , pour y
aſſiſter.

V.

Lorſque chaque concurrent ſoumis à cet examen
aura répondu ſur tous les objets, l'officier examinateur
prendra l'avis de ſes deux collègues, & déclarera publiquement s'il le juge ſuffiſamment inſtruit ſur la pratique
pour être admis à concourir.

V I.

Le concours ſera fait publiquement ; il ſera préſidé

par le commandant du port, en préfence de l'état-major du port & du profeffeur.

Le commandant nommera deux officiers de chaque grade & deux enfeignes non entretenus, pour y affifter.

V I I.

Les objets fur lefquels les concurrens feront examinés, feront :

L'arithmétique,
La géométrie,
L'algèbre,
La mécanique des fluides & des folides,
La théorie & la pratique de la navigation.

V I I I.

Le juge du concours fera l'examinateur des afpirans de la marine.

I X.

Lorfque tous les concurrens auront été appelés & interrogés, l'examinateur déclarera publiquement les noms de ceux qu'il aura jugés dignes d'obtenir de préférence le nombre des places d'enfeignes entretenus propofées à ce concours; & nul ne pourra être jugé digne d'obtenir une de ces places s'il n'a fatisfait fur tous les objets indiqués par l'article VII qui feront de rigueur : ils feront claffés fur la lifte dans l'ordre des degrés de connoiffance dont ils auront fait preuve à l'examen.

X.

Le commandant du port prononcera la clôture du

concours, & en fera dreſſer un procès-verbal qui ſera ſigné par les membres préſens de l'état-major, par l'examinateur, par le profeſſeur & par les officiers de tout grade, qui, ayant été appelés, auront aſſiſté.

Copie de ce procès-verbal ſera envoyée par le commandant du port au miniſtre de la marine, avec les certificats de navigation & les extraits de baptême de ceux qui auront été jugés les plus dignes des places vacantes.

Le miniſtre enverra à chacun d'eux le brevet d'enſeigne entretenu, & expédiera les ordres néceſſaires pour leur admiſſion.

TITRE IV.

Examen pour le grade d'enſeigne non entretenu.

ARTICLE PREMIER.

Les examens pour le grade d'enſeigne non entretenu, auront lieu deux fois par an, dans chacune des villes maritimes où ſeront établies des écoles publiques, ſoit de mathématiques, ſoit d'hydrographie.

I I.

Les examens ſeront faits par deux examinateurs hydrographes, entre leſquels les écoles ſeront partagées; pour l'un, depuis la ville du Croiſic incluſivement juſqu'à Dunkerque; & pour l'autre, depuis Nantes incluſivement juſqu'à Antibes. Ces examinateurs alterneront entre eux, de manière que chacun d'eux fera dans la même année, & la tournée du Midi & la tournée du Nord.

I I I.

Les navigateurs qui aſpireront au grade d'enſeigne

non entretenu, se présenteront au greffe de la municipalité du lieu de l'examen, & ne pourront y être inscrits sur la liste de ceux qui seront admis à subir l'examen, qu'après avoir prouvé, (conformément à l'article XXIV de la loi sur le mode d'admission & d'avancement) leurs services & navigation, par des états certifiés & signés par le chef des classes, lequel ne pourra, sous quelque prétexte que ce soit, refuser de délivrer lesdits états de service & de navigation.

I V.

L'examen sera fait publiquement dans la maison commune ; il sera présidé par la municipalité du lieu, en présence du professeur & de trois enseignes nommés d'office par la municipalité ; toutes les personnes chargées de quelque fonction dans l'instruction publique, seront invitées à y assister.

V.

Les objets sur lesquels seront examinés ceux qui aspireront au grade d'enseigne non entretenu, seront,
Les élémens de mathématiques,
La théorie & la pratique complète de la navigation.

V I.

Le juge de l'examen sera l'examinateur hydrographe.

V I I.

Lorsque tous les navigateurs inscrits pour l'examen, auront été appelés & interrogés, l'examinateur déclarera publiquement les noms de ceux qu'il aura jugés être suffisamment instruits.

VIII.

Les navigateurs jugés suffisamment inftruits par l'examinateur hydrographe, feront enfuite interrogés fur les objets indiqués par l'article III du titre précédent, par un enfeigne, un maître d'équipage & un canonnier des claffes, nommés à cet effet, fur la demande de la municipalité, par le chef des claffes du quartier ; & l'enfeigne, après avoir pris l'avis de fes collègues, déclarera publiquement les noms de ceux qu'ils auront jugés avoir fatisfait à l'examen-pratique.

IX.

Le préfident prononcera la clôture de l'examen, & en fera dreffer procès-verbal qui fera figné par les membres préfens de la municipalité, par l'examinateur-hydrographe, par le profeffeur, par les trois enfeignes non entretenus, par les trois examinateurs-pratiques, & par tous ceux qui ayant été invités, auront affifté.

Copie de ce procès-verbal fera envoyée au miniftre de la marine, avec les états de fervice & de navigation de ceux des navigateurs qui auront fatisfait aux deux examens.

Le miniftre enverra à chacun d'eux le brevet d'enfeigne non entretenu.

TITRE V.

Examen pour être fait maître au petit cabotage, pilote-côtier, pilote-lamaneur ou locman.

ARTICLE PREMIER.

Pour être fait maître au petit cabotage, il faudra avoir

E e 3

au moins cinq ans de navigation , être âgé de vingt-quatre ans , & avoir fatisfait à un examen fur la manœuvre, fur les fondes , la connoiffance des fonds , le gifement des terres & écueils , le courant & les marées , fur l'ufage de la bouffole & de la carte réduite.

I I.

Cet examen aura lieu deux fois chaque année , à la fuite de celui des enfeignes non entretenus , en préfence des mêmes perfonnes. Les prétendans feront interrogés par un enfeigne & deux anciens maîtres au petit cabotage , nommés par les chefs des claffes fur la demande de la municipalité , qui déclareront publiquement les noms de ceux qu'ils auront jugés fuffifamment inftruits.

Ces examens pourront être plus multipliés , fi le miniftre le juge néceffaire , d'après la demande des ports.

L'examinateur ne fera pas tenu de refter & affifter aux examens-pratiques.

I I I.

L'examen pour être pilote-côtier portera fur toutes les parties indiquées pour l'examen du maître au petit cabotage , & principalement fur la connoiffance des entrées des principaux ports du Royaume.

I V.

Il fera fait dans la forme prefcrite pour celui des maîtres au petit cabotage , & les examinateurs feront un enfeigne & deux anciens pilotes-côtiers.

V.

L'examen pour être pilote-lamaneur ou locman , fera

fait de même par un enseigne & deux anciens lamaneurs, sur la manœuvre, la connoissance des cours & marées, des bancs, courans, écueils & autres empêchemens qui peuvent rendre difficiles l'entrée & sortie des rivières, ports & havres, du lieu de son établissement. On ne pourra être reçu pilote-lamaneur ou locman avant l'âge de vingt-quatre ans.

Le ministre fera expédier une lettre d'admission à chacun de ceux qui auront été admis maîtres au petit cabotage, pilotes-côtiers ou pilotes-lamaneurs, & ils la feront enregistrer au bureau des classes du quartier de leur résidence.

TITRE VI.

De l'application.

A R T I C L E   P R E M I E R.

L'ancien examinateur des élèves de la marine sera l'examinateur des aspirans.

I I.

Les anciens examinateurs-hydrographes seront également conservés pour remplir les fonctions qui leur sont attribuées par le présent décret.

I I I.

Les places de professeurs des élèves dans les départemens de la marine, dans les colléges de Vannes & d'Alais, & dans le port de l'Orient, sont supprimées ; & celles de mathématiques & d'hydrographie leur seront données sans concours, pour cette fois seulement.

I V.

Les places de professeurs d'hydrographie pourront aussi

être données aux anciens profeſſeurs d'hydrographie , ſans concours.

V.

Le premier concours pour les places d'aſpirans & d'enſeignes entretenus ſera ouvert à Dunkerque pour cette fois au premier ſeptembre prochain , & ſans pré-judice de la tournée fixée au premier février & ſucceſſi-vement dans les autres villes indiquées.

En conſéquence , auſſitôt la publication du préſent décret , & avant le 15 août , ceux qui voudront con-courir , écriront au miniſtre de la marine la lettre pref-crite par l'article III du titre II.

V I.

Le premier examen pour le grade d'enſeigne non entretenu , & pour être fait maître au petit cabotage , ſera annoncé par le miniſtre dans tous les ports , auſſitôt que le préſent décret ſera publié.

Mandons & ordonnons à tous les tribunaux , corps adminiſtratifs & municipalités , que ces préſentes ils faſſent tranſcrire ſur leurs regiſtres , lire , publier & afficher dans leurs reſſorts & départemens reſpectifs , & exécuter comme loi du Royaume. Mandons & ordonnons pareillement aux officiers-généraux de la marine , aux commandans des ports & arſenaux , aux commandans des armées na-vales , eſcadres , vaiſſeaux & autres bâtimens de guerre , aux intendans & ordonnateurs de la marine , & à tous autres qu'il appartiendra , de ſe conformer à ces préſentes , & de tenir la main à leur exécution.

1833.

LOI

Relative aux dettes contractées par les villes & communes, & aux besoins qu'elles peuvent avoir.

Donnée à Paris le 10 août 1791.

Louis, par la grace de Dieu, &c.

Décret du 5 août 1791.

L'Assemblée nationale, voulant pourvoir aux besoins des villes & communes, & assurer le paiement de leurs créanciers, par d'autres moyens que par les octrois ou autres droits qui leur avoient été concédés ou engagés, & dont le bien du peuple a demandé la suppression, décrète ce qui suit :

ARTICLE PREMIER.

Les villes & communes auxquelles il a été adjugé des domaines nationaux, feront tenues d'appliquer au paiement de leurs dettes le bénéfice qui leur est attribué par les décrets, dans la revente de ces domaines.

II.

Les villes & communes qui n'ont point acquis de domaines nationaux, ou dont les dettes excèdent le bénéfice qu'elles doivent faire sur la revente des domaines qui leur avoient été adjugés, feront tenues de vendre les parties de leurs biens patrimoniaux, créances & immeubles réels ou fictifs qui feront déterminés par le directoire de leur département, vu leurs pétitions & l'avis du directoire de leur diftrict, & d'en appliquer le produit au paiement defdites dettes.

Si une partie defdits biens ne fuffit pas à leur libération, elles feront tenues de vendre la totalité, à la feule exception des édifices & terreins deftinés au fervice public.

Lefdites ventes feront faites en la forme & aux conditions décrétées pour les domaines nationaux, & ne feront affujetties qu'aux mêmes droits.

Les municipalités defdites villes & communes feront tenues de fe conformer, dans le délai de deux mois, aux difpofitions des décrets, pour l'eftimation & la mife en vente.

I I I.

Les villes & communes dont les dettes excéderoient le produit de la vente de leurs biens patrimoniaux & le bénéfice à elles attribué dans la revente des domaines nationaux qui leur auront été adjugés, feront tenues d'ajouter à leur contribution foncière & à leur contribution mobiliaire, un fou pour livre, & d'en appliquer le produit au paiement des arrérages & au rembourfement fucceffif de leurs dettes, en telle manière que de ce fou pour livre, il y en ait dix deniers employés à payer les intérêts, & deux deniers deftinés à former le fonds d'amortiffement qui s'accroîtra d'année en année par l'extinction des intérêts jufqu'au parfait rembourfement du capital.

I V.

Il fera libre aux villes & communes dont les dettes feroient moins confidérables, d'impo'er un moindre nombre de deniers pour livre, à la charge néanmoins que le fonds d'amortiffement foit tel que, joint au produit des intérêts éteints par le rembourfement progreffif, il puiffe opérer la libération totale en trente années.

V.

Les villes & communes qui par le bénéfice à elles attribué fur la revente des domaines nationaux, & par la vente de leurs biens, autres que ceux exceptés en l'article II, n'auront pu fuffire au paiement de toutes leurs dettes, ne feront foumifes, fur l'excédant de ce qu'elles refteront devoir, qu'à l'acquittement d'un capital, dont dix deniers pour livre de leurs contributions foncière & mobiliaire, paieront les intérêts au denier vingt, la Nation prenant à fa charge le furplus de leurs dettes.

V I.

Les villes & communes qui fe trouveront dans ce cas, formeront dans le mois de la publication du préfent, l'état général de leurs dettes, & le remettront au directoire de leur diftrict, avec les pièces juftificatives. Le directoire de diftrict donnera fon avis fur chaque créance, & l'enverra au directoire de département, qui fera paffer le tout avec fes obfervations au directeur-général de liquidation.

V I I.

Aucune ville ni commune ne pourra déformais être autorifée à faire des acquifitions d'immeubles ni des emprunts, que par décret du corps légiflatif, vu l'opinion du directoire de diftrict & l'avis du directoire de département, & à la charge par les villes & communes à qui l'autorifation fera donnée, de fournir affignation de deniers pour le paiement des arrérages & le

remboursement du capital, suivant la progression &
dans les délais qui seront fixés par le décret.

V I I I.

Les villes & communes seront tenues de pourvoir à
leurs dépenses locales, à compter du premier avril 1791,
par les deux sous pour livre qui leur sont attribués sur
le produit des droits de patentes, & par des sous pour
livre additionnels à la contribution foncière & à la
contribution mobiliaire, lesquels seront établis suivant
les formalités prescrites par les décrets des 29 mars &
11 juin 1791, & sur lesquels seront déduites les sommes
déja imposées, conformément à l'article V dudit décret
du 29 mars.

I X.

Les villes & communes auxquelles il a été adjugé
des domaines nationaux, & qui auroient des dettes exigibles, pourront demander pour les acquitter, conformément à l'article premier du présent décret, des
avances sur le bénéfice qui leur est attribué dans la revente de ces domaines.

Celles qui, pour leurs dépenses locales, éprouveroient
des besoins urgens, pourront demander un prêt sur les
sous pour livre additionnels destinés à leurs dépenses
municipales.

Si leurs pétitions sont appuyées de l'opinion du directoire de district & de l'avis du directoire de leur département, la caisse de l'extraordinaire sera autorisée
par décret du corps législatif à faire, mois par mois,
les avances nécessaires jusqu'au dernier octobre, à la
charge & sous la soumission par lesdites villes & communes, de représenter au plus tard dans le courant
dudit mois d'octobre, le certificat visé par les directoires

de diftrict & de département , que la contribution patriotique & les impofitions ordinaires de leurs habitans pour l'année 1790 , font acquittées , & que les rôles de la contribution foncière & de la contribution mobiliaire de 1791 font en recouvrement.

D'après la repréfentation defdits certificats , & fur nouvel avis des directoires de diftrict & de département, lefdites avances pourront être étendues jufqu'au dernier décembre , s'il eft néceffaire , & non pas plus loin.

Chaque avance fera faite contre délégation de pareille fomme , fur les fous pour livre additionnels aux contributions , ou fur le bénéfice à la revente des domaines nationaux , felon la nature & l'objet des fommes avancées.

Mandons & ordonnons à tous les tribunaux , corps adminiftratifs & municipalités , &c.

1834.

L O I

Relative aux anciens négocians , marchands , banquiers & autres qui fe font retirés du commerce.

Donnée à Paris le 10 août 1791.

Louis, par la grace de Dieu, &c.

Décret du 9 *août* 1791.

L'Affemblée nationale , après avoir entendu le rapport du comité de conftitution , confidérant que les anciens négocians, marchands, banquiers & autres défignés par la loi de l'organifation judiciaire , qui fe font retirés du commerce, ne peuvent, par le fait de cette difcontinuation, être affujettis à prendre des patentes, décrète qu'ils font éligibles en qualité de juges aux tribunaux de commerce, & néanmoins qu'ils ne pourront être électeurs.

Mandons & ordonnons à tous les tribunaux, corps adminiftratifs & municipalités, &c.

1835.

L O I

Relative à la formation des bataillons de gardes nationales volontaires deftinés à la défenfe des frontières.

Donnée à Paris le 12 août 1791.

Louis, par la grace de Dieu, &c.

Décret du 4 août 1791.

L'Affemblée nationale, voulant prévenir les difficultés qui pourroient naître de la différence qui exifte entre le décret du 21 juin dernier, uniquement applicable à la formation des bataillons de gardes nationales volontaires, deftinés à la défenfe des frontières, & le décret du 28 juillet dernier, concernant en général les gardes nationales qui reftent dans leurs départemens refpectifs, pour y être au befoin les foldats de la conftitution, les défenfeurs de la liberté, de l'ordre & de la paix intérieure; voulant auffi rapprocher davantage la formation des bataillons de gardes nationales volontaires de celle des troupes de ligne, afin de mieux établir l'unité des principes & d'action dans le fervice pour lequel ils feront réunis, a décrété ce qui fuit:

ARTICLE PREMIER.

Les gardes nationales qui fe feront préfentées volontairement pour marcher à la défenfe des frontières, feront divifées par les commiffaires des départemens, en corps de cinq cent foixante-huit hommes chacun, deftinés à former un bataillon ; il fera formé dans chaque département autant de bataillons qu'il fera poffible d'y réunir de corps de volontaires ayant cette force. Le comité militaire préfentera les moyens d'employer les hommes d'excédant, dont le nombre ne s'éleveroit pas à celui fixé pour un bataillon.

I I.

Les commiffaires des départemens commenceront par diftribuer chaque corps de volontaires en huit compagnies de foixante-onze hommes chacune.

I I I.

Il fera enfuite extrait de chacune de ces compagnies, fur l'indication de leurs camarades, huit hommes de la plus haute taille, pour en compofer une compagnie de grenadiers, qui ne fera réunie qu'au moment où le bataillon fera reçu par le commiffaire des guerres, pour entrer en activité.

I V.

Le bataillon fera compofé pour lors de neuf compagnies de foixante-trois hommes chacune, dont une de grenadiers, & huit de fufiliers.

V.

Chaque compagnie, foit de grenadiers, foit de fufiliers, fera compofée de trois officiers, favoir : un capitaine, un lieutenant, un fous-lieutenant ; de fept fous-officiers, favoir, un fergent-major faifant les fonctions de fourrier, deux fergens, quatre caporaux ; enfin de cinquante-deux grenadiers ou fufiliers, & d'un tambour.

V I.

Le tambour-maître tiré du corps des volontaires, complétera le nombre de cinq cent foixante-huit hommes ; il fera partie de l'état-major, aura le rang & la folde de fergent, & commandera tous les tambours.

V I I.

Chaque compagnie, foit de grenadiers, foit de fufiliers, fera fubdivifée en deux pelotons ; chaque peloton fera formé de deux fections, chaque fection fera compofée d'un caporal & de treize gardes.

V I I I.

Le lieutenant & un fergent feront fpécialement chargés de la furveillance & du commandement du premier peloton ; le fous-lieutenant & un fergent feront fpécialement chargés de la furveillance & du commandement du deuxième peloton, toujours fous les ordres du capitaine de la compagnie.

I X.

Le fergent-major aura le commandement fur les deux pelotons, pour tout ce qui a rapport à l'inftruction, police, difcipline & comptabilité de la compagnie.

X.

X.

L'état-major de chaque bataillon fera compofé de deux lieutenans-colonels, d'un adjudant-major, d'un adjudant-fous-officier, d'un quartier-maître, d'un tambour-maître & d'un armurier, en forte que la force totale du bataillon fera de cinq cent foixante-quatorze hommes.

X I.

Chaque bataillon aura fon drapeau aux couleurs nationales, fur lequel fera infcrit le nom du département & le numéro du bataillon, fuppofé que le même département en ait fourni plufieurs. Le drapeau fera porté par l'un des fergens-majors nommé à cet effet par le premier lieutenant-colonel.

X I I.

Dans le cas où le même département fourniroit plufieurs bataillons, ils tireront au fort le rang qu'ils prendront entr'eux; le rang des départemens reftera déterminé par l'ordre alphabétique de leurs noms.

X I I I.

Les gardes nationales volontaires étant diftribuées dans les neuf compagnies qui doivent former le bataillon, chaque compagnie nommera fes officiers & fous-officiers par la voie du fcrutin, à la majorité abfolue des fuffrages.

X I V.

élection féparée du capitaine, une

du lieutenant, une du sous-lieutenant & une du sergent-major ; il n'en sera fait qu'une seule pour les deux sergens, & une seule pour les quatre caporaux. Si la majorité absolue n'est pas formée après le second tour de scrutin dans chaque élection, le troisième scrutin ne pourra porter que sur ceux qui auront eu le plus de voix au précédent scrutin, en prenant toujours deux concurrens pour chaque place.

X V.

Les officiers & sous-officiers des compagnies ne pourront être choisis que parmi les sujets qui auront servi précédemment, soit dans la garde nationale, soit dans les troupes de ligne.

X V I.

Chaque bataillon nommera ses deux lieutenans-colonels & son quartier-maître par scrutin, à la majorité absolue des suffrages ; il sera fait une élection séparée de chacun de ces officiers, suivant les règles prescrites par l'article XIV.

X V I I.

Celui des deux lieutenans-colonels qui sera nommé le premier, aura le commandement en chef du bataillon ; l'un des deux lieutenans-colonels indifféremment devra être capitaine, & avoir commandé en cette qualité une compagnie de troupes de ligne.

X V I I I.

L'adjudant-major, & l'adjudant-sous-officier ne seront nommés que lorsque le bataillon sera arrivé au lieu où doit commencer son service ; la nomination à ces deux places appartiendra à l'officier-général aux ordres duquel le bataillon se trouvera pour lors. L'officier-général ne pourra choisir pour adjudant-major qu'un officier, pour adjudant qu'un sous-officier, l'un & l'autre actuellement en activité dans les troupes de ligne. L'adjudant-major aura le rang & la solde de capitaine ; l'adjudant aura rang de premier sous-officier , & une demi-solde de plus qu'un sergent.

X I X.

Le quartier-maître aura le rang & la solde de lieutenant ; l'armurier choisi par les officiers de l'état-major aura le rang & la solde de caporal.

X X.

Les distinctions des grades dans les bataillons de gardes nationales volontaires , seront les mêmes que celles reçues dans les troupes de ligne ; les mêmes règles seront observées par rapport au commandement, à l'ordre & à la distribution du service.

Mandons & ordonnons à tous les tribunaux, corps administratifs & municipalités , &c.

1836.

L O I

Relative au paicment de différentes sommes faifant partie de l'arriéré.

Donnée à Paris le 12 août 1791.

Louis, par la grace de Dieu, &c.

Décret du 4 août 1791.

L'Affemblée nationale, ouï le rapport de fon comité central de liquidation, qui lui a rendu compte des vérifications & rapports faits par le commiffaire du roi, directeur général de la liquidation; décrète que, conformément à fes précédens décrets fur la liquidation des dettes de l'Etat, & fur les fonds deftinés à l'acquit de ladite dette, il fera payé aux perfonnes ci-après nommées, & pour les caufes qui vont être exprimées, les fommes fuivantes:

S A V O I R:

Réfultat des différentes parties de ladite liquidation.

1°. Arriéré du département de la maifon du roi.
Maifon de la reine, officiers, employés, fourniffeurs & ouvriers de fa maifon, pour les années 1786, 1787, 1788 & 1789.
Quatre-vingt-dix-neuf parties prenantes, total . . . . 573,288 l. 12 f. 10 d.

Maison du roi.

Traitemens & gratifications.

Trente parties prenantes, total. . . . . 322,494 l.   3 f. 8 d.

Bâtimens du roi.

Département des pépinières.

Sept parties prenantes · 15,794   12   5

Département de Paris.

Dix-huit parties prenantes 98,365   14   6

Château de Verfailles.

Trente-une parties prenantes 412,527   »   3

Choify-le-Roi.

Soixante-une parties prenantes 43,427   10   »

Machines de Marly.

Dix-fept parties prenantes 101,934   17   11

2°. Arriéré du département de la marine.

Vingt parties prenantes, total · . . 428,013   19   2

3°. Arriéré du département de la guerre.

Onze parties prenantes, total 78,891   10   »

4°. Arriéré du département des finances.

Gages du confeil.

Vingt-fept parties prenantes, total . . . 527,097   3   1

Ecole Vétérinaire d'Alfort.

Vingt-fept parties prenantes, total. . 65,401   13   1

Loteries.

Trente-quatre parties prenantes. . . . 88,645   8   »

Acquits patens.

Deux parties prenantes 7,500   »   »

Frais extraordinaires.

Trois parties prenantes, total . . . 5,371   11   »

Ancienne police de Paris.

Deux parties prenantes, total 3,860   19   »

La halle au bled.

Une partie prenante 24,312   11   9

Gouvernement dè Saint - Hubert.

Quatre parties prenantes 58,848   2   11

5°. Brevets de retenue.

Une partie prenante 300,000   "   "

6°. Créances fur le ci-devant clergé.

Vingt-deux parties prenantes . . . 40,931   17   4

7°. Jurandes & maîtrifes.

Cent - cinquante - neuf parties prenantes . . . . 80,165 l. 19 f. 6 d.

Mandons & ordonnons à tous les tribunaux, corps administratifs & municipalités, &c.

1837.

L O I

Relative aux délits commis dans la journée du 17 juillet,
& aux faux affignats.

Donnée à Paris le 12 août 1791.

Louis, par la grace de Dieu , &c.

Décret du 8 août 1791.

L'Affemblée Nationale décrète ce qui fuit :

ARTICLE PREMIER.

Le tribunal du fixième arrondiffement de Paris, auquel eft attribuée, par décret du mois de juillet dernier, la connoiffance des délits commis contre la tranquillité publique dans la journée du 17 du même mois, connoîtra également de tous les délits qui peuvent être considérés comme circonstances & dépendances de ceux commis le 17 juillet, & qui y sont liés par quelques relations ou connexités.

I I.

L'accusateur public sera autorisé à demander, & le tribunal à nommer le nombre d'adjoints qu'il trouvera nécessaire.

I I I.

Le greffier sera pareillement autorisé à s'adjoindre un nombre suffisant de commis qui seront salariés par le trésor public. L'Assemblée se réserve de fixer leur traitement.

I V.

Les deux procès criminels pendant au tribunal du sixième arrondissement, relativement à un fait de distribution d'assignats faux, seront envoyés au tribunal du premier arrondissement, comme étant déja saisi de procédures relatives à la fabrication de faux assignats.

Mandons & ordonnons à tous les tribunaux, corps administratifs & municipalités, &c.

1838.

LOI

Qui ordonne le paiement des travaux relatifs à la fixa-tion des poids & mesures.

Donnée à Paris le 12 août 1791.

Louis, par la grace de Dieu, &c.

Décret du 8 août 1791.

L'Assemblée Nationale décrète que les commissaires de la trésorerie nationale feront payer, sur les ordonnances du ministre de l'intérieur, aux commissaires de l'académie chargés des travaux relatifs à la fixation des poids & mesures, la somme de cent mille livres, pour les dépenses premières de ce travail, & la construction d'instrumens.

Le ministre de l'intérieur présentera au corps législatif l'emploi de cette somme, & l'état projeté des dépenses totales de cette opération.

Mandons & ordonnons à tous les tribunaux, corps administratifs & municipalités, &c.

1839.

L O I

Qui renvoie au tribunal du premier arrondiffement toutes les actions ci-devant pendantes au conseil ou dans d'autres tribunaux, relatives aux contrôleurs des bons d'Etat & à l'agent du tréfor public.

Donnée à Paris le 12 août 1791.

Louis, par la grace de Dieu, &c.

Décret du 8 août 1791.

L'Affemblée Nationale décrète ce qui fuit :

A R T I C L E   P R E M I E R.

Toutes les actions qui ont été intentées par les contrôleurs des bons d'état & des reftes, & par l'agent du tréfor public, ou qui étoient pendantes foit au conseil, foit dans d'autres tribunaux, & dans les fections qui en émanoient, au moment de leur fuppreffion, pareillement les actions qui feroient intentées directement par l'agent du tréfor public, en vertu de titres actuellement exiftans, contre des perfonnes qui ont traité immédiatement avec le tréfor public, feront portées au tribunal du premier arrondiffement de la ville de Paris, pour y être fuivies felon les derniers erremens, & inftruites en la même forme que les matières fommaires.

I I.

Les décifions du roi, arrêts du confeil & autres

pièces qui feroient produites pour l'inftruction defdites affaires, foit par l'agent du tréfor public, foit contre lui, ne pourront être écartées, fous prétexte qu'elles ne feroient pas revêtues de toutes les formes reconnues & admifes dans les tribunaux ordinaires; tous autres moyens contre lefdites pièces réfervés.

I I I.

L'appel des jugemens rendus par le tribunal du premier arrondiffement fur les actions énoncées au premier article, ne pourra être porté que dans l'un des autres tribunaux d'arrondiffement de Paris; & en cas d'appel, les jugemens feront exécutés par provifion, foit qu'ils aient été prononcés en faveur du tréfor public, ou contre le tréfor public; mais en ce dernier cas, l'exécution provifoire n'aura lieu qu'en donnant caution par les parties qui pourfuivront l'exécution provifoire.

I V.

Les commiffaires de la tréforerie remettront inceffamment à l'agent du tréfor, fous fon récépiffé, les titres qui peuvent donner lieu à une action en recouvrement de la part du tréfor public, ainfi que les renfeignemens qu'ils auront en leur pouvoir.

Mandons & ordonnons à tous les tribunaux, corps adminiftratifs & municipalités, &c.

1840.

L O I

Relative aux indemnités accordées à la famille de Lowendal.

Donnée à Paris le 12 août 1791.

Louis, par la grace de Dieu, &c.

Décret du 9 août 1791.

L'Assemblée nationale, ouï le rapport de ses comités militaire & des pensions, qui lui ont représenté son décret du 28 avril dernier, concernant la famille de Lowendal, & rendu compte de nouveaux faits relatifs à la jouissance que François-Xavier de Lowendal [dénommé seulement Woldemar de Lowendal dans le décret du 28 avril], fils du maréchal de ce nom, a eue du régiment levé par son père ; ajoutant au décret dudit jour 28 avril dernier.

Décrète qu'il sera remis par la caisse de l'extraordinaire, aux mêmes conditions d'emploi & de jouissance d'usufruit, portées par le décret du 28 avril, pour ledit François-Xavier de Lowendal & ses enfans, la somme de 50,000 livres par augmentation à celle de 100,000 livres qui leur revient aux termes dudit décret.

Décrète, en outre, qu'au moyen du paiement des sommes accordées, tant par le présent décret que par celui du 28 avril, les enfans & petits enfans du maréchal de Lowendal ne seront reçus à former aucune prétention ultérieure d'autre somme, sous quelque prétexte que ce soit, de récompense, indemnités, arrérages échus, ou intérêts dus, excepté seulement quant à la penſion de 3,000 liv. dont François-Xavier de Lowendal jouiſſoit perſonnellement au premier janvier 1790, ſur la recréation ou le rétabliſſement de laquelle il ſera ſtatué par l'Aſſemblée, d'après le décret du 3 août 1790, lors du rapport qui lui en ſera fait dans l'ordre établi pour l'examen des penſions ſupprimées.

Mandons & ordonnons à tous les tribunaux, corps adminiſtratifs & municipalités, &c.

1841.

L O I

Qui autoriſe le directoire du diſtrict de Florac à louer l'hoſpice des capucins & les bâtimens en dépendans.

Donnée à Paris le 12 août 1791.

Louis, par la grace de Dieu, &c.

Décret du 8 août 1791.

L'Aſſemblée nationale, ouï le rapport de ſon comité d'emplacement, autoriſe le directoire du diſtrict de Florac, département de la Lezère, à louer aux frais des adminiſtrés, & à dire d'experts, l'hoſpice des capucins de la ville de Florac, & les bâtimens en dépendans, pour y placer le corps adminiſtratif du diſtrict, & être le prix du loyer annuellement verſé dans la caiſſe du diſtrict.

L'autoriſe pareillement à faire procéder à l'adjudication, au rabais, des ouvrages & arrangemens intérieurs néceſſaires, ſur le devis eſtimatif qui en aura été préala-

blement drefié, pour le montant de ladite adjudication,
être aufli fupporté par lefdits adminiftrés.

Mandons & ordonnons à tous les tribunaux, corps
adminiftratifs & municipalités, &c.

1842.

L O I

*Qui autorife le département de l'Allier à acquérir la
maifon du Sieur Faucompré, pour y loger
l'évêque.*

Donnée à Paris le 12 août 1791.

Louis, par la grace de Dieu, &c.

Décret du 8 août 1791.

L'Affemblée nationale; ouï le rapport de fon comité
d'emplacement, confidérant qu'il n'exifte dans la ville
de Moulins aucun édifice national propre à fervir de
logement à l'évêque, & que le décret du 18 mai
dernier, qui avoit autorifé le directoire du département
de l'Allier à faire l'acquifition de la maifon des héritiers
Chermont, n'a pu avoir fon exécution, l'autorife à
acquérir du fieur Faucompré fa maifon, moyennant
la fomme de 46,000 liv., prix convenu entre les parties,
pour y loger fon évêque.

Autorife pareillement le directoire du département de
faire faire à ladite maifon tous les ouvrages & arrangemens intérieurs néceffaires, à l'adjudication, au rabais,
defquels il fera procédé fur le devis eftimatif qui en aura
été préalablement drefié, pour le montant de l'adjudication, ainfi que la fomme de 46,000 liv., prix

de l'acquisition de la maison, être payé par le receveur
du district; décrète, en conséquence, que le décret
du 18 mai dernier sera regardé comme non avenu.

Mandon & ordonnons à tous les tribunaux, corps
administratifs & municipalités.

Certifié conforme aux originaux.

Fin du Tome onzième.

NATURE ET MASSE DES ANCIENNES IMPOSITIONS OU PERCEPTIONS.	FRAIS DE LEUR RÉGIE.	OBSERVATIONS.	NATURE ET MASSE DES CONTRIBUTIONS ET PERCEPTIONS NOUVELLES.	FRAIS de PERCEPTION ou DE RÉGIE.	RECETTE EFFECTIVE pour le Trésor national & les Dépar.s mens.	OBSERVATIONS.

Contributions.

TOTAL des anciennes impositions ou perceptions, sur lesquelles on a des élémens certains . . . . . 692,361,282^l

Autres perceptions au profit de l'étranger ou de différens particuliers, qui ne peuvent être connues que par évaluation.

TOTAL des perceptions qui ne peuvent être qu'évaluées 78,000,000

OBSERVATIONS GÉNÉRALES.

Les anciennes impositions & perceptions constamment énormes, se montoient à . . . . 692,361,282^l

Arrêté au comité des Contributions publiques, le 22 juin 1791. LA ROCHEFOUCAULT, D'AUCHY, RŒDERER, DE FERMON, D'ALLARDE, TALLEYRAND-PÉRIGORD, ancien évêque d'Autun ; JARRY, DUPONT, de Nemours.

TABLE

CHRONOLOGIQUE

DES LOIS

Contenues dans le onzième volume.

Collection des Lois, Tome XI.   A

DATES des Lois.	Titres des Lois.	DATES des Décrets.
	de l'Orne, de Maine-&-Loire, de Seine-&-Marne, de l'Yonne, du Cher & de l'Allier, 21.	
	1713.	
12 Juillet 1791.	Loi qui ordonne la visite du vaisseau l'*Africain* détenu à Caudebec, 36.	6 Juillet 1791.
	1714.	
16.	Loi relative à la liquidation de différentes sommes, 37.	9.
	1715.	
16.	Loi qui détermine les cas où le Roi sera censé avoir abdiqué la couronne, & pourra être poursuivi comme simple citoyen; & qui ordonne que le sieur Bouillé & ses complices seront poursuivis comme criminels de lèze-Nation au tribunal d'Orléans, 43.	15 & 16.
	1716.	
16.	Loi relative aux moyens de maintenir la tranquillité, 47.	16.
	1717.	
18.	Loi relative à la compétence des juges-de-paix en matière de police, & à l'établissement d'un tribunal de police correctionnelle dans la capitale, 48.	6 & 11.
	1718.	
18.	Loi relative à la liquidation de différentes sommes pour liquidation d'offices, 49.	16.

A 2

DATES des Lois.	Titres des Lois.	DATES des Décrets.
	1726.	
20 Juillet 1791.	Loi portant circonscription des paroisses de la ville de Dax, 71.	5 Juillet 1791.
	1727.	
20.	Loi relative aux officiers, sous-officiers ou autres attachés au service de terre ou de mer, pour l'exercice des droits de citoyens actifs, 72.	6.
	1728.	
20.	Loi relative à la liquidation de l'office du premier président de la ci-devant chambre de Grenoble, 73.	6.
	1729.	
20.	Loi relative à des barrils contenant des espèces monnoyées étrangères, arrêtés par ordre de la municipalité de Forbach, 74.	7.
	1730.	
20.	Loi relative aux membres de la ci-devant assemblée générale de Saint-Domingue, à ceux du comité colonial de l'Ouest de ladite colonie, & au sieur Santo-Domingo, commandant le vaisseau le Léopard, 75.	7.
	1731.	
20.	Loi qui ordonne que le jugement relatif au régiment Royal-Comtois, doit être regardé comme non-avenu, 76.	7.

DATES des Lois.	Titres des Lois.	DATES des Décrets.
	1746.	
22 Juillet 1791.	Loi relative à l'organisation d'une police municipale, 109.	19 Juillet. 1791.
	1747.	
22.	Proclamation portant nomination des sieurs le Breton, Poissant & Bochet pour compléter le nombre des douze régisseurs-nationaux de l'enregistrement, domaines & droits réunis, 142.	
	1748.	
22.	Loi relative à la poursuite des délits des 15, 16 & 17 du présent mois par le tribunal du sixième arrondissement de Paris, 143.	23.
	1749.	
?.	Loi relative au recensement des habitans & étrangers domiciliés à Paris, 146.	23.
	1750.	
23.	Loi relative à la garde des forts, postes & frontières du côté du territoire de Porentruy, 145.	23.
	1751.	
23.	Loi relative aux troubles qui ont eu lieu dans plusieurs districts du département de la Vendée, 146.	16.
	1752.	
24.	Loi relative à la marche des cour-	24 Juin.

Titres des Lois.

1787.

29 Juillet 1791.

Loi relative aux affignats & à la furveillance de leur fabrication, 263.

24 Juillet 1791.

1788.

29.

Loi relative à l'indemnité réglée par la loi du 14 mars 1791, en faveur des juges, commiffaires du Roi, accufateurs publics, greffiers & commis-greffiers attachés aux tribunaux criminels provifoires établis à Paris, & à la haute-cour nationale provifoire, établie à Orléans, 264.

24.

1789.

29.

Loi relative au rétabliffement de la difcipline militaire, 266.

24 & 25.

1790.

29.

Loi additionnelle au décret du 2 mars, portant fuppreffion de divers droits dans les ci-devant pays d'Etats, 272.

25.

1791.

29.

Loi relative aux dépenfes d'impreffion, confection de cahiers, loyers & frais de bureau des anciens directeurs des vingtièmes, 275.

25.

1792.

29.

Loi portant circonfcription des paroiffes des villes d'Avranches, de la

25.

DATES des Lois.	Titres des Lois.	DATES des Décrets.
	1799.	
1er. Août. 1791.	Loi relative à la fabrication du papier destiné pour les assignats de 500 livres, 317.	29 Juillet 1791.
	1800.	
1er.	Loi relative aux assignats suspectés faux, 318.	29.
	1801.	
1er.	Loi relative aux troupes coloniales actuellement en France, 320.	30.
	1802.	
1	Loi relative à une somme d'argent arrêtée à Bar-sur-Aube, 321.	30.
	1803.	
1er.	Loi portant que les ministres se rendront de deux jours l'un aux séances de l'Assemblée nationale, 323.	31.
	1804.	
	Loi relative à la liquidation de différentes sommes faisant partie de l'arriéré, 324.	21.
	1805.	
2.	Loi relative à la liquidation de la dette arriérée de l'État, 326.	27.

Titres

Titres des Lois.

1813.

DATES des Lois.	Titres des Lois.	DATES des Décrets.
6 Août 1791.	Loi relative au tabac de cantine pour les troupes, 365.	29 Juillet 1791.

1814.

6.	Loi relative à l'inftruction pour le paiement des dîmes, 366.	30.

1815.

6.	Loi relative à la fuppreffion des ordres de chevalerie, 391.	30.

1816.

9.	Loi relative aux paffe-ports, 392.	30.

1817.

6.	Loi relative à la police & difcipline des troupes coloniales actuellement en France, 393.	30.

1818.

6.	Loi relative à l'eftimation de la valeur locative des édifices occupés par les corps adminiftratifs & les tribunaux, 394.	31.

1819.

6.	Loi relative à diverfes liquidations d'offices de judicature, & des charges de perruquiers de la ville de Melun, 395.	31.

C 2

Fin de la table chronologique du tome onzième.

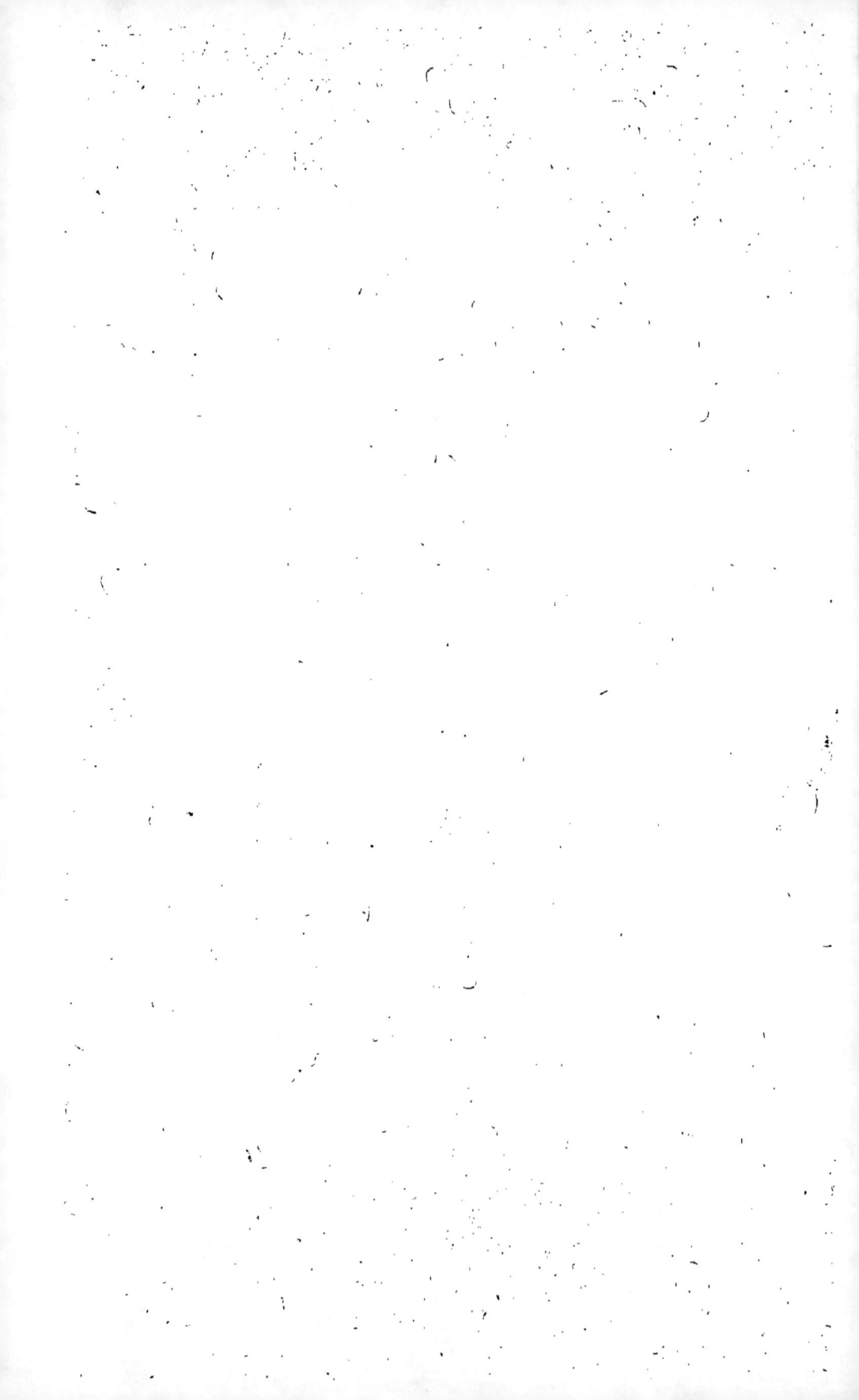

www.ingramcontent.com/pod-product-compliance
Lightning Source LLC
Chambersburg PA
CBHW031615210326
41599CB00021B/3197